养育的路上，你以未孤单.
每一次与老师的对话,都是
为孩子点亮一盏灯.
愿这本书成为你的温柔
伙伴,帮你卸下焦虑,找
回沟通的底气与智慧.
请相信——当你以爱发声,教育的回响
会愈发清晰.
与你同行,共赴这场成长的约定.

海水老师

与班主任沟通有方法

海北老师 著

浙江教育出版社·杭州

图书在版编目（ＣＩＰ）数据

与班主任沟通有方法 / 海北老师著 . -- 杭州：浙
江教育出版社 , 2025. 7. -- ISBN 978-7-5722-9998-8

Ⅰ . G459-62

中国国家版本馆 CIP 数据核字第 2025B901C2 号

责任编辑　赵露丹　　　　美术编辑　韩　波
责任校对　马立改　　　　责任印务　时小娟
产品经理　张金蓉　　　　特约编辑　刘子涵

与班主任沟通有方法
YU BANZHUREN GOUTONG YOU FANGFA

海北老师　著

出版发行　　浙江教育出版社
　　　　　　（杭州市拱墅区环城北路 177 号　电话：0571-88900883）
印　　刷　　嘉业印刷（天津）有限公司
开　　本　　880mm×980mm　1/16
成品尺寸　　166mm×235mm
印　　张　　20
字　　数　　300000
版　　次　　2025 年 7 月第 1 版
印　　次　　2025 年 7 月第 1 次印刷
标准书号　　ISBN 978-7-5722-9998-8
定　　价　　59.80 元

如发现印装质量问题，影响阅读，请联系 010-82069336。

序言

家校矛盾就像教育过程中的暗礁，不知道什么时候就撞上了。

有家长和我说，最怕接到老师的电话，感觉"准没好事儿"，担心"这孩子，该不会又表现不好吧"。老师的这些"投诉"往往让家长倍感压力，不知该如何应对。

自 2020 年开始做自媒体以来，我收到了上百万条家长的私信，其中相当一部分都与家校沟通有关。比如：班主任频繁"投诉"孩子怎么办？孩子经常被老师留堂如何处理？班主任批评孩子时该如何回应？孩子上课注意力不集中，如何与班主任沟通？孩子在学校发生冲突该如何化解？……

从这些私信中，我感受到了无数家长的无奈与焦虑。

2025 年 1 月，一位妈妈因孩子频繁被老师留堂而情绪崩溃，不仅对孩子大打出手，还在班级群里公开指责班主任，以此表达强烈不满。

此事引发了广泛热议，家长们观点不一。有人认为老师留堂是尽责的表现，这样的老师实属难得；有人感同身受，感慨当下教育压力巨大，老师和家长都被逼得情绪失控；还有人认为，这位妈妈既没有辅导好孩子学习，也未能与班主任进行有效沟通，最终采取了极端情绪化的方式，非但没能解决问题，反而让事情变得更复杂。

这件事情的核心问题在于家长和老师之间缺乏有效沟通，导致妈妈的负面情绪长期积压，最终爆发。实际上，诸如此类的问题还有很多，几乎每天都在发生。我们经常会看到在某班级群里，老师和家长又吵起来了。

为帮助家长解决家校沟通中的困惑，我开通了"家校沟通"短视频账号，帮助家长更好地应对和处理相关问题。每条关于家校沟通的视频播放量都很高，家长们也积极在评论区留言，分享自己的看法和感受。

然而，受短视频时长限制，回答问题时难以全面深入探讨，更难以提供详尽的解决方案。虽能解决部分问题，但并非我的终极目标。

身为教师，我遵循"授人以鱼不如授人以渔"的教育理念，所有内容输出的目的并非单纯地给大家提供现成的解决方案，而是帮助家长掌握家校沟通的规则和技巧，学会分析和解决具体问题。这也是我决定写一本关于家校沟通的书的初衷：希望通过这本书，手把手教会家长如何应对家校沟通中的各种挑战，让每个家庭都能更好地支持孩子的成长。

在此之前，我已经做了多年关于这方面的工作。比如，分享育儿经验，开设"家校沟通"账号，录制了三套幼儿园、小学和初中三个阶段关于学习习惯培养的课程……受到了家长的广泛认可，好评率超过 95%。

此外，我还写了一本书，叫《孩子开窍要趁早：小学拔尖成长指南》，专门探讨小学阶段家长常遇到的各种难题。书中的内容源于家长最常提的 49 个问题，深入剖析了问题背后的原因，并给出实用建议，具有很强的操作性。因此，这本书一上市就广受家长欢迎，大家反馈内容实用，帮助很大。

为进一步解决家校沟通难题，我在工作之余，坚持记录心得，梳理出一套系统的方法，解答家长的各种疑惑，为孩子的成长搭建稳固桥梁。这便是《与班主任沟通有方法》诞生的缘由。

在本书中，我详细探讨了家校沟通的原则和注意事项，总结出十六字口诀：稳定情绪、多方打听、分析事件、解决问题。这不仅是一种思路，更是一套具有明确流程的方法论，帮助家长在面对家校沟通时，明晰从何处着手、如何展开。

另外，书中还列举了大量生动的实例，如课堂问题、学习难题、突发状况等具体情景，指导家长在面对不同情况时灵活运用，与班主任形成高效合作，为孩子的成长提供更有力的支持。

这本书延续了我一贯的写作风格，用通俗易懂的口语化表达，把我想说的内容讲清楚讲明白，让家长们读起来不会觉得枯燥难懂。我还在书中分享了许多我的学生身上发生的真实故事，用这些实际例子来支持我的观点，让大家更有代入感。读到这些内容时，大家会觉得这些情况就像发生在自己身边一样，更容易感同身受。

我热爱教育事业，希望通过自己的努力，帮助家长在育儿的道路上少走弯路，培养出更优秀的孩子。在育儿的漫漫长路上，愿家长以沟通为舟，承载孩子驶向优秀的彼岸。

目录

3

遵循沟通原则：
沟通方式不对，不如不沟通

4

沟通对了，能优化孩子
课堂表现，提升成绩

5 好好沟通，让孩子的学习更高效

6 孩子遇到突发情况，如何沟通

7

孩子遇到特殊情况，如何沟通

8

遇到任何情况，都能灵活沟通

1

别让家长的沉默
毁掉孩子

当教育成为"服务业"，如何才能不跑偏

在探讨如何与班主任沟通之前，我们先来了解当下教育的性质。明晰这一点，是实现家校沟通的根基。

接下来，我将为您厘清：教育是什么时候成为服务业的？它和其他服务业有什么不同，又该为家长和学生提供哪些服务？只有理解了"教育就是服务业"这一概念，家长才能以正确的心态和恰当的姿态与班主任进行有效沟通。

班主任是家长的"天敌"吗

在传统观念里，学校是教书育人的神圣场所。"万般皆下品，唯有读书高"的观念源远流长，深深烙印在人们心中，这让有些家长对学校和老师心怀敬畏。还有一些家长在自己的成长经历中，曾遭受过"棍棒教育"的心理创伤，致使他们在和老师沟通时，会下意识地表现出被动甚至退缩，显得非常拘谨。

有些家长告诉我，每次看到老师来电，都会莫名紧张，接起电话，也不知道该说什么，只一味地听着，频频点头附和。还有一些家长甚至不敢主动联系班主任，觉得"老师不找我，我也不找老师，大家相安无事最好"。

因此，家长和班主任之间需要建立一种新的沟通模式——既尊重班主任的工作，又能够平等交流，共同助力孩子成长。这是开启有效沟通的第一步。

家长是班主任服务的"上帝"吗

从 20 世纪 90 年代开始，教育逐渐具备了"服务功能"。《中共中央国务院关于深化教育改革全面推进素质教育的决定》明确提出，要"促进教育与社会的协调发展，满足人民群众多层次和多样化的教育需求"，同时鼓励"社会力量办学"和"教育服务社会"。这些政策体现了教育向市场化迈进的趋势，也映射出教育服务社会多元化需求的理念。

北京十一学校的李希贵校长曾在一篇文章中提到，教育被视为服务业并不是新鲜事。早在 2001 年，中国加入世界贸易组织时，就有文件明确将教育划为服务业。同年，教育部启动了第八次课程改革，增加了学生的课程选择性。从这个角度来看，学生具备了"顾客"的身份，成为教育服务的对象。

然而，有些老师对此并不认同。他们担忧，一旦教育被定义为服务业，老师就变成了"服务者"，失去了权威性。还有些老师从骨子里就看不起"服务行业"，觉得服务业从业者地位低下，因而抵触"教育是服务业"这一说法。

他们的担心并非毫无道理。随着家长权利意识的不断增强，以及私立学校的日益涌现，教育的服务属性比以前更凸显了。于是，很多家长陷入误区，认为自己交了一大笔学费，就成了"高高在上的顾客"，学校和老师就必须事事迎合自己。我常常看到，很多家长对学校教育事务横加干涉，甚至对老师颐指气使。也难怪很多老师感慨："跪着的老师，教不出站着的孩子。"

如果您也认为自己和孩子是教育服务的"顾客"，那在这儿，我先给您明确一个教育理念：教育绝非迎合个别家长或学生，其使命在于全方位助力学生成长。

这一点非常重要。如果单纯把学生当作教育的"顾客"，那么老师的职责就变成了"如何让学生感到舒适和愉悦"。但教育的目的不是让学生"快乐就好"，而是帮助学生成长。成长之路哪有那么多快乐可言呢？它往往伴随着艰难困苦，会遇到挫折、失败，但这些"坎坷"，恰恰是成长不可或缺的养分。

教育服务与餐饮、按摩等追求即时舒适体验的服务有着本质区别。如果教育一味迎合学生的舒适需求，反而会剥夺他们成长的机会。教育，不是迎合舒适需求的服务，而是引领孩子成长的灯塔，照亮坎坷却必经的道路。

然而，问题也随之显现：有些老师和家长打着"为孩子好"的旗号，无所不用其极，似乎"我都是为你好"这一说辞，可以为一切不正当行为提供合理化依据。

不可否认，教师队伍中确实有一小部分人，打着"为孩子好"的旗号，采取了一些不恰当甚至粗暴的手段，比如贬低辱骂、打手板、扇耳光、罚跑操场等体罚，或者抄书、抄题上百遍等变相体罚，这些手段不是真正的教育，更不是所谓"成长必经的磨炼"，这是他们在无力解决问题时的情绪发泄。不但无益，反而会对孩子的身心健康造成伤害。

一旦发现老师存在类似不当行为，家长应立即与老师进行有效沟通，明确表达自己的担忧和抗议，确保孩子免受进一步伤害。

班主任和家长，理想关系是什么样的

对于这个问题，李希贵在《面向个体的教育》一书中的阐释，为我们指明了方向。

当教育成为服务业，研究学生的需求必然成为工作的前提，而他们的需求千差万别又千变万化，挑战自在其中。于是，对话、谈心、咨询、诊断，挖空心思弄清学生，成为校园工作的重头戏。

当教育成为服务业，师生平等成为校园生活的基本状态……它需要的是每一位教师放下身段、敞开心扉，以长者的责任和平等的身份与学生对话、沟通、合作，共同成长。

过去的教育，可以仅仅让上级肯定，或者让家长满意，学生的苦累都是我们追求业绩的代价。而今天，学校必须把学生的酸甜苦辣放在心上，把创造快乐的校园当作共同的追求，由学生来评价学校工作也就成为常态。

从这些文字中可以清晰地看出，教育是一种特别的"服务业"，其服务的核心，是要真正有利于学生的成长。在此过程中，老师需要以更加平等、友善的态度，与学生和家长对话、沟通、合作，不能再像过去那样高高在上，家长也不需要一味迎合。

从这一视角出发，家长和班主任的关系更像是并肩作战的盟友。双方目标一致，致力于营造充满尊重和关怀的环境，确保学生在身心健康的基础上，成长为优秀的个体。这既是教育的真正意义所在，也是我们努力的方向。

在此，我想呼吁各位老师和家长，摒弃仰望与迎合，以平等为桥，搭建孩子成长的通途。

在下一节中，我将更深入地探讨学生、家长和班主任之间的关系，帮助大家更全面地理解如何在三者之间建立有效的合作机制，从而推动家校沟通的顺利开展。

学生、家长和班主任，
如何形成最稳定的关系

在教育体系中，班主任、家长和学生形成了一个三角关系（图1.1）。学生处于三角顶端，是教育的核心主体，其成长是教育服务的终极目标。班主任和家长位于三角底部，肩负着为孩子提供支持和引导的重任，托举孩子向上成长，成就更好的自己。

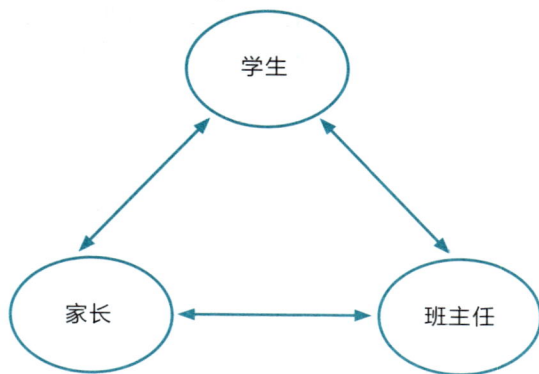

```
           学生
          /    \
         /      \
       家长 ←——→ 班主任
```

（图 1.1）

家长和学生的关系

俗话说，"三岁看大，七岁看老"，孩子七岁前形成的性格、三观和习惯，往往会影响他们的一生。这个阶段，孩子还没进入小学，家庭是主要的学习场所，父母是第一任老师。因此，家庭教育对孩子的成长起着首要作用。正如教育家苏霍姆林斯基所说："如果没有家庭的高度教育学素养，教师的努力也难以收获完美的效果。"

传统家庭关系强调"父为子纲"，孩子必须听从父母的安排。然而，随着社会的发展，孩子的权利意识和平等观念不断增强，传统的亲子关系受到了挑战。如今，父母需要摒弃过去的育儿观念，学会和孩子平等沟通，通过协商解决问题，尊重孩子的个性化成长，这样才能建立和谐的亲子关系。

下面，我从三个方面具体谈谈现代家庭教育关系下的父母应该怎么做。

首先，以身作则。我有一个学生，暂且称他为小L吧。小L同学非常聪明，但是习惯很差，情绪暴躁，但凡不顺心，就喜欢通过暴力解决问题。由于多次违反纪律，我把他的妈妈请到了学校。在沟通中了解到，这个孩子来自离异家庭，父亲长期缺席，母亲为赚钱养家，只能把孩子交给外公外婆照顾。等她有时间时，又缺乏耐心，对孩子动辄打骂，几乎没有心平气和地和他交流过，结果导致孩子在面对问题时不知如何应对，只能选择极端的方式。

在这样的家庭环境中，孩子往往缺乏沟通能力，也不具备平和解决矛盾的能力，倾向于用暴力表达情绪。有一次，他在宿舍里因为室友不愿意倒垃圾，居然直接把垃圾袋放在了对方的床上，引发了一场冲突。这件事让我深刻意识到，家庭教育对孩子的影响实在是太重要了。父母的言行、三观和习惯，不仅会影响孩子当下的成长，更可能深远地塑造孩子的一生。以身作则绝非一句空话，**正如孔子所说："其身正，不令而行；其身不正，虽令不从。"**

其次，给予陪伴和支持。亲子时间是教育孩子的黄金时机，高质量的陪伴能为孩子营造优质的教育环境，使其在潜移默化中获得成长。比如，和孩子一起读书，通过读后分享和探讨，让孩子领悟为人处世的智慧；在日常待人接物中，用最生动的方式传授孩子礼仪和人际交往的技巧；一起做家务、干农活，帮助孩子养成好习惯，培养吃苦耐劳的精神；带孩子去旅行，领略祖国的大好河山，开阔眼界，培养胸怀天下的格局……

除了陪伴，还要在条件允许的情况下支持孩子的兴趣发展。如果孩子热爱音乐，想学习钢琴，可以为其报钢琴课，甚至购置钢琴；如果孩子热爱篮球，可为其购买篮球或报篮球兴趣班；如果孩子热爱阅读，不妨布置一个阅读角，购置他喜欢的书籍……

有些家长抱怨孩子没有兴趣爱好，每日在家无所事事。但我了解后发现，真正的原因是家长从没给过孩子尝试的机会，那又何来兴趣可言？试问一个连篮球都碰不到的孩子，又怎么可能培养出对篮球的热爱呢？

另外，心理支持同样重要。当孩子在成长过程中遇到困难或犯错时，家长要成为他们温暖的避风港。比如，面对孩子突然厌学，不要急着批评或打骂，而要耐心沟通，弄清原委，再共同寻找解决办法。

最后，发掘孩子的优势和潜能，有针对性地培养。当前，很多学校教育都试图让孩子学好每一门学科，不断强调他们的不足，过分强调补短板，耗费了大量精力，却忽视了对他们优势的发展，影响了特长的培养，最终导致孩子"泯然众人矣"。而且长时间的批评和打击，还会让孩子对学习失去热情，变得不自信。

实际上，孩子未来的事业和成长往往依托于某一领域的兴趣或特长。帮助孩子发掘并发展自己的优势，不仅能让他们更自信，更能让他们未来在某个领域中脱颖而出，取得更高的成就。

所以，家长需要转变观念，与其纠结孩子的不足，不如更多地关注和培养他们的潜能和长项，帮助他们找到适合自己的成长之路。正如法国作家司汤达所说："一个具有天才的禀赋的人，绝不遵循常人的思维途径。"家长要善于发现孩子的独特之处，为他们的天赋发展提供土壤。

班主任和学生的关系

在教学活动中，师生是协作关系。课堂不应该是老师的"一言堂"，学生作为学习的主体，应该有机会充分表达自己的想法、展现自我。只有当学生受到尊重，想法被重视时，他们才会更加专注、积极地配合老师的教学。

在团体活动或实践活动中，班主任既是活动组织者，为学生提供锻炼和提升自我的舞台，也是陪跑者，陪伴孩子完成活动，必要时给予足够的支持和帮助。

十几年前，我参加了一场班主任专题讲座，主办方邀请了全国知名的一线班主任分享教育理念。其中一位陕西籍班主任说的话，让我印象深刻。他说：

"学生们进入我的班级，我做的第一件事，就是把他们变成我的'自己人'。"

他每天坚持和孩子们交流，不论是学习、生活，还是兴趣爱好，都对学生畅所欲言。即便是很多班主任不愿意做的查寝工作，他也每天坚持，并利用这段时间和学生们聊心事、分享趣事。他没有摆老师的架子，也没有居高临下的姿态，而是像朋友般和孩子们交流。因此，学生很快就喜欢上了这位班主任，师生关系十分融洽。

受他启发，我也在自己的班级尝试了类似的方法。每晚查寝时，我会和学生分享有趣的故事和经历。渐渐地，学生们不仅期待查寝，还会主动早早洗漱，只为不错过"故事时间"。这不仅让宿舍秩序井然，还大大增进了我们的师生感情。当其他班主任还在为自己班级的纪律问题发愁时，我已经在思考要组织什么样的班级活动，才能让孩子们玩得开心、学得开心。

除了情感交流，班主任还需要具备一双"火眼金睛"。不仅要发现学生的闪光点，还要留意他们的异常表现，比如情绪变化、学习状态波动等。通过及时观察和沟通，很多问题都能在萌芽阶段得到妥善解决。如果等到问题扩大后再处理，可能会一发不可收拾。

如何建立良好的师生关系？借用陶行知先生的一句话："真教育是心心

相印的活动，唯独从心里发出来，才能打动心灵的深处。"班主任只有用真心去对待学生，才能收获学生的真心，构建起和谐美好的师生关系。

家长和班主任的关系

家长和班主任是孩子成长的支持者和托举者，是统一战线上的"黄金配角"。要让孩子更好地成长，双方必须相互配合，共同努力。

家长对学校和班主任的态度，会直接影响孩子的行为和态度。如果家长支持班主任的工作，孩子在学校的表现往往会更出色；反之，如果家长在孩子面前批评或吐槽班主任，孩子很可能会对老师的教导不以为意，甚至产生对立情绪。

我有个朋友，他一年级的女儿在课堂上多次回怼老师，态度嚣张，非常不尊重老师。老师无法处理，只好联系了家长。深入了解后发现，原来是他和妻子经常在孩子面前抱怨老师。孩子耳濡目染，自然对老师失去了基本的尊重和信任，对老师的教导嗤之以鼻。

所以，家长需要给予班主任足够的尊重和支持。为了使家长和班主任配合得更顺畅，很多学校设立了家委会。通过家委会，家长可以提供活动必要的物质支持，或协助班主任组织活动，让班主任有更多精力关注孩子。同时，家长也可以通过家委会表达对教育的期望，得到班主任的反馈，实现双向支持。

有些家长可能会觉得家委会这种沟通渠道不够直接和及时，平时班主任和家长工作都很忙，不一定能找到合适的交流时间，而家长会就是一个很好的面对面的沟通平台。班主任在家长会上要明确传达自己的教育理念和班级目标，让家长了解学校的整体教育规划，争取家长的支持。同样，家长也应该主动向班主任表达自己的育儿理念以及对孩子的期待，比如孩子未来的兴趣培养、学习目标等。

在持续的沟通中，双方要找到共同的教育方向和方法，形成合力。只有目标一致，方向明确，才能真正携手合作，最大限度地发挥教育效果。

班主任不是猛虎，
别让沉默毁了孩子

在前面的内容中，我提到家长和班主任应该是同盟关系，共同为孩子的成长而努力。这种合作关系的基础在于沟通与交流。只有通过持续的交流，家长和班主任才能了解彼此的教育理念，达成共识，目标一致——都是为了孩子好。

但是，现实中很多家长很怕与班主任沟通。有家长给我留言，只要听到孩子班主任的声音，自己就会心跳加速，说话变得结结巴巴、语无伦次；有的甚至会手心出汗，比参加面试还紧张；还有的家长根本不知道如何与班主任沟通，只能向我发来私信求助，他们告诉我，如果班主任不主动联系，自己也绝不会主动沟通……

由此可见，很多家长一直活在"班主任的阴影"之下，并没有将自己和班主任视为平等的个体。正在阅读这本书的家长朋友，您是否也被这个问题困扰？

我想要告诉您：班主任不是"吃人的老虎"，他们是您孩子在学校的守护人，是您的战友。您和班主任的关系，很大程度上决定了孩子未来发展的高度。

这些年，我一直在强调家校沟通的重要性，甚至还开设了一个抖音账号（家校沟通），专门为家长分享沟通的方法以及应对学校突发事件的策略，受到了很多家长的喜爱。接下来，我想从五个方面和您聊聊：家长和班主任保持沟通为什么这么重要?

首先,沟通不是露怯,而是给孩子上一层"保险"。

家长和班主任的沟通始终围绕着孩子展开。目的之一是提前向班主任全面介绍孩子的优、缺点,或者需要特别注意的问题。这些信息可以帮助班主任更好地制订教学计划和管理策略,真正做到因材施教,帮助孩子成长。

我曾经带过一届学生,其中有个孩子患有先天性心脏病。但是入学时,家长并没有把这个情况告诉我,一直强调孩子身体很健康。结果在进行体育锻炼时,这个孩子总是说自己喘不过气来,出于关心,我每次都会让他到旁边休息。有一天,我出于身体原因请假就医,没想到就在当天,这个孩子在运动时突然昏厥,情况非常危急!幸好校医反应及时,立刻做了心肺复苏,最终孩子恢复了心跳,保住了一条命。

当我赶到医院时,看到孩子妈妈情绪崩溃,哭得撕心裂肺,那个画面到现在我都记得清清楚楚。坐在她旁边,我也心如刀绞。好在上天眷顾,孩子最终醒了过来。这件事让我深刻意识到:提前与班主任沟通,及时为孩子"备案"是多么重要!

因此,家长千万不要抱有侥幸心理。无论是孩子的身体健康状况、过敏情况,还是其他特殊问题,如遗传病或手术史等,这些信息都不能隐瞒,要第一时间告知班主任。这样,老师在日常教学和管理中才能心中有数,遇到突发情况时也能第一时间做出正确应对,确保孩子的安全和健康。

其次,沟通多了,误会少了,孩子成长的路就更顺了。

家长心里一定要清楚:自己想培养一个什么样的孩子?自己有什么样的教育理念?这些都是班主任必须了解的关键信息。只有家长和班主任的教育理念同频,才能目标统一、方向一致,一起为孩子的成长和班级的发展贡献力量,形成合力。

部分家长可能表示:"我没有什么教育理念,老师说什么,我就做什么。"那么,在和班主任沟通的过程中,家长不妨先了解班主任的教育理念和班级目标，明确他想把孩子培养成什么样子，进而思考自己能在哪些方面与老师展开合作，找到一个共同的方向。

比如，如果班主任注重培养孩子的独立性与自我管理能力，家长在家里就可以有意识地培养孩子的自律习惯；如果班主任特别强调孩子的集体荣誉感，那家长也可以多引导孩子参与集体活动，树立集体意识。

总之，家长的教育理念和育儿目标是班主任带班理念和班级目标的重要参考。有了这样的沟通基础，家长才能判断孩子是否适合这个班集体，并确定如何有效配合老师的工作。

再次，您越配合，孩子越受益。

我们不妨思考，家长和班主任形成合作关系，最终受益的是谁？毫无疑问，是孩子。那么，如果家长不配合班主任的工作，会怎么样呢？

这里，我分享一个真实的案例。

我们办公室有一位 L 老师，他班上的一位家长性格泼辣，还特别护短。她的孩子小 Z 平时习惯不好，态度也差，有一次和另一位同学小 L 打架，L 老师请小 Z 的家长到学校沟通。这位妈妈来到学校，不问青红皂白，当着所有人的面就把小 L 狠狠地骂了一顿，把孩子吓得待在原地不知所措。

L 老师本着客观公正的态度，向家长解释了事情的来龙去脉，指出并非小 L 的错。没想到，这位妈妈瞬间暴怒，竟然当众把 L 老师也骂了一通，让 L 老师十分难堪。出于大事化小、小事化了的心理，最终 L 老师还是让小 L 道了歉，但从此以后，他对小 Z 就采取了一种冷漠、忽视的态度，生怕因管教他而"引火上身"。可见，最终吃亏的还是孩子。

所以，一个积极与班主任沟通、配合的家长，不仅能让孩子在学校受到更多关注，还能帮助老师更有针对性地开展教育工作，孩子自然就能从中受益。

复次，家委会不是"麻烦"，而是给孩子"加分"的机会。

有些家长非常排斥家委会，觉得配合家委会的工作是给自己"找麻烦"。

但实际上，家委会是班主任和家长之间重要的沟通渠道，它的存在可以让沟通更高效，合作更顺畅。家委会成员更是班主任的得力助手，可以协助老师处理很多班级事务。

有的家长私下抱怨，认为班主任在评选"三好学生"或"优秀班干部"时，总是优先考虑家委会成员的孩子，这不公平。但我们换个角度想一想，这种现象并不难理解。家委会的家长积极参与班级事务，为班主任分担了很多工作，在班级活动和学生管理等方面提供了很多支持，为整个班级做出了贡献。班主任心存感激，自然也更愿意给予这些家长的孩子一些额外的关注和资源，这是人之常情。

所以，**与其排斥家委会，不如主动加入，贡献自己的力量**。这样一来，孩子不仅能够获得班主任更多的关心，还能在班集体中享受到更多的资源和成长机会。

最后，与班主任沟通，可以表达感恩，收获友谊。

作为一个在一线教学十多年的班主任，我可以明确地说，对班主任的感激，不需要什么物质礼物，家长的配合与支持，就是对班主任最好的回馈。

有很多家长留言问我："给班主任送礼，有必要吗？"

我的回答是："如果一个班主任只有在收礼后才会关注您的孩子，那您大可不必。"

如果想要他给予孩子更多关注，您就要不断地送更多、更贵重的礼物去"收买"他，这样做不是长久之计。而对于那些真正有教育情怀和责任心的班主任，您的送礼行为，反而会让他感觉落了俗套，引起不必要的误会。

所以，**我一直强调，感恩班主任，无须送礼，用心配合就是最好的礼物**。比如多在家长群里发言，肯定老师的付出，感谢班主任对孩子的关心和帮助，让老师感受到您的理解、认可和积极合作的态度。这样可以营造一个良好的班级氛围，有利于统一家长的思想，让家长围绕在班主任的周围，一起帮助孩子成长。

不过，这里我也要提醒一句：**感恩要有度，言之要有物**。如果只是夸夸其谈、一味奉承，不仅效果会大打折扣，还可能引起其他家长的反感。在表达感谢时，只有做到真诚、具体、恰到好处，才能真正起到积极正向的作用。

表达感恩，时间久了您会发现，这种联系不仅关乎孩子的成长，您和班主任的友谊也会得到升华。常言道："世界上除了父母，还有老师是真心希望孩子成为栋梁之材的。"班主任就像孩子在学校里的"班爸爸"或"班妈妈"，既是家长的合作伙伴，也是共同培养孩子的亲密战友。这样的关系非常纯粹，也非常神圣，是一笔珍贵的财富。

就拿我自己来说，我和班上很多家长都保持着非常好的关系。即使孩子毕业多年，我们依然保持联系。当孩子考上研究生、找到一份好工作时，家长会第一时间向我报喜，分享喜悦；有的孩子想出国留学，家长也会主动向我咨询，征求意见；每逢节假日，很多家长还会发来祝福，从未间断。这些点点滴滴都让我特别感动，也让我觉得曾经的付出都是值得的。

总结来说，与班主任沟通至关重要。通过沟通，可以为孩子"备案"，向老师表达自己的教育理念和育儿目标，为老师的教育工作提供依据；也可以释放合作信号，与班主任建立"战友"关系，为家校合作筑牢根基；还可以表达感恩，收获一份真挚、纯粹的友谊……

与班主任沟通好处多多，这么有意义的事情，何乐而不为呢？

把握沟通频次：与班主任沟通越多，孩子进步未必越大

与班主任沟通确实有很多好处，但并非沟通越多越好。为什么呢？

因为班主任的工作非常繁忙，除了日常的教学任务，还要批改作业、备课、参加各种会议，甚至还要组织和参与各类活动。如果每位家长都无限制地联系班主任，那么老师不仅无法开展高质量的教学工作，也没有时间关注孩子，更别提为每个孩子提供个性化培养方案了。

那么，什么时候与班主任沟通比较合适呢？沟通的频率又该如何把握？

很多家长每周都会给班主任发消息，询问孩子的学习情况和表现。其实，这样的频率完全没有必要。孩子在一段时间内的表现一般是比较稳定的，无论是习惯的养成，还是成绩的提升，都需要一个过程。频繁询问不仅意义不大，反而可能引起班主任的反感。

沟通是好事，但得看准时机，别太频繁，恰到好处才最管用。在和班主任交流的时候，有三个关键的时间节点一定要抓住。

节点 1：开学家长会时。

在开学时，很多学校都会组织家长会。您要抓住这次难得的机会，与班主任取得沟通。这次沟通非常重要，既能了解班主任的带班理念和班级目标，也能让班主任感受到您的态度——"我愿意配合您的工作，为了孩子，咱们多联系！"

这一步就像盖楼打基地，扎实了，整个学期的家校合作就有了基础。同时，家长也能知道如何参与班级事务，实现家校共育。

节点 2：期中考试后。

期中考试结束后，和班主任沟通孩子前半学期的学习和生活表现，这一点尤为必要。通过这次交流，家长能清楚地知道孩子在哪些知识点上存在不足，学习习惯上还有哪些问题，还能根据班主任的建议，为孩子制订后半学期的学习计划和阶段性目标，陪他一步步"打怪升级"。

有些学校在期中考试后还会召开家长会，甚至组织一对一的交流。这时，家长一定要提前准备好想询问的问题，把握好这次宝贵的机会，和班主任一起帮孩子找到突破困境、提升自我的方向。

节点 3：学期末。

学期结束时，家长应该和班主任进行一次总结性交流。这次沟通主要是为了总结孩子一学期的整体表现，尤其是找出尚未解决的知识漏洞和习惯问题，为假期安排查漏补缺做好准备。很多家长在孩子放假后也松懈下来，但实际上，假期恰恰是孩子"充电"的关键时期。

在学校，孩子们的时间被各类课程和活动安排得满满当当，往往没有充足的时间深入解决知识上的漏洞。如果这些问题累积下来，就会像滚雪球一样越滚越大。所以，利用假期解决这些问题，不仅能为下学期打下坚实的基础，也可以避免将来"千里之堤，毁于蚁穴"的局面。

除了上述三个关键时间节点，遇到以下三种特殊情况，也可以主动与班主任沟通交流。

第一种情况，孩子学习教育遇困惑，寻求专业指导。

当孩子在学习上遇到问题，而家长又难以应对时，可以寻求班主任的帮助。比如，孩子学习成绩突然下滑、某些科目学习困难，甚至开始厌学，遇到这些情况都可以和班主任约定一个合适的时间，详细沟通。

当然，每个孩子的问题不尽相同，家长处理问题的能力也各有差异，所以是否需要找班主任沟通，还是因人而异。但有一点是肯定的：当家长需要专业的指导时，班主任作为教育领域的专业人士，绝对是值得信赖的好帮手。

第二种情况，孩子在学校遇到严重问题，及时沟通解决。

如果孩子在学校遇到严重问题，比如被同学欺负或霸凌，这种情况一定要及时联系班主任，详细沟通，并配合老师共同解决问题。如果不及时处理，孩子可能会受到严重的身心伤害，这既是老师不愿看到的，也是家长需要竭尽全力避免的。

不过，并非孩子在学校发生的任何事都要找班主任。对于一些小事，家长不必反应过度。比如，孩子座位被换到最后一排，就立即联系班主任要求调座位，这样的要求通常是不合理的。班主任会根据班级的整体情况安排座位轮换，确保每个孩子都有机会坐到前排或后排，这是公平合理的规则，不能因为个别孩子而将其破坏。

还有些家长，因为孩子和同学之间有一点小矛盾，就急着找班主任"讨公道"，甚至将小摩擦夸大为严重事件。这种做法完全没有必要，那些不影响孩子身心健康的小问题，不妨让孩子自己试着解决。这不仅能培养孩子解决问题的能力，还能避免给班主任增加不必要的负担。更重要的是，频繁的无谓沟通可能会引起班主任的反感。

第三种情况，积极参与学校活动，贡献力量促成长。

对学校活动不应只是观望，家长参与就是给孩子加分。学校举办活动，比如运动会、元旦晚会等时，家长可以主动联系班主任，表达想要提供帮助和支持的意愿。会化妆的妈妈，可以在元旦晚会前为孩子们化妆打扮；运动会期间，可以为孩子们买一些矿泉水，或者担任志愿者为大家服务。在班级生日会、社会实践这类活动中，家长也可以参与筹备，比如订购蛋糕、准备出行物资，确保活动顺利进行。

有些家长可能觉得，这类活动对孩子的学习没有直接帮助，还需要投入精力和金钱，所以并不支持。但作为一名从教十几年的班主任，我想强调的是，活动的育人功能是非常显著的。这些活动不仅能够增强班级的凝聚力，还能让孩子们在实践中学到在课堂上很难教会的内容，比如吃苦耐劳、团结协作，甚至培养领导才能。

所以，如果您的孩子遇到一位喜欢组织活动的班主任，那您真的很幸运。要知道，组织活动是一件非常耗费时间和精力的事情，很多老师图省事，往往不愿过多投入精力。只有那些真正有教育情怀的老师，才会不辞辛劳地设计活动，通过活动潜移默化地教育孩子。

家长朋友们，为了孩子的茁壮成长，请一定重视与班主任的沟通。班主任不是万能的，但关键时刻绝对是您的好帮手。和班主任沟通时，把握住三个时间节点，注意三种特定情况，有助于您与班主任建立良性且高效的沟通模式，有力推动家校合作的顺利开展，为孩子的学习和成长保驾护航。

遇到这五类班主任，
怎样沟通才能不踩雷

看到这里，相信您已经认识到主动联系班主任、交流孩子的情况、在沟通交流中表达合作意愿、传达自己的教育理念和育儿目标对孩子的成长是至关重要的。然而，有些家长尽管积极主动，结果却不太好，甚至遭到班主任的拒绝或漠视。这到底是为什么？如果您也遇到了这种情况，该如何解决？

很多家长向我私信求助，反映班主任不回复微信，打电话要么不接，要么挂断。他们感到很困惑：是老师太忙了，还是自己无意中得罪了老师？抑或是班主任认为孩子表现得挺好，没必要交流？这些疑问让家长们既无奈又迷茫，不知所措。

还有的家长表示，与孩子的小学班主任沟通非常顺畅，但到了初中，班主任却常常挂断电话。为什么同一位家长面对不同的班主任，沟通体验会差这么多？问题的关键可能不在家长，而在班主任。

作为一名长期在一线教学的班主任，我经常观察身边的老师们，发现不同性格的班主任在和家长沟通时，态度和方法确实有很大差别。通过观察，我将班主任分为五种类型：外向型、内敛型、自恋型、敏感型、躺平型。

严格来讲，这五种类型没有严格的界限，它们之间会有交叉。比如，外向型班主任可能也具有些许自恋型的特质，内敛型班主任也可能带有敏感型的特征。

这五种班主任在回应家长的沟通信息时，态度和方法都不尽相同。我用一句话概括：遇到外向型班主任是运气，遇到内敛型班主任是省心，遇到自恋型班主任是考验，遇到敏感型班主任是修行，遇到躺平型班主任是灾难。下面我详细说明。

外向型班主任：热情健谈，言无不尽

如果您孩子的班主任属于外向型，那么恭喜您，和这样的老师沟通通常会比较顺畅。这种类型的班主任一般很健谈，家长只要稍微主动一些，就能建立起良好的联系。他们在回答家长的问题时，往往会特别详细周到，不仅会分析问题的起因、经过和结果，还会跟您一起探讨解决方案。这种感觉就像您走进一家汽车 4S 店，销售人员特别热情，无论您提什么问题，他们都能耐心解答。

我自己就是外向型的班主任。家长来找我了解孩子的情况，我会尽可能地把孩子各方面的表现都告诉他们，尽量解答所有问题。但即便如此，我也无法保证每次都能及时回复消息。比如，在上课、开会、参加教研活动或处理其他紧急事务时，我可能没办法立刻回复。不过，只要事后有空，我通常会主动回拨电话。

当然，班主任的工作琐碎繁杂，有时候确实会因为太忙而忘记回复，这种情况也很常见。如果遇到紧急问题，家长不妨多联系几次，问题通常都能得到解决。切勿揣测老师对家长有意见或者故意不理家长。大多数情况下，班主任并不是不想沟通，而是真的忙不过来。所以，保持耐心和主动，问题终会迎刃而解。

内敛型班主任：性格腼腆，惜字如金

有的班主任性格内敛，不善于和家长打交道。能避免交流的场合，他们往往会选择避免交流；能用一句话说清楚的事，绝不会说两句；能用微信解决的问题，绝不会打电话沟通。

以前我办公室里就有这样一位女班主任。她非常内向，平时在家长群里，她的主要任务就是发通知，几乎从不参与闲聊。家长主动联系她时，她总是直奔主题，用最简短的话解决问题。一学期中，她最怕的就是开家长会。站在家长面前，她会紧张到语无伦次，不知道该讲些什么。

但有意思的是，她和孩子们在一起时，就像变了个人似的。她觉得和孩子交流没有压力，能轻松自在地展现出真实的自己。虽然与家长交流时惜字如金，但她带的班级在各方面表现都很出色。

如果您遇到这样内敛的班主任，要理解他们并非不关心孩子，只是更习惯用简洁的方式和家长沟通。重要的事情他们通常都会回复，如果没有回复，大概率是因为他们觉得事情不需要特别解释。所以，和这样的老师交流时，直接、清晰地表达问题，效果会更好。

自恋型班主任：唯我独尊，我说了算

有一种班主任，性格中带点"自恋"的特质。他们往往会表现出一种态度：我很优秀，你们都要听我的；学校里的事情你们不懂，我来处理就好；我不找你，就表明一切尽在掌握……

我们年级就有这样一位班主任。他很少与家长沟通，认为只要他不主动找家长，就代表孩子没问题，家长也不用主动联系他。在他的眼里，他是权威，他的教育方法一定比家长高明，所以对于一些家长提出的问题，往往不屑一顾。

有一次，他处理的一件事让我印象深刻。班里转来一个性格敏感的女孩，因为不适应新环境，一度出现了抑郁倾向，对学习丧失兴趣，也不愿上学。家长非常着急，主动联系班主任商讨解决办法。

他对家长只说了一句："交给我，我去和她聊聊。"然而一个多月过去了，情况不仅没有好转，女孩对学校的抗拒情绪反而越来越强。家长十分焦虑，接连发信息想进一步沟通，但这位班主任直接无视。无奈之下，家长只好去找别的老师帮忙。他得知后非常不满，发火说："这是我负责的事情，你要管，那你就来接手！"最后，问题也没真正解决，家长无奈将女孩转回了原来的学校。

这类自恋型班主任通常态度高高在上，觉得家长提问题是在挑战他的权威。和这种老师沟通，家长一定要讲究策略，要学会"戴高帽"，先肯定他的能力和专业，再委婉地提出自己的问题。同时，还要注意语气，避免让他感觉受到质疑，否则很可能适得其反。总之，既要清晰表达您的想法，又要让对方感受到自己的地位和专业被尊重，这样沟通才会更顺利。

敏感型班主任：心思细腻，心胸狭窄

这类班主任特别敏感，容易自行脑补很多情况。比如：家长在群里提了一个普通的问题，他可能觉得家长是在"搞事情"；给家长打电话被挂断，他可能会认为家长不尊重他、不愿配合工作……

之前和我搭班的一位女老师就是这种类型。那段时间我工作很忙，压力也大，和她交流得比较少，见面也只是匆匆打个招呼就走。结果她竟然去问别的老师我是不是对她有意见。后来这件事传到了我的耳朵里，为避免误会，我还特意找她解释了一番。

和她搭班的过程中，我发现她经常会因为一些小事而"疑神疑鬼"。比如，有家长聊天语气稍微冷淡些，她就会问我："这位家长是不是不支持我的工作？跟你说话也是这样吗？"如果家长给其他老师的朋友圈点了赞，却没给她点赞，她就会觉得家长对她不够重视，内心很受伤。

更麻烦的是，她很少直接表达自己的想法，而是喜欢拐弯抹角地暗示，话里有话，要大家去猜她的真实意图。坦白地说，和她搭班一年下来，我感到特别累。后来我被调去下个年级担任班主任，才彻底结束了和她的共事。

如果孩子的班主任是这种敏感型的老师，平时一定要注意和他的互动。比如，在家长群里积极回应他的通知，全力配合他的工作，主动给他发的消息点赞，或者留几句感谢的评论，表达对他辛勤付出的感恩。这些小举动能给他提供足够的情绪价值，避免刺激他敏感的神经。只要他觉得自己被支持、被认可，您和他的沟通基本上就能顺利进行，不会有太多阻碍。

躺平型班主任：消极怠工，赶快远离

有些班主任因为能力不足或者精力不济，不愿回复家长的消息；还有些班主任临近退休，丧失了工作动力，选择"躺平"。他们不回私信，不接电话，见面也只是简单聊几句，完全一副"甩手掌柜"的模样。

这样的班主任其实并不少见。我常常会接到一些家长的私信和留言，有位湖南的家长曾留言说："不和学生家长沟通的班主任，教学都不是很优秀的，而一般能主动找家长的老师，都很注重孩子的学习。"

这类班主任不重视孩子的学习和成长，平时很少关注孩子，对孩子的了解也很少。所以当家长提出问题时，他们不知道如何回答，也不知道怎么解决，只能选择沉默。

有一位来自青海的家长，她同时也是一位老师，她觉得家校间的良性沟通，往往被这种躺平型班主任破坏了。她在留言区接连发了三个问题：

有没有不管发什么老师都不回的？

有没有电话必须打很多个才接的？

有没有群里不管家长问什么都不回的？

从这三个问题不难看出，这位家长对这类班主任感到极其无奈和恼火。她还举了一些具体的例子：

"暑假放假通知是放假前一天发的，节假日放假通知是放假当天发的；返校上星期几的课也不说，群里有家长问也不回……"

这样不及时的通知，让很多家长感到十分困扰，尤其是那些需要提前安排接送孩子的家长。如果不知道具体时间，孩子可能要在学校等上一两个小时，放学后的时间也没法合理安排。这位家长最后无奈地感慨："不回消息的老师是有多忙？"

无论是因为能力不够，还是因为临近退休，躺平型班主任都无法有效进行家校沟通，更不用说实现家校共育了。遇到这样的老师，我只能建议您："跑吧！"毕竟，我们无法改变别人，那就改变自己，实在不行，换个环境也行！

以上，就是我根据自己长时间的观察，将班主任分为的五种类型。前两种类型的老师比较好交流，就事论事就好。但是第三、第四种类型的班主任，需要家长格外注意把控沟通的方式和细节，避免触动他们的敏感神经，以免引发不愉快的沟通经历。而遇到第五种躺平型班主任，那"三十六计，走为上计"或许是最好的选择。

班主任最不愿沟通的家长有哪几类

在上一小节中，我从班主任的角度，分析了他们拒绝与家长沟通的原因，并给出了相应的建议。本小节，我们换个视角，从家长的角度来探讨，为什么班主任会拒绝和家长沟通，并给出应对策略。

和班主任沟通，其实是一门艺术，需要讲究技巧和策略。如果方式方法不当，很容易陷入尴尬局面——您主动找班主任沟通，但对方可能根本不想搭理你。根据我的观察，有四类家长特别容易被班主任"拉黑"。这四类家长，名字也挺有意思，分别是："诈尸式"家长、"手榴弹式"家长、"直升机式"家长、"催命符式"家长。下面我详细说明。

第一类："诈尸式"家长。

这类家长有个显著的特征：平时在班级群里或者班主任的通讯录里"潜水"，班主任发的信息要么不看，要么看了也不回。需要家长配合的时候，班主任怎么也联系不上他们。可一旦他们自己有事找班主任，突然就"冒泡"了，问题一解决，立马又消失不见了。这种"诈尸式"操作，真是让班主任十分头疼。虽然这样的家长不多，但确实给班级管理增添了不少麻烦。

家长一定要记住：不管孩子遇到什么问题，或者您在育儿过程中有什么困惑，都应该主动联系班主任，多沟通。因为班主任每天要管理一个班的学生，精力有限，不可能面面俱到，有时候解决问题也会出现一点滞后。如果您总是"等老师来找我"，很可能就错过了解决问题的最佳时机。

尤其是像校园霸凌这样严重的问题，隐蔽性强，持续时间长。如果没有在萌芽阶段及时解决，可能会对孩子的身心造成难以挽回的伤害。而作为父母，您与孩子是一对一的关系，更容易察觉到孩子的状态变化，也更有条件在第一时间发现问题。这时候，主动联系班主任，一起解决问题，就显得尤为重要。

主动沟通的意义不仅在于能解决问题，还在于能让班主任感受到您对学校工作的支持和配合，以及对他的尊重。想想看，面对一个真诚而又积极的家长，哪位班主任会拒绝交流呢？

所以，别做"隐形人"，主动沟通才能为孩子争取更多支持。

第二类："手榴弹式"家长。

有些家长属于典型的"嘴比脑子快"，说话不经思考，还容易情绪失控，结果一不小心得罪了班主任还不自知。如果您发现班主任开始时态度还很友好，但后来态度越来越冷淡，甚至干脆不理您了，那么您就需要反思，是不是什么时候说错了话，或者做错了事，让班主任心里不舒服了。

如果真是因为您得罪了班主任，导致他不愿意和您沟通，那么我建议您找个合适的时机，真诚地道个歉。有的家长可能觉得拉不下面子，或者不好意思。但想想看，孩子的成长和未来，与这一个道歉相比，哪个更重要？相信您心中自有答案。只要您的道歉够真诚，大多数班主任都会"一笑泯恩仇"。毕竟，哪个班主任愿意和家长过不去呢？这不是给自己找不痛快吗？

这种情况也提醒我们：和班主任沟通时，一定要把握好分寸。什么话能说、什么话不能说，话该怎么说，都需要在发信息或开口之前考虑清楚。不要因为一句话让班主任心里"咯噔"一下，甚至影响他对孩子的态度，那就太得不偿失了。所以，家长们，谨言慎行是和班主任沟通的第一步，也是非常重要的一步。

第三类："直升机式"家长。

想象一下，如果有一架直升机一直在您头顶"嗡嗡嗡"地盘旋，吵得您心烦意乱，头痛欲裂，您会是什么反应？很显然，您肯定希望它赶紧飞走。现在换个场景，如果您总是给班主任发信息，无论大事小情，天天"轰炸"，班主任会是什么感受呢？

其实答案很明显。班主任的工作不仅包括教学，还包括很多琐碎的事务，工作量非常大。如果每天还得应付家长源源不断的问题，就算是脾气再好的人也会吃不消的。所以，如果班主任开始不接电话、不回微信，很可能就是这个原因。

建议大家对号入座，看看自己是否属于这种类型的家长。如果是，那么我建议您在联系班主任之前，先对要沟通的事情做个筛选。问问自己：这件事是紧急的大事，还是可以缓一缓的小事？这个问题是必须要班主任解决，还是自己也能想办法搞定？这里我提醒您一句：班主任每天忙得脚不沾地，别让他觉得您是"问题制造机"。

还有个小妙招，就是多和其他家长聊聊。在和其他家长的交流中，您往往能发现新的思路，说不定很快就能解决问题。这样一来，不仅避免了频繁打扰班主任，而且能高效处理问题，可谓一举两得。

第四类："催命符式"家长。

有些家长性子特别急，孩子一有事就立刻联系班主任，希望问题马上得到解决。如果班主任没有及时接电话或回信息，就觉得老师对孩子不上心、不重视。我非常理解家长的这种心情，孩子的事在父母眼里都是"天大的事"，如果不尽快解决，感觉拖一秒都要出乱子。

但是，就算有非常紧急的事情要找班主任沟通，我也建议您多一点耐心和理解。班主任的工作量您可能想不到——每天不是在上课，就是在备课、批改作业，或者在监督课间操、开会，甚至是在赶去开会的路上……他们的时间被塞得满满当当。很多时候手机就在身边，但真不一定能立刻看到消息，更别说秒回了。

所以，当遇到孩子出状况时，家长千万不要急着慌乱行动。一着急，说话语气一冲，反而容易把沟通的局面搞僵。记住，越是着急的时候，越要一步一步来。着急，只会让您心态失衡、行为失当。

下面，我教您一个很管用的十六字口诀：稳定情绪、多方打听、分析事件、解决问题。

第一步，稳定情绪。

事情发生后，家长先别慌，冷静下来问问自己："这件事真的需要找班主任吗？"很多时候，等情绪平复后，您会发现事情并没有那么紧急或严重。孩子的事再急，也别让情绪失控，保持冷静是解决问题的第一步。

第二步，多方打听。

情绪稳定后，也别急着找班主任，而是向多方了解情况。比如，您可以先和孩子聊聊，有些问题完全可以让孩子试着自己解决。这是一个教育孩子的好机会，不仅能够锻炼孩子解决问题的能力，还能让孩子从中获得成长。

举个例子，如果孩子和同桌吵架甚至动起了手，只要没有造成实质性的伤害，完全可以通过引导孩子与同学沟通，使孩子学会与同学和解，而不是动不动就找班主任"上纲上线"。

第三步，分析事件。

了解清楚事情的来龙去脉后，梳理起因、经过和结果。这个时候，您就可以对问题有一个基本的判断：这是小事还是大事？需要家长介入，还是让孩子自己处理？如果是大事，比如涉及孩子的身心健康问题，那么再找班主任沟通也不迟。

第四步：解决问题。

经过前面几个步骤，此时您的情绪已经稳定了，问题也厘清了。如果确认需要班主任的介入，这时候再联系老师，沟通起来就会条理清晰，准备充分，既能快速说清问题，又能积极配合老师找到解决办法。这样的沟通不仅高效，还能让班主任感受到您的理性和诚意。沟通不是一锤子买卖，真诚和理性才能让班主任更愿意帮您。

如果这些您都做了，但班主任还是不愿意沟通，那么可以试试换个方式，比如利用接送孩子的机会，当面与班主任聊聊。面对面交流时，班主任通常会更愿意回应，毕竟当着众多家长的面，直接拒绝也不太合适。

当然，如果班主任一直拒绝沟通，我们也要反思是否自己哪里做得不够妥当。毕竟，改变别人难，调整自己易，沟通方式对了，问题就简单了。

最后，如果您觉得自己不属于我提到的这几种家长类型，但仍然感觉班主任在疏远您，不妨看看我前面提到的班主任类型分析，找一找合适的应对策略。

班主任最反感的沟通方式有哪几种

在和班主任沟通时，有的家长几分钟就能解决问题，而有的家长却花了半天时间也毫无进展。这不仅会浪费班主任的时间，也可能给班主任留下不好的印象。为什么会有这么大的差异呢？

这一节，我们就来探讨这个问题。想要和班主任进行高效沟通，有五件事是一定要避免的，我们一个一个来看。

第一，说不到点子上。

在与人沟通时，如果对方说了半天还没说到重点，您会有什么反应？可能会忍不住打断，直接问他想表达什么，或者硬着头皮听下去。但是这种沟通效率实在太低了，对于班主任来说，最怕遇到这样的家长。

为什么有些家长总是说不到点子上呢？我认为主要有两个原因。

①对整个事件不了解。交流时一头雾水，或者道听途说，搞不清情况。

②没有提前梳理思路。说话跳跃、没逻辑，像无头苍蝇一样，完全抓不到重点。

所以，在和班主任沟通前，建议您想一想我的十六字口诀：稳定情绪、多方打听、分析事件、解决问题。先把事情的来龙去脉理清楚，这样在交流时才能直奔主题，直击问题核心，高效解决问题。

另外还有一个建议，就是在沟通前，把想要说的内容简单列在纸上，至少打一个腹稿。明确自己想表达的重点，做到条理清晰。这样既能快速说明情况，又能帮班主任更快地找到解决方案，同时也节省了双方的时间。

第二，说话绕弯子。

我们中国人说话比较含蓄和隐晦，喜欢绕弯子。在表达观点之前，往往先铺陈一大堆，就是不说重点。而西方人就不一样，他们习惯开门见山，先抛出观点，再用例子去论证。这种直截了当的方式，其实是班主任更喜欢的沟通方式。

班主任的时间很宝贵，最忌讳的就是说话含糊其词、拐弯抹角，让人猜不透您的真正意图。

我之前有个学生，各科成绩都不理想。上课习惯差，笔记也不做；做作业效率低，每天都不能完成；整天游手好闲，喜欢在走廊里晃荡。各科老师找他单独辅导，他也总是抵触、抗拒，甚至躲着老师。

他的妈妈是个事业有成的企业家，对孩子的学业非常上心。有一次，她打电话找我聊孩子的情况，说了很多：孩子很喜欢我、最近学习进步了、在学校人际关系不错，还有孩子的梦想……

我们聊了大半个小时，没什么主题，基本就是闲聊。我心里想，这位妈妈可是一个公司的老总，应该没时间和我闲聊吧！于是我打断她，直接问："您今天打电话的主要目的是什么呢？"她有点不好意思地笑了，说："老师，不好意思，占用了您这么久的时间。我其实想请您帮忙，平时有空辅导一下孩子的英语，我们打算送他出国留学，您看行不行？"

我当时心里想："你早说嘛，绕这么大个弯，累不累！"其实，对于有学习需求的孩子，多数班主任都是愿意尽力帮忙的。如果家长一开始就直截了当地说明需求，沟通会更高效，没必要浪费彼此的时间。

在这里，我也想跟各位家长说一句，与班主任沟通时，有话直说，别绕弯子。

第三，没事闲聊。

有些家长觉得，没事找班主任聊聊，混个脸熟，就能拉近关系，让班主任多关注自家孩子。这种想法可以理解，但实际上并不一定能带来好的效果，甚至可能适得其反。

比如，我之前遇到过一位家长，她是个非常厉害的销售冠军，后来为了孩子的教育辞职在家，做了全职妈妈。但她闲不下来，充分发挥了自己的"销售才华"，几乎跟班上所有家长都聊得火热。通过这些聊天，她掌握了很多信息，比如哪个孩子上课不专心、哪个孩子爱讲话、哪个孩子聪明又调皮等。

然后，她开始频繁找我聊天，不断向我"爆料"这些情况，有时候还对别的孩子评头论足。起初，我以为她是热心班级事务，想帮我分析班级情况，就耐心听了几次。但没想到，她后来聊得越来越具体，甚至开始要求我不要让她家孩子和某些同学坐在一起，或者尽量避免某些孩子跟她的孩子接触，理由是他们"会影响她孩子的学习"。

这样的沟通方式是不可取的。

第一，家长不应该在背后议论别人家的孩子。每个孩子都是父母的心头肉，或许他们有问题，但也有优点和进步的空间，家长私下评判别人家的孩子，不仅容易引发矛盾，也不够体面。

第二，家长应该专注自己孩子的成长，而不是拿别的孩子做比较，或者聊一些无关的话题。这种聊天对孩子的成长毫无帮助。

还有些家长很啰唆，反复说同样的话。说实话，这样的家长让我有些头疼。他们一打开话匣子就滔滔不绝，讲了一轮又一轮，完全停不下来。再强调一遍，和班主任沟通，最重要的是直奔主题：有什么问题，直接问；有什么观点，简明扼要地表达。

闲聊不如直奔主题，把时间留给班主任，就相当于给孩子的成长"充值"。您觉得呢？

第四，单方面输出。

这是最让人恼火的。沟通是一个双向互动的过程，你一言，我一语，在交流中了解需求、达成共识、解决问题。但是，有些家长只顾着自己表达，让沟通变成了"独角戏"。

有的家长说是找班主任沟通，实则是大倒苦水。一开口就吐槽孩子不听话、不爱干净、不尊重自己、不爱学习……整个过程就像"吐槽大会"，班主任几乎插不上话。即使回应了，不管说什么，家长都能找到新槽点继续吐槽。最后，班主任只能借"还有其他安排"逃遁。

有的家长是另外一个极端，与班主任沟通时完全不搭话，就这么一直安静地听，不做任何回应，顶多点头或简单微笑应付。比如，我以前所在的学校，每次期中考试后都会安排一对一的面谈，让家长和班主任有专门的时间交流孩子的学习情况。但有些家长根本没做任何准备，脑子空空地过来，既不关心孩子的学习，也不提任何问题，完全浪费了这次宝贵的机会。

更糟糕的是，有些家长带着情绪来找班主任沟通。他们可能因为对孩子或学校的某些事情感到不满，情绪激动地冲过来，既不冷静也不理性。这种情绪化的沟通，不仅让班主任很难接话，也无法有效解决问题，甚至可能让事情变得更加复杂。

所以，和班主任沟通一定要注意这几点：

①别让谈话变成"吐槽大会"；

②提前准备一些有价值的问题，不要光听不说；

③更重要的是，带着平和的心态去沟通，别让情绪主导谈话。

这样，才能真正实现高效沟通，让问题得到更好的解决。

第五，托人带话。

有些家长认识学校领导，或者在社会上有一些资源，就会找人给班主任打招呼，希望他能多关照自己的孩子。这种做法并不可取。

首先，孩子有什么事情，家长可以直接和班主任沟通。这是家长的权利，完全不需要通过别人来转达。您是否想过，请领导或某个"大人物"出面，这背后传递的是什么信息——是想表达对班主任的不信任，还是想用"权威"来威慑班主任，让他不得不多关照您的孩子呢？

这么做会让沟通失去平等性，班主任可能会因此感到不被尊重，效果可能适得其反。如果班主任迫于压力对孩子不停地开"绿灯"，管教时也是束手束脚，其实不利于孩子的成长，最终吃亏的还是孩子。

请记住，托人带话不如直接聊，平等沟通最有效。

总结来说，这一小节中，我提及了和班主任沟通时一定要避免的五种情况。为了保证沟通的有效、高效，家长应当清楚什么可为、什么不可为。

角色转换：利用这四重身份，和班主任沟通更高效

在和班主任的日常沟通中，家长的角色非常重要，既是孩子和班主任之间的桥梁，也是润滑剂。通过积极沟通，家长能帮助孩子和班主任建立良好的师生关系，有助于孩子的成长和进步。

我认为，家长在和班主任沟通时，具有四重身份，每一重身份对孩子的成长都起着重要作用。接下来，我会通过四个例子，详细讲解这四重身份，以及它们是如何发挥作用的。

第一重身份："推销员"，将孩子推销出去。

初次见面，家长应该像个销售员，主要任务就是"推销"自己的孩子，让班主任全面了解孩子，并制定适合他的教育方案。

那么，家长应该"推销"什么呢？

我们可以打个比方，到 4S 店买车，销售员会先介绍车的各项性能和优点，或许会提到一些不足，但重点肯定还是放在车的优势上。同样的道理，家长在向班主任介绍孩子时，也要提到孩子的优缺点，具体应该怎么介绍，我会在后面的小节中说明。

除了优缺点，还可以介绍孩子的特长、获得的奖项或比赛表现等。一次成功的"推销"，不仅能帮班主任更快记住孩子，还能让孩子得到更多关注，为建立良好的师生关系打好基础。

第二重身份："画师"，对孩子进行全面描述。

学校的任务有两个，一个是教书，一个是育人。除了学习表现（智育），班主任也很看重孩子的德育、体育、美育和劳育，这也是我们国家培育孩子的五个方面。因此，我们在"推销"孩子的时候，千万别只谈学习，那样太单薄了，我们要从更多维度去描述孩子，让他成为一个完整的、鲜活的人，呈现在班主任面前。

具体的操作方法是把孩子说过的话、做过的事还原出来，这样的沟通很有画面感，能够很好地体现出孩子的品质和三观。比如，我有一个学生小 F，成绩并不突出，也不喜欢表现，因此我对他印象不深。但他的妈妈跟我讲了一个故事，让我对他刮目相看。

有一年端午节，小 F 和父母参加了一场全国 MBA 沙漠徒步比赛。两天时间要走完五十多公里，赛道深入沙漠腹地，挑战难度很大。走在沙子上，鞋子会陷进去，腿根本使不上劲，沿途还有很多斜坡，再加上高温、脱水、缺糖等问题，很多参赛者中途纷纷退赛，但是小 F 坚持了下来。他这种坚持的品质后来也体现在了学习上，高考时以超过重本线一百多分的成绩，考上了心仪的大学。

更让我感动的是，在行进途中，小 F 看到人们丢弃的矿泉水瓶和垃圾后，毫不犹豫地捡起来，放进自己的包里，带回营地扔进了垃圾桶。比赛结束后，他还和大家一起植树，为沙漠增添绿色。小 F 妈妈告诉我，小 F 当时说了一句话："我每年都要过来植树，植满整个沙漠。"这些细节将我对小 F 的印象彻底改变了，他的品质也让他成了我们班的学习榜样，激励了全班同学。

在学校，班主任看到的更多是孩子的学业表现，但"做人的品质"才是更为重要的部分，只是很多时候不容易被发现。家长在这方面的作用非常重要，就像是一位"画师"，用细节描绘出孩子的闪光点。

第三重身份："线人"，搭建情感桥梁。

家校沟通，是班主任十分重视的一项工作。做好家校沟通，能够让家长更好地参与到孩子的教育过程中，更好地帮助孩子成长。同样，家长也要重视家校沟通，积极和班主任对话，充当起串联孩子和班主任之间情感的"线人"。

我爱我们班的每个孩子，不论成绩好坏，我都一样喜欢他们。这和我们班的家长有极大的关系，因为他们充当了"线人"的角色，在我和孩子之间搭建了情感桥梁。我们班的英语成绩一直在同类班级中名列前茅，这是因为我每天给孩子们单独辅导。但也因此，我经常没时间吃晚饭，时间一长，便落下了胃病，时常犯病。

小Y同学的妈妈告诉我，小Y在得知我没时间吃晚饭后，每天都会在包里放一个面包。如果我没吃上饭，他就会把面包拿出来给我。难怪每天晚上他都等着和我一起去查寝，还会问我是否吃了晚饭。虽然这是一件小事，但让我十分感动，我们之间的师生感情也因此更深了。

小Y英语成绩不好，我就每天抽时间给他讲解，帮他听写。结果，半个学期内，他的成绩提高了二十多分。为了表达感激，他写了一封很长的感谢信，不过出于害羞，他没直接给我，而是让他妈妈转交。

这里还发生了一个有趣的小插曲——小Y妈妈送孩子返校时，打算将这封信交给我，但没找到我。在等待中，她看到了我们的校长，就拜托校长转交给我，还不停地表达她和孩子对我的感激。后来，校长在教师大会上，正式而隆重地把这封信交给了我，让我有点惊慌失措。看完这封真挚的感谢信，我热泪盈眶。

如果不是小Y妈妈告诉我，我根本不知道小Y同学的善良和感恩之举，也不会知道他是这么懂事的孩子；要不是她的告知，我可能也不会每天花这么多时间，帮助他学习英语，让他取得如此大的进步。

可见，小Y妈妈其实就是个"线人"，在我和孩子之间传递消息，搭建起我们之间的情感桥梁，让我和孩子走进了彼此的内心。

第四重身份："调解员"，消除师生误会。

在班主任和孩子的互动中，难免会有误解或不愉快，这时家长就可以充当"调解员"的角色，帮助化解班主任和孩子之间的矛盾。

我之前有个学生小 D，他十分崇拜霍金，并视其为榜样，因此学习成绩十分优秀。但是，突然有一段时间，他变得不爱学习，情绪低落，作业也不按时完成。课间他就在走廊上游荡，像丢了魂似的。很多老师找我投诉，我也没多想，直接把他骂了一顿。结果，他的情绪更差了。

孩子回家后，妈妈注意到他情绪低落，经过耐心询问，终于了解到了问题的根源，她给我发来了信息，说明孩子最近表现异常的真正原因：他的偶像霍金去世，让他特别难过，几乎无法承受这个打击。得知实情后，我主动找小 D 道歉，并和他聊了很久，从霍金聊到他自己的理想和未来计划。慢慢地，小 D 的情绪恢复了正常。

如果不是小 D 妈妈告知我具体情况，我可能根本不会知道孩子异常行为的真正原因，也无法采取有效的措施帮助他解决问题。因此，在孩子被班主任误解时，家长一定要充当好"调解员"，及时消除误会，避免孩子和班主任的关系恶化，也避免耽误孩子的学习和成长。

总结来说，家长作为孩子和班主任之间的重要一环，扮演着多重角色，不仅是"推销员"和"画师"，还是"线人"和"调解员"，把孩子全方位地展示给班主任，并尽力消除他们彼此间的误会，搭建起情感的桥梁。家校沟通做得好，孩子进步看得见。

千万别硬夸：这样"推销"孩子，班主任更能放在心上

　　和班主任沟通时，核心话题当然是孩子。如果能对孩子进行一次全面清晰的介绍，不仅能帮助班主任快速了解孩子，还能让孩子更容易走进班主任的心里，获得更多的关注和支持。接下来，我就来聊聊如何在沟通中"推销"孩子。

　　在前面我们提到，家长在和班主任沟通时，扮演的四重身份之一就是"推销员"。家长需要策略性地向班主任介绍孩子的优点和不足，让班主任对孩子有一个全面的了解。但在实际沟通中，我发现家长容易走两个极端。

　　①只见优点，不见缺点。

　　有些家长觉得自己的孩子是最棒的，眼里只能看到闪光点，嘴里只说优点。虽然他们的出发点是好的，想展现孩子的优势，但忽略孩子的不足，不仅不能帮助孩子改进，也会让班主任的认知不够全面。

　　②只见缺点，不见优点。

　　有些家长总盯着孩子的问题，对孩子的优点视而不见。这类家长习惯拿自家孩子和"别人家的孩子"比较，经常批评或打击孩子。这样的态度不仅容易让孩子丧失自信，还可能在班主任心里留下负面印象。

　　因此，家长在介绍孩子时，关键是要做到客观公正。既要看到孩子的优点，也要正视孩子的不足。这样才能让班主任全面了解孩子，帮助孩子成长。

在英国参加教师培训时，我了解到一套非常实用的自我评价体系。虽然它不是专门为家校沟通设计的，但它的方法和思路非常值得借鉴。我从中总结出了四个要点，可以帮助家长更好地评价孩子的优缺点，并有效地与班主任沟通。

接下来，我们就一起来看看这套方法能带给我们哪些启示。

Do you feel you achieved your aims？ What did the students learn and get better at？ How do you know？
你自我感觉实现教学目标了吗？你的学生学到了什么，在哪些方面有进步？你是如何知道的？

What aspects of today's lesson were successful？ What made them successful？
今天的课在哪些方面是成功的？是什么促成了这些成功？

What progress do you feel you have made？
你感觉自己取得了哪些进步？

What aspects of this lesson were less successful？ Why？
今天的课在哪些方面没有那么成功？原因是什么？

What would you like to ask about？ What are you still unsure about？
你还想问些什么？还有哪些不清楚的地方？

上面的五个评价维度很有意思，前面三项都是侧重于做得好的方面，只有第四项提到了不足。从这套评价体系中，我得到了四点启发，可以为家长如何向班主任介绍孩子提供很好的借鉴。

第一点，先说优点，后讲缺点。

在培训中，每位受训老师上完课后，都会进入反馈环节。培训老师会先提问："What are the highlights of your today's lesson?"（你今天的课有哪些亮点？）然后让受训老师优先总结自己的优点。

为什么要先谈优点？因为先入为主的印象对人们的认知影响很大。让我们先看到自己的优点，可以增强自信心，更容易接受后续的反馈。

同样的道理，当家长向班主任介绍孩子时，也应该把优点放在前面。班主任首先接触到的是孩子的优势和亮点，这有助于形成一个积极的第一印象，对孩子的潜力和闪光点产生更多期待。之后再谈孩子的不足，这样不仅显得更有层次感，也更容易让班主任全面了解孩子。

所以，和班主任沟通时，可以先说孩子在哪些方面表现优秀，比如性格开朗、学习习惯好或者社交能力强等。班主任的第一印象很重要，这种"先入为主"的积极认知，对未来的家校合作大有帮助。

第二点，多说优点，少讲缺点。

上面提到的评价体系表中，有三项是积极的正向评价，只有一项提到了不足。培训老师会先让受训老师总结自己课程的优点和进步，然后才会问："What aspects of this lesson were less successful? Why?"（今天的课程哪些方面不太成功？为什么？）有意思的是，老师只要求我们提一点不足，而优点可以尽量多说。

有一次，我觉得自己课上的表现不是很理想，因此几乎没有提到优点，反而列举了五处不足。结果，培训老师虽然提到了我的不足，却高度评价了我的多个优点。

这让我深有感触。作为中国父母，我们往往对孩子要求过高，总觉得孩子做得不够好，容易盯着孩子的不足。然而，事实真的是这样吗？在培训中，我其实是表现最好的一个，但我总是自我反思，看到更多自己的不足。后来我意识到，过于自我批评会影响对客观事实的认知，也容易给自己贴上负面标签，很难摆脱。

同样的道理，家长和班主任沟通时，如果总是把注意力放在孩子的缺点上，班主任可能会对孩子形成负面印象。这不仅会让班主任忽略孩子的优点，也可能影响他们对孩子的欣赏和关注。

所以，在介绍孩子时，要多夸优点，少提缺点，放大孩子的闪光点。

第三点，优点往大了说，缺点往小了讲。

前面提到，培训老师在讨论优点时鼓励我们多说，以便更清楚地看到自己的优势。而在提到不足时，老师只要求我们指出一个具体的不足，并要求在下一节课中加以改进。这样做是为了让我们更有针对性地解决问题。

我们的教案中设有"个人问题反思"板块，要求我们反思上一节课的不足，并制定出改进措施。所以，缺点说得越小、越具体，就越容易操作和解决。

同样的道理，家长在向班主任介绍孩子的不足时，也要学会把问题说得具体一些。比如，"孩子的时间规划存在问题"比"孩子很懒，半天做不完作业"要更具体。这样，班主任就能清楚问题所在，直接制定解决方案。

而那些泛泛而谈的问题对班主任来说帮助不大，他还需要通过进一步观察和判断，才能确定孩子真正的问题所在。但班主任的精力有限，不可能在有限的时间里只关注某一个孩子。

所以，把孩子的不足说得具体、简洁，能帮助班主任更快地识别问题，并提出有效的解决办法。

第四点，优点不断强化，缺点点到为止。

这个评价量表的目的是让优点得到不断强化，让不足具象化并得到针对性解决。其评价内容不仅包括学生学到了什么，还包括课程为什么成功，以及学生取得了哪些进步。这样做的目的，是让受训老师看到自己在这段时间里的成绩和进步，发现自己的闪光点。

然而，很多家长过于谦虚，只简单提一下孩子的优点，对缺点却大肆渲染。他们似乎认为，越是批评孩子，就越能得到班主任的好感。有的家长对孩子很失望，话里话外都是责备，最糟糕的是，这些话还经常当着孩子的面对班主任说，这无疑是雪上加霜。

其实，家长们的做法应该反过来。我们应该持续强调孩子的优点，而缺点只需要点到为止。如果我们不断强化孩子的优点，班主任会对孩子产生积极的认知，激发他们进一步了解孩子的兴趣，有助于孩子获得更多的关注。

而当提到孩子的缺点时，只需要让班主任知道问题的存在，让他心中有数，接下来由他来制定帮助孩子克服问题的方案。

缺点只是作为一个参考，不能让它成为孩子的"标签"。如果我们把孩子的缺点描述得过于详细和夸张，那么缺点就会成为班主任对孩子的第一印象，从而给孩子贴上负面标签。试想，如果我们不喜欢或不认同一个人，又怎么可能去更深入地了解他，甚至和他成为朋友呢？

所以，家长在介绍孩子的时候，一定要先介绍孩子的优点，并不断强化它、放大它。对于缺点和不足，一定要后讲、少讲，适当弱化。而且，说缺点时，一定要具体，这样有利于对症下药，快速解决问题。

记住，这就是介绍孩子优缺点的基本原则，避免在与班主任的沟通中好心办坏事。那么，在介绍孩子优点的时候，要注意些什么细节呢？接下来，我从三个方面来聊聊。

首先，介绍优点，要具体形象。

在教师培训项目中，培训老师给学员的点评通常都非常具体和形象。他们会指出哪些方面做得好，哪一句话说得好，哪种方法运用得当，并通过具体的事例加以解释。这种方式能让受训老师在脑海中留下清晰的印象。

同样的道理，如果我们在向班主任介绍孩子的优点时，说得太笼统或抽象，班主任就很难在脑海中形成清晰的画面，也就难以记住孩子的优点。

例如，有些家长可能会说"孩子动手能力强"。这虽然是优点，但说得有些笼统。我们可以这样改进："孩子动手能力很强，他常常在家里'搞破坏'，比如把旧的收音机或音响拆开，观察里面的线路，然后把它们重新组装回去。"通过这样的描述，班主任会立刻脑补出画面，甚至下次遇到孩子时，可能会开玩笑说："听说你是拆家小能手，最近拆了什么电器呀？"

用具体事例说话，孩子的优点才更生动。

其次，第三视角，更有说服力。

在每次培训课后，培训老师都会请其他听课老师对受训老师进行点评，然后再由他自己总结。其他老师的一致认可会增加说服力，因为这些意见不是单一来源，而是集体的反馈，能更全面地反映出问题和优点。

同样的道理，向班主任介绍孩子时，如果只是父母单方面夸赞，会显得假。而第三方的评价，比家长单方面的夸奖更有说服力。

我之前遇到一个家长，每次开家长会时，一会儿夸孩子学习好，一会儿夸孩子品德好，一会儿夸孩子外貌好……我完全没有办法接话。虽然我能理解每个家长都觉得自己的孩子是最棒的，但这种泛泛的夸奖，听起来有些空洞，缺乏具体事例的支撑和说服力。

其实，可以通过具体的例子来强化您的观点，或者从第三方的角度来描述孩子。比如，您可以说："孩子每次考试都能拿到 140 多分，还在全国英语演讲比赛中得了奖。"这样，通过具体的成绩和奖项来证明孩子的优点，会让您的观点更有说服力。

除了具体的奖项，您还可以引用他人的评价来支持您的说法。比如，您可以告诉班主任："孩子的初中英语老师说他的发音非常标准，而且他每年都会在学校晚会上担任英语主持人。"这样，通过专业人士的评价，孩子的优点就显得更加客观和可信了。

最后，要把孩子的优点与班级需求联系起来。

和班主任介绍孩子的优点，能帮助班主任形成对孩子的初步印象。但这种印象能持续多久，就很难说了。

这让我想起一句英语教育格言："Tell me and I forget; teach me and I remember; involve me and I learn." 意思是："告诉我，我会忘记；教导我，我会记住；让我参与，我会学会。"这句话强调的是实践和参与的重要性。

我认为它也能指导家长如何与班主任沟通。我们不仅要说孩子有什么优点，还要把这些优点与班级的需求和班主任的工作联系起来，这样更容易让班主任记住孩子。

举个例子，如果孩子的字写得很好，黑板板书也很漂亮，您可以告诉班主任："孩子字写得非常好看，他可以帮忙写黑板报。"通过这种方式，您不仅展示了孩子的优点，还让班主任看到孩子对班级是有帮助的，那么班主任自然会更愿意记住这个优点，并给孩子更多锻炼的机会，这对孩子的成长非常有利。

所以，作为家长，您在介绍孩子的优点时，应该尽量做到具体形象，可以引用第三方评价，而且要把孩子的优点和班级发展、班主任的工作联系起来，为孩子争取更多的印象分以及更多的锻炼机会，帮助孩子在实践中成长。

四个技巧，从无效沟通变成高效互动

我非常喜欢和家长沟通，因为我坚信，家长和班主任之间的有效沟通能加深彼此对孩子的了解，从而实现高效的家校合作。然而，我也观察到，很多班主任并不喜欢与家长沟通，原因在于双方交流效率低下，甚至变成了无效沟通，浪费彼此的时间和精力。

通过系统观察，我发现家长在和班主任沟通时，普遍存在四个主要问题，接下来我就详细聊聊这些问题，并提出相应的沟通技巧，帮助家长提高和班主任的沟通效率，让家校合作更加顺畅高效。

第一个问题，沟通时"脑袋空空"。

这种情况多半是因为家长平时工作忙，对孩子的学习情况和生活习惯关注不足，导致沟通时脑子里没有具体内容。结果就是，家长只能坐在班主任对面，静静地听班主任讲，偶尔点点头、笑一笑，却无法给出任何有效的回应。

由于对孩子的情况了解有限，这些家长常常只能提一些宽泛笼统的问题，比如"老师，孩子学习怎么样啊？""孩子在学校听话吗？""孩子上课表现怎么样？"这些问题既空泛又没有针对性，班主任很难给出具体回答，更别提深入交流了。

那么，如何避免这种情况呢？

这就需要家长掌握**第一个沟通技巧：带着问题去沟通。**

在沟通之前，家长需要对孩子的情况做一些梳理，明确自己最关心的问题。有些用心的家长会把这些问题写在笔记本上，方便沟通时逐一提问。这种提前准备非常重要，因为如果没有清楚的思路，交流时很可能会忘记想问的问题，或者会使谈话变得毫无重点。

带着问题去沟通，不仅能让班主任更有针对性地解答您的疑问，也能让交流变得高效而具体。在班主任回答的过程中，家长要认真听，获取有价值的信息。有的家长还会在笔记本上记录班主任提到的重点，回家后再仔细消化。

在沟通的过程中，您可能会发现一些值得深入探讨的点，可以围绕这些内容继续提问，加深对问题的了解。如果没有发现新的交流点，也可以继续从提前准备好的问题入手，与班主任展开深入对话。

这种有准备、有方向的沟通，才能真正提高效率，让孩子的成长更有保障。

第二个问题，沟通时只顾着"倒苦水"。

有些家长在和班主任沟通时，满肚子牢骚，一味地指责孩子。出现这种情况，往往是因为这些家长非常关心孩子的学习，管得也很细，尤其是一些妈妈，几乎把全部的精力都放在孩子身上。由于过度介入，家长看到孩子哪儿哪儿都是问题，时间一长，耐心被磨没了，就陷入了对孩子的无尽指责中。而且，这种情绪也经常被带到和班主任的沟通中。

众所周知，有效的沟通一定是你来我往的信息交换过程。如果只是单方面的输出，这种"强买强卖"的方式肯定是不受班主任欢迎的。

我遇到过几位这样的家长，每次面谈都能聊很久，但聊着聊着又绕回之前已经说过的问题，像在"迷魂阵"里打转。为什么会这样呢？因为这些家长只顾着自己说，根本没用心听。

针对这个问题，我向家长推荐第二个沟通技巧：带着有用的信息去沟通。

什么样的信息才是有用的呢？就是向班主任反馈孩子的问题时，尽量做到具体和生动，把它们描述得有画面感。

要做到这一点，家长需要用心观察孩子的方方面面，比如在家里的学习习惯、日常表现、遇到的问题等，把这些具体的信息整理出来，清晰地告诉班主任。这样的信息不仅能帮助班主任全面了解孩子，也让班主任更容易根据细节分析问题的根源，从而找到更有针对性的解决方案。

请试想，如果您和班主任沟通时，只是泛泛地说孩子的问题，而没有具体的例子做支持，班主任是不容易感知到您脑海里的画面的，很难准确理解。而如果您讲述的是一个个具体的案例，他就可以根据案例分析孩子的问题并提出解决办法，这样的沟通更真实、更高效、更精准。

所以，与其抱怨孩子的问题，不如带着具体例子和班主任交流，这样沟通更有效，孩子的问题也更容易得到解决。

第三个问题，只盯着分数，忽略了孩子的全面发展。

我接触的大部分家长，普遍存在一个现象——把成绩看得太重。分数的确是衡量孩子学习效果的一种方式，但它绝不是唯一标准。很多家长只要孩子考得好，就觉得万事大吉；一旦分数不理想，就开始质疑甚至质问老师，导致家校关系紧张。

首先，我们应该认识到，孩子的成长过程本来就不会一帆风顺。成绩有起有伏很正常，一两次考试没考好，绝不代表孩子会一直表现不好。比起分数，更重要的是分析问题背后的原因，找到解决办法。如果家长一直盯着分数，不仅会给孩子带来压力，也会让班主任感到束手束脚，影响他们在教学中关注孩子的全面发展。

分数并不能代表一切。有些孩子小学成绩名列前茅，但到了初中或高中可能表现平平；而那些曾经排名不那么靠前的孩子，却可能在未来的学业或职业发展中表现得更加出色。这是升学过程中普遍存在的一个现象，因此，家长需要跳出"唯分数论"的思维，关注孩子的长远发展。

那么，如果不聊分数，聊什么呢？这就引出了**第三个沟通技巧：聊聊孩子的未来。**

您可以谈谈您对孩子成长的期待，以及您希望如何培养孩子。比如，您期望孩子将来成为一个什么样的人，是具备独立思考能力、具有良好的人格，还是具有较高的综合素养？这些都是非常好的话题。

前面提到，学校有两个核心任务：一是教书；二是育人。除了分数，班主任也希望通过教育，帮助孩子成长为全面发展的栋梁之材。

家长需要认识到，孩子的身心健康和全面发展，比单一的分数更加重要。如果过分强调分数，可能会培养出"高分低能"的孩子，这对孩子的未来是不负责任的，甚至可能"害"了孩子。

在和班主任沟通时，分享育儿观和对孩子的培养目标，不仅可以让班主任更了解您的教育理念，还可以为班级的整体教育方向提供参考，有助于班主任把您的理念融入日常的教学和教育活动中，为孩子创造更有利于成长的环境。

记住：分数只是孩子成长中的一个阶段性指标，而不是终点。真正的教育，是帮助他们找到属于自己的方向。

第四个问题，不好好沟通，专挑班主任的毛病。

我一直主张加强家校合作，只有家长、孩子和学校三方形成合力，教育效果才能达到最好。但在实际工作中，确实存在一些不愿配合的家长。他们不仅没能和班主任建立良好的合作关系，反而在沟通时频繁挑刺、找问题，甚至表现出明显的对抗态度。

我的一位教师同仁，他的班里就有一位特别难沟通的家长。有一次，这位家长得知自己的孩子和同学打架，就怒气冲冲地跑到办公室，完全不是为了解决问题，而是要"教训"那个打了自己孩子的同学。她不仅把那个同学骂得狗血淋头，还当着大家的面，对我的同事破口大骂。更过分的是，她还经常在家长群里掼老师，导致班级管理一度陷入困境。最终，她对班级完全失去了信任，不得不选择让孩子转学。

这种不好好沟通、专挑班主任毛病的做法是非常不明智的。这样不仅无法解决问题，还会让班主任对孩子"敬而远之"，不敢管教，结果就是放任不管。而少了班主任的关注和指导，孩子会失去很多成长的机会，甚至可能因为缺少监管而交上不良的朋友，从此走上错误的道路。

所以，**在和班主任的沟通中，一定要建立起同盟关系**，这就是和班主任沟通的第四个技巧。**同盟关系的本质，是双方合作、携手努力，为了共同目标而奋斗**。这个共同目标，就是培养孩子、成就孩子，让他们成长为更好的自己。

要建立同盟关系，和班主任保持随时联系是必要的。但是，这并不代表家长可以频繁地"没事找聊"，班主任非常忙，能腾出的时间非常有限。那么什么时候可以找班主任呢？

我在前面提到过，在学期初、期中和期末的时候，可以找班主任沟通，了解孩子的阶段表现，并探讨下一步的方向；如果孩子在学校发生了紧急状况，也可以第一时间和班主任取得联系；在学校有大型活动或班级活动的时候，您可以主动沟通，提供力所能及的帮助；当您遇到孩子学习或成长方面的问题时，可以向班主任求助，一起解决问题。

除此之外，您和班主任一定要相互"站台"。家长在孩子面前，要多肯定班主任的工作，让孩子认可、敬畏班主任。**正所谓"亲其师，信其道"，只有当孩子真正认可班主任时，才会更愿意听老师的话，学习态度和效果自然也会更好。**

我就很喜欢和家长打配合，支持彼此的工作。我对孩子的欣赏和夸奖，他们会"添油加醋"地传达给孩子，激励他继续努力。而家长也会主动告诉我孩子在家里的表现，基于这些信息，我会在课堂上对孩子进行肯定和表扬，和孩子进行积极的互动。这样的相互配合，让我们班的氛围十分融洽，大家相互理解与支持，劲往一处使，最终孩子们用他们的成长和进步回馈了我们。这就是和班主任建立同盟关系产生的"化学反应"。

总结来说，和班主任沟通，千万别带着"空脑袋"或者满肚子牢骚去，也不要只盯着分数或者挑班主任的毛病，这样的沟通不仅没效果，还可能耽误孩子的成长。您要做的是带着问题去沟通，通过提问获取您想要的答案。同时，把孩子的具体问题说清楚，以便班主任更好地分析并解决问题。

　　最重要的是，记住您和班主任是同盟关系，多从育人的角度进行沟通，通力合作，让孩子全面发展，成为更好的自己。

2

牢记十六字沟通
口诀，任何情况
都能轻松应对

稳定情绪：别当"失控型家长"

针对"如何与班主任有效沟通"这个问题，我总结了一句十六字口诀：稳定情绪、多方打听、分析事件、解决问题。这是一个清晰的流程，也是解决孩子问题的方法论。如果孩子在学校出了问题，您需要和班主任沟通，按照这四步来，一步步处理问题，就能更高效地达成目标。

在这十六字口诀中，我把"稳定情绪"放在第一位，因为情绪稳定是沟通的前提。很多家长一听到孩子在学校出问题，会立马放下手头的事，着急忙慌地赶到学校，想着第一时间帮孩子解决问题。这种心情完全可以理解，毕竟孩子是家长的"心头肉"。一听到孩子有麻烦，家长的第一反应就是"我要赶快到孩子身边支持他、为他撑腰，或者替他讨个公道"。

但问题是，这样的状态往往会影响沟通的效果。为什么呢？

因为当家长匆忙赶到学校时，可能并没有全面了解事情的来龙去脉。这时，家长的情绪会占上风，更多的是从孩子的角度出发，只看到孩子可能受的委屈或伤害，想着怎么为他讨回一个"说法"。如果带着这样的情绪去见班主任，沟通很可能会陷入僵局。

人在生气的时候，说话容易冲动，做的决定也容易欠考虑。家长以这样的状态来找班主任，可能会让班主任觉得家长只是来"发火"或"找麻烦"的，不仅无法解决问题，可能还会让问题变得更复杂。

所以，面对孩子的问题，第一步是让自己冷静下来。情绪稳定了，认知才能理性，沟通才能顺畅，问题才能解决。这就是"稳定情绪"要放在首位的原因。

我来讲个真实的例子。我一个同事班上有两个男生，小 Z 和小 L。有一天，他们俩打了一架，小 Z 脸上被抓出了几道伤痕。他的妈妈知道后，非常生气，直接跑到学校为孩子"讨公道"，先把小 L 训了一通，吓得小 L 低头不敢说话。随后又把矛头对准了班主任，破口大骂，说他管理不力……从那之后，这位妈妈对班主任的态度很不好，甚至经常在家长群里怼他。

我从第三方的角度来看，这件事情的后果特别糟糕。

第一，因为小 Z 妈妈情绪激动，把班主任骂了一顿，班主任心里肯定不舒服，从那以后就对她敬而远之，也不太愿意再主动关注小 Z，生怕又惹麻烦。

第二，这位妈妈和班主任处于对立状态，家校之间完全没有合作可言。我们都知道，教育孩子需要家长、老师、孩子三方配合。如果家长和班主任闹僵了，怎么可能形成合力？由于对班主任和班级的失望，最后，这位妈妈只能带着孩子转学了。

第三，孩子也从妈妈那里学会了对班主任不尊重。小 Z 看到妈妈训斥班主任，潜意识里也觉得"我可以不服老师管教"。后来，他经常和班主任顶嘴，甚至在课堂上跟班主任争执，学习成绩一落千丈。

这个例子就说明，家长如果带着情绪和班主任沟通，不仅无法解决眼前的问题，还会留下长期的负面影响。最终吃亏的，还是孩子。

所以我才反复强调，先冷静，再沟通，别让情绪毁了孩子的成长机会。

那么，在得知孩子在学校出问题后，怎么才能快速调整好自己的情绪呢？下面，我来分享几个实用的小技巧。

第一，遇事先缓一缓，别急着找班主任。

当听到孩子在学校出问题，尤其是一些冲突类的事情时，很多家长的第一反应就是赶紧联系班主任、找老师说理。其实，第一时间最重要的是冷静下来，弄清楚事情的来龙去脉。如果不是涉及孩子人身安全的紧急情况，不妨等孩子回家后，先问问他事情的经过。

不过，单听孩子的说法是不够客观的。为什么？

首先，孩子可能会隐瞒事实，为了推卸责任，他可能会选择性地描述对自己有利的部分，比如"是他先打我的""是他来惹我的"，但不提自己是否有挑衅的行为。

其次，孩子的视角和理解有局限性，毕竟他是当事人之一，正所谓"当局者迷"嘛。

所以，不要只听孩子的一面之词，可以试着问问其他在场的人，比如同学或老师，从不同的角度了解事情的经过。多听多问，别急着下结论，全面了解才能更好地解决问题。在这个过程中，您的情绪往往也能慢慢平复下来，不会像一开始那么气愤了。

第二，第一次找班主任，重点了解事情经过。

在初步了解情况后，您可以联系班主任。因为班主任通常是第一时间处理孩子问题的人，他可能已经询问过关键人物、厘清了事情的来龙去脉。通过班主任的反馈，您可以把孩子的描述和其他人的说法结合起来，对整件事情形成更全面、更客观的认识。

这里需要注意的是，第一次沟通时，不要急着去解决问题，也不要过早下结论。有些家长总想着一次性把问题说清楚、解决掉，急于让班主任给出方案。但如果对事情不了解就贸然要求解决，往往会出现"鸡同鸭讲"的局面：家长急着讲孩子的委屈，班主任强调事情的复杂性，结果谁都说服不了谁，沟通陷入僵局。

和班主任沟通是一个逐步深入的过程，而不是一锤子买卖。第一次的重点是搞清楚事情经过，不要囫囵吞枣地要求快速解决。只有当双方对事件有了全面了解后，再进入解决方案的探讨，才能更有针对性、更有效地解决问题。否则，草率的解决方案只会引发更多问题。

第三，和家人沟通，听取不同的意见。

了解清楚事情的经过后，也不要急于行动，可以先和家人尤其是伴侣聊一聊。两个人的视角往往比一个人更全面，能有效避免产生偏激的想法。

比如，从孩子的角度看，您会觉得孩子受了委屈，但可能因此而忽略了班主任的考量。班主任可能是为了班级管理或者孩子的长远发展，才做出某些安排。通过和另一半交流，他可能会提醒您换个角度看问题。

如果夫妻双方有不同意见，也可以在交流中碰撞出新的想法，避免在情绪化状态下，直接冲到学校和班主任发生冲突。很多时候，在家里沟通明白了，就不需要再去找班主任了。

第四，让情绪更稳定的人去沟通。

如果和班主任沟通是必需的，我的建议是让家里情绪较为稳定的那位出面。比如，很多妈妈在孩子的问题上容易感性，处理问题时容易情绪化，而爸爸通常会更冷静、更理性。如果妈妈觉得自己容易冲动，可以让爸爸出面和班主任沟通。

如果夫妻双方都比较情绪化怎么办？那么看看家里有没有其他人，比如孩子的爷爷奶奶、外公外婆，他们可能更平和稳重，可以暂时代为沟通，把结果反馈给您。这种方式不仅避免了直接冲突，还能为事情的解决争取更多时间。

第五，实在冷静不下来，可以换个时间、换种方式。

如果经过前面四步，您的情绪还是没有平复，那不妨暂时先放下，做些其他的事情转移注意力，比如散步、听音乐，或者找朋友倾诉，这些都能让您更快恢复平静，等冷静下来再去处理事情。

如果您担心面对面沟通容易"上火"，可以选择用文字沟通。给班主任发一条微信或写一封邮件，把您的想法和建议表达清楚。在打字的过程中，您会更理性地组织语言，说出更恰当的话，从而避免面对面时可能出现的情绪失控。

第六，与班主任沟通时别忘了礼仪。

家校合作是一种长期关系，礼貌和尊重是沟通的基础。在和班主任沟通时，注意礼貌用语，给对方留个好印象，这会让班主任更愿意帮助您的孩子。

比如，沟通前可以先表达感谢和歉意：

"老师，孩子的事情麻烦您了，非常感谢您抽时间和我沟通……"

沟通结束后，可以补充说：

"老师，真是太感谢您了，辛苦您费心了。"

这些简单的客套话，不仅能体现您的修养，也能让沟通氛围更为轻松。

总之，情绪稳定是解决问题的前提。不管多着急、多生气，一定要稳住情绪再沟通。只有在冷静的状态下，说出的话才更有分量，做出的决定才更加理智，这不仅有助于解决问题，也能维护好家校之间的关系，为孩子争取到更多的支持和资源。

多方打听："拼图式沟通"
是解决问题的前提

在十六字口诀中，"多方打听"紧跟在"稳定情绪"之后。

孩子在学校犯了错，或者和同学发生矛盾，很多家长急着去"解决问题"，但没有真正弄清楚事情的全貌，这样很容易让沟通变成"鸡同鸭讲"。要想解决问题，就必须先弄清楚问题的来龙去脉，而不是只听一面之词就做出不理性的判断。通过多方了解，您能得到更多角度的信息，找到最精准的解决办法。

不过，打听事情原委并不是随便问问，也是要讲究方法的。多方打听，我们也可以把它形象地称为"拼图式沟通"。了解一件事情的全貌，就像完成一幅拼图，只有把所有的线索拼在一起，才能获知真相。接下来，我就来分享如何进行多方打听，为分析问题、解决问题做好充分准备。

首先，听孩子怎么说。

当孩子在学校出现问题时，第一步要做的不是找班主任，而是先和孩子聊聊。孩子是事件的当事人，从他的口中了解事情的经过是最直接、最合理的方式。

很多家长一听到孩子在学校出了问题，就会非常紧张，觉得事情很严重，恨不得马上联系班主任"解决问题"。但是，在对事情一无所知的情况下贸然找老师，不仅不利于有效沟通，还可能会把事情复杂化。

所以，有事要先和孩子好好聊聊。在孩子讲述的过程中，不要随意打断他，哪怕有些地方听得让您心急，也要耐心等他把话说完。**想要孩子敞开心扉，需要有个让孩子安心的环境，我们也要多一分耐心，他才会跟我们说实话。**

在听的过程中，无论您听到的是谁的问题，都不要立刻表现出负面情绪，比如责骂孩子、批评别人。这会让孩子觉得您不理解他，然后选择隐瞒或歪曲事实，导致事件失真。

您可以多问一些开放性问题，比如："后来怎么样了？""你当时是怎么想的？""对方又是怎么说的？"这样引导孩子，既能帮他梳理思路，也能让您更全面地了解事情的真相。

不要问带有倾向性的问题，比如："是不是同学欺负你了？""是别人先动的手吧？"这样的问题导向性太明显，如果问出这类问题，说明您心里已经给这件事定了性，问孩子只是为了得到您想要的答案。这样您就失去了理性判断的可能。

等孩子讲完后，您基本可以判断这件事情的严重程度。如果是一些小问题，比如上课和同桌讲话被老师批评、和同学发生一点小矛盾，家长完全可以通过引导，让孩子自己去尝试解决。不要想着给孩子创造一个"无风无浪"的真空环境，这反而会限制他的成长。**孩子的成长需要经历问题，学会应对才能更独立。**

如果孩子在您的引导下，能够独立面对和解决问题，那就简单了。不仅省心省力，还能让孩子在一次次的小挑战中逐步成长，变得更加自信和坚强。

其次，问问其他知情人。

如果和孩子聊完还是无法解决相关问题，您可以参与进来，和孩子一起想办法。有时候，孩子可能会出于各种原因隐瞒实情，或者身在其中看不清全貌。这时候，您可以去问问其他知情人，比如当时在场的同学，听听他们的说法，这有助于您更全面地了解事件本身。

您可以在放学后、孩子们出校门时，当着他们家长的面进行询问，而不是私下进行。私下询问可能会引起其他家长的不满，引起不必要的麻烦。有的孩子可能因为害怕或者担心暴露信息后被针对，不愿意当面告诉您，比如涉及霸凌问题。遇到这种情况，您可以拜托同学的家长在家里和孩子聊聊。在熟悉的环境中，孩子通常更愿意说出事情的真相。

当然，如果冲突发生时有老师在场，您也可以向在场的老师了解情况。老师的描述会比孩子们更加客观和清晰，更具参考价值。除此之外，您也可以向班主任了解情况。班主任作为班级的"掌舵者"，通常对班级内发生的事情有比较全面的了解。即使班主任不在场，他可能也已经了解了事件的经过。

前面提到过，和班主任第一次沟通的重点是了解情况，而不是急着让他立刻提出解决方案。班主任了解情况、思考对策，是需要一些时间的。如果一开始就施压，反而会让班主任为难，不能有效地开展工作，进而导致决策草率，没有效果。

再次，找另一方当事人家长沟通。

如果冲突涉及另一位同学，很多家长会想直接找这个孩子谈谈。这种做法并不合适。

首先，您可能会吓到孩子。作为成年人，您有天然的优势，直接找过去可能会让他紧张甚至害怕，让他无法真实地表达自己的所思所想。

其次，这样做容易引起对方家长的不满。直接和对方孩子沟通，是一种力量的不对等，会让对方家长觉得自己孩子受到了"欺负"，从而引发新的矛盾。

所以，我的建议是，您可以找对方家长进行沟通。不过，在联系对方家长之前，一定要先让自己的情绪稳定下来。这是解决问题的前提，不然只会让事情变得更加复杂。

和对方家长取得联系后，您可以先和对方家长交换信息，聊聊各自了解到的情况。比如，您可以这样说："××家长，孩子们之间发生了一点矛盾。我了解到的情况是这样的……不知道您那边了解到的情况是什么样的呢？"通过这种交流，可以对比双方了解到的信息哪些地方是一致的，哪些地方有出入，再结合其他同学或老师的说法，基本就能还原事情的真相了。

到了这个阶段，责任在哪一方也大概清晰了。如果确实是对方的责任，而孩子并没有受到实质性的身心伤害，建议不要得理不饶人，尽量把事情简单化、平和化。毕竟孩子们还小，同学之间低头不见抬头见，多一个朋友总比多一个敌人好嘛！

作为家长，一定要用长远的眼光看待这件事。和对方家长一起引导孩子学会处理问题和与人相处，这才是对他们成长真正有帮助的事情。

最后，找班主任协调处理。

如果事情确实很严重，或者您和对方家长沟通后还是无法达成一致意见，可以考虑找班主任出面协调。班主任平时接触孩子多，对双方孩子的性格、行为比较了解，再加上事情发生在学校，他对人和事了解得更全面和透彻，因此也能给出更客观的建议。

您需要注意的是，在找班主任时不要让他太为难。不要一上来就把所有问题都推给他，比如和他说："这事是在学校发生的，老师你来解决！"这样会让班主任觉得您在推卸责任，没有合作解决问题的态度。**问题的解决、孩子的成长需要家校合力，不要让情绪破坏了合作关系。**

所以，还是要带着合作的态度去沟通，一起商量如何处理最为妥帖。在班主任协调时，您和对方家长可以先陈述各自的观点，以便让班主任了解双方的真实想法。之后，一起听听班主任的建议和看法。

要记住，班主任的立场是基于班级管理和孩子长远发展的，所以他的建议可能和您的期望不完全一致。这时候，需要您多一些理解和换位思考。

最后，结合班主任的意见，双方家长再协商找到一个折中的办法，而不是咄咄逼人或者斤斤计较。这样才能真正解决问题，让孩子们的关系更融洽，也有利于班级的整体和谐。

总结来说，当孩子在学校遇到问题或者和同学发生冲突时，家长首先要让自己冷静下来，然后和孩子聊聊，听听他的说法。接着问问在场的同学和老师，必要时也可以和对方家长沟通。如果解决不了，最后再找班主任出面协调。总之，**多听多问，不要急着下结论，全面了解才能更好地解决问题。**

分析事件：追根究底，
才能高效解决问题

在上一小节中，我们讨论了"多方打听"的重要性，它能让您更全面、更客观地了解事件的全貌。这一小节，我们就来谈谈如何分析事件，才能更有效地分析和解决问题。

在"多方打听"之后，相信您已经对事情有了大致的了解。评估后如果觉得自己解决不了，可以找班主任一起分析问题，商量解决办法。求助班主任很关键，因为他可能更加了解情况，在问题的处理上也更有经验。

在和班主任沟通时切记：冷静是沟通的第一步。这一点特别重要！如果情绪不稳定，不仅解决不了问题，反而可能让事情更复杂。

在跟班主任沟通时，怎样才能让交流更高效呢？请记住这七个字："一听，二记，三追问"。

"一听"，认真听班主任怎么说。

多听少说，班主任的建议往往更有参考价值。不要急着发表自己的意见，不妨先耐心听听班主任的想法。在学校，班主任相当于"班爸爸"或"班妈妈"，对孩子的性格、学习状态、在校表现等了解得更全面。出了问题，班主任往往是第一个知道情况、处理问题的人。而且，班主任每天和孩子相处，有着丰富的经验和专业的知识，所以他的看法很有参考价值。

倾听的时候，不要打断班主任说话。很多家长急于表达自己的观点，总是忍不住插嘴，这样会影响班主任的思路，甚至引起对方的反感。我就遇到过这样的家长，我刚说到一半，她就急着打断我，一直插话。开始我还提醒她："××妈妈，请您先听我说完，谢谢！"但她表达的欲望特别强，最后我也就放弃了，直接让她讲，我来听。

还有些家长一听到不明白的地方，就马上打断提问。偶尔一次两次还好，频繁插话可能会让沟通跑题，拉都拉不回来。更有些家长，听到和自己想法不一致的内容时就立刻反驳，语气急躁、不友好。这种情况可能会让班主任感觉自己不被尊重，心里不舒服。

其实，您对孩子在校的情况知之甚少，认真听班主任怎么说，对您全面了解孩子非常有帮助。而且，家长对孩子的观察往往带着自己的主观情绪和偏见，而班主任可以从另一个角度帮您看到孩子的问题。这就是为什么我建议家长多听，"多听"比"快说"更重要。

"二记"，聆听时随手记。

如果您总是控制不住想打断班主任，我有个简单有效的建议：沟通时随手做些记录。

记些什么呢？主要有两个方面。

第一，记下班主任说的重要信息。

班主任分享的内容对孩子的成长、学习很重要，记下来能帮助您复盘、消化，避免沟通结束后忘得一干二净。如果事后再去问班主任同样的问题，会让对方认为您没用心听，感觉自己没有被尊重。

我见过一些很用心的家长，开家长会时会带个小笔记本，把关键点都记下来。这种习惯一方面体现了他们对沟通的重视，另一方面也表现了积极配合的态度。这种认真负责的表现，自然会给班主任留下好印象。如果您觉得自己记忆力很好，不做笔记也没问题，但重要信息一定要牢牢记住。

第二，记下自己的疑问。

听班主任讲的时候，可能会有不明白或者想要进一步了解的地方，先别急着打断。随手记下来，等班主任讲完后再提问，这样既能保持沟通的礼貌，也能让班主任表达得更完整。

总的来说，沟通时随手记笔记，既尊重对方，又能抓住重点，让班主任与您的沟通变得更加轻松和愉快！

"三追问"，有疑问听完后再追问。

遇到不明白的地方，或者想了解更多，等班主任说完后再继续追问，直到把问题弄清楚。

很多家长担心占用班主任的时间，选择匆匆结束沟通。但这样会让交流变得不够深入，反而影响问题的解决效果。和班主任沟通，关键是解决问题，只要您的问题是有针对性的、和孩子相关的，通常情况下，班主任都会很乐意解答。

别怕多问！通过全面、深入的探讨，解答心中的疑问，才能真正起到沟通的作用，为解决问题做好准备。这才是高效沟通的核心。

听完班主任的讲述后，您也可以把自己在家里观察到的情况告诉班主任，帮助他更全面地了解孩子。毕竟，班主任对孩子的了解主要来自学校，难免有一些局限性。而且，孩子在学校和家里的表现经常会不一样，这也让班主任了解孩子时多了一些挑战。

比如，有些家长跟我说过，孩子在学校很听话，可一回到家就"原形毕露"；有的孩子在学校遇到问题不敢告诉班主任，但回家后可能会和父母倾诉。所以，和班主任分享孩子在家的表现，能让班主任有更全面的认知，从而更客观地分析原因，最终找到解决问题的办法。这就是家校沟通的意义所在！

如果沟通的是孩子的学习问题，您可以告知他孩子在家里的学习情况，比如：

孩子的学习习惯怎么样？
孩子用什么学习方法？
孩子是先复习再做作业，还是直接开始做？
孩子的学习态度和精神状态如何？

这些细节能帮助班主任更快速、更精准地调整教学方法，优化教学效果。

如果沟通的是孩子和同学的冲突，可以先从孩子那里了解情况，再问问其他在场的同学或老师，尽量还原事情的全貌。同时，留意孩子的行为和精神状态是否有异常。有些孩子遭遇霸凌后，可能会出现明显的行为或情绪变化。通过观察，您能更清楚地了解这件事对孩子的影响有多大，是否对孩子的身心健康造成了影响。

您把在家里观察到的这些信息告诉班主任，他就能了解到很多在学校无法得知的细节，有助于他更好地分析问题、解决问题。所以，和班主任沟通，如果什么都不准备，只带一双耳朵过去，这并不是高效的沟通方式。

如果家长在和班主任沟通时，孩子刚好在场，我建议让孩子也参与进来。毕竟，他是沟通的核心，作为当事人，他的想法和感受尤为重要。听听孩子怎么说，不仅能让他感受到被尊重，还能让他有参与感，更容易如实地阐述事情的原委。

但是，一定要注意沟通方式，少批评、多肯定。如果一直指责孩子，他可能会产生抵触甚至逆反心理，结果就是不愿意再开口表达自己。相反，多肯定、多表扬，给孩子一些正面的评价，指出他的进步或优点，这会让孩子觉得自己的努力被看到、被认可，这样他才会更愿意参与到沟通中来。

请试想，您更愿意和一个总是肯定您的人交流，还是一个总是批评您的人沟通呢？答案很明显，孩子的选择也一样。

总结来说，分析事件、找到原因，是解决问题的关键。在与班主任沟通时，要耐心倾听他的看法，告诉他孩子在家的表现，帮助他形成更全面的认知。如果条件允许，让孩子也参与进来，听听他的真实想法，为问题的分析提供更多视角。只有在充分了解问题的基础上，才能找到更有效的解决办法，真正帮助到孩子。

解决问题：家校沟通的目的，
是为孩子制定最佳的成长方案

前面提到，"稳定情绪"是解决问题的基础，"多方打听"是解决问题的前提，"分析事件"是解决问题的关键。这些步骤，归根结底，都是为了一个目标：帮孩子"解决问题"。所以，和班主任沟通的最终目的，就是找到办法解决孩子的问题，帮助孩子进步，让他更好地成长。

分析问题时，您和班主任已经探讨并弄清了问题的来龙去脉，这为问题的解决打下了坚实的基础。但找到原因并不意味着问题会自动消失，还需要您和班主任一起，制定一个合理可行的方案，并认真执行。那怎么才能制定出有效的方案，帮助孩子走出困境呢？

接下来，我分享三个实用步骤，助您目标清晰、有条不紊地解决问题。

第一，设置合理目标。

在您和班主任一起分析了孩子的问题，并弄清楚事情的原委之后，接下来就该进入解决问题的阶段了。不过，解决问题并不容易。很多家长在面对孩子的问题时，都会感到些许迷茫，虽然尝试了一些方法，效果却不明显，甚至还可能让孩子感到不满或者挫败。这到底是为什么呢？

我认为，主要是因为家长没有设定合理的目标。很多家长在处理孩子的问题时，目标都太笼统，比如"孩子要改正计算粗心的问题"。看到这个目标，孩子就像"牛吃南瓜，无从下口"。这是家长并不清楚孩子粗心的真正原因，没能对症下药，只好提出这种模糊的要求，孩子也不知道应该怎么做。

还有一种情况是，家长虽然知道问题在哪儿，但在设定目标时太过心急，想一步到位，忽略了过程。比如，孩子现在做 20 道计算题需要 6 分钟，您直接给他定个目标——3 分钟做完，这样显然是不合理的。这个目标远远超出了孩子当下的水平，会让他感到压力巨大，做题时手忙脚乱，频频出错。最后孩子对这个目标感到挫败，甚至开始怀疑自己的能力。结果，不但没有解决问题，反而让情况变得更加复杂。

所以，在给孩子设定目标时，一定要确保这个目标是合理的，是孩子通过努力能够实现的。比如，如果孩子 20 道题做 6 分钟，那么第一步可以设定为在 5 分半钟内完成，这样的目标既有挑战性，又不至于让孩子感到太大压力。在孩子完成这个目标后，再逐渐提高目标，比如设定 5 分钟、4 分半钟、4 分钟……一步步来，逐渐提高目标，才能更好地帮助孩子一路"打怪升级"。

在设定分数目标时也是一样，不能盲目追求高分，而忽视了孩子当前的水平。比如，孩子现在的成绩是 80 分，但家长却想给他定个 95 分的目标，这样目标就太高了，孩子很难达到。家长应该和孩子一起分析试卷，厘清出错的原因，是粗心还是做题方法不熟练，或者是题目难度超出了孩子的能力范围（如果不清楚怎么分析试卷，可以参考我的《孩子开窍要趁早：小学拔尖成长指南》这本书，里面有具体的方法讲解）。

设定目标时，应该去掉那些超出孩子当前水平的部分，集中在孩子能改进的地方。比如，因为粗心和做题方法不熟练丢掉的分数，就是孩子下一次可以争取得到的目标分数。

总之，目标设定一定要合理，不要随意定目标。否则，孩子可能会因为长期达不到目标而感到沮丧，反而会影响他的信心和成长。

目标设定既要有挑战性，又要是孩子通过努力能够实现的，孩子够得着才有动力。

第二，制订计划。

设定好目标之后，您和班主任就可以商定如何达成，制订可行的计划，一步步落实。在制订计划的时候，有以下三点需要注意。

（1）制订每日计划

给孩子制订计划时，千万不要简单粗暴地下达模糊指令，比如："这次考试考了 80 分，期末一定要考 95 分！"这样的目标太笼统，孩子根本不知道从哪儿下手，自然也就无从努力。很多家长因此感叹："定了目标也没用，每次都达不成！"

目标谁都会定，但能不能落实到行动才是关键。最常见的问题就是，没有把目标细化到每天的任务上，结果就是流于形式，无法起到应有的效果。所以，您帮孩子制订的计划，一定要细化到每天做什么。孩子只要按照计划坚持下去，进步就是早晚的事。

注意，每日计划不能太满、太紧。有些家长心急，恨不得给孩子每天都塞满任务，觉得这样可以让孩子快速达成目标。但俗话说"欲速则不达"，任务堆得太多，反而会让孩子压力大、情绪低落，甚至失去对学习的兴趣，最终得不偿失。

另外，制订每日计划的时候，一定要和孩子商量。听听孩子的想法，制定一个他能接受的任务量，而不是家长一拍脑袋，强行安排一堆任务。计划合理、孩子认可，执行效果才会更好！

（2）将每日计划可视化

带着孩子一起做一个简单明了的时间计划表吧！这个计划表可以包含两个重点内容。

①时间表：明确每天完成各项任务的时间段。

②任务清单：把每天需要完成的任务详细列出来，写在时间表对应的时段后面。

孩子只要跟着这个时间计划表一步步完成，就不会迷茫了。

在孩子完成任务后，记得及时在清单上做标记。比如：任务按时完成了，就画个"✔"；如果没有按时完成，可以画个"✗"。这样可以帮助孩子直观地看到自己的完成进度，为每天的总结提供依据。

这是一种很有效的方法，我强烈建议您带着孩子用起来。在我做班主任的那些年里，我一直要求孩子们做时间计划表，尤其是在刚入学的前半学期。时间计划表能够帮孩子清楚地安排每天的时间，逐条落实自己的任务，对解决孩子的问题很有帮助。

尤其是在孩子上了中学以后，学习科目变多，时间计划表就更重要了。它能帮助孩子合理分配时间，确保每门学科都能得到充分的学习，不会出现顾此失彼的情况。

所以，用好时间计划表，让计划可视化，孩子执行起来更清晰！

（3）设定合理的周期

在给孩子制订计划时，不仅要有明确的目标和每日计划，还需要清楚整个计划的周期，也就是计划会执行多久，以及什么时候需要进行阶段性的总结和反思。

周期的长短要根据问题的类型、复杂程度以及孩子的特点来决定。我建议可以设定短期、中期和长期目标，再结合每日计划，一步步实施，同时分阶段评估效果，适时调整方案。

基于不同类型的问题，我给出了不同的建议周期，供大家参考。

·行为习惯类问题　如拖延、磨蹭、不爱整理东西等，这类问题通常涉及行为模式的改变，建议以 2 ～ 4 周为一个阶段。因为行为习惯需要重复练习和正向强化，周期不宜太短，否则无法评估真实效果。

·学习问题　如注意力不集中、学习效率低、厌学等问题，往往需要更长时间来显现效果，建议以 4 ～ 8 周为一个阶段。

·情绪和心理问题　如焦虑、自卑、脾气暴躁等情绪问题，通常需要结合家庭环境、沟通方式来调整，建议 8 ～ 12 周或更长。

·社交问题　如人际关系处理不当、与同学相处困难等，需要逐步建立社交技巧，建议以 6 ～ 12 周为一个阶段。

· 健康问题　如运动量不足、睡眠质量差等，涉及生活方式的全面调整，建议以 4 ～ 8 周为一个改善周期。

注意，当执行计划时，一定要保持规则的一致性，不要随意变动。如果规则频繁变动，孩子就会感到迷茫，不知道到底该遵循哪条规则，这样一来，规则也就起不到应有的作用了。

所以，一旦定好了计划和规则，就坚持下去，不要轻易改变。

第三，建立反馈机制。

制订计划只是开始，关键还在于如何跟孩子沟通，把计划真正落到实处。而在计划实施的过程中，建立一个有效的反馈机制也非常重要。这样才能清楚地知道计划执行得怎么样，效果如何，并及时调整，让整个过程更加高效。

（1）每日总结和反思

从孩子每天的计划表上，您可以看到他每天的任务完成情况。每天睡前，一定要花时间和孩子一起总结和反思当天的情况。如果完成得不错，要及时表扬和肯定，让孩子有成就感，这样他会更愿意坚持下去。如果完成得不理想，也不要责备孩子，而是和他一起分析原因，看看是哪里出了问题，是时间安排不合理，还是任务太多，又或者是自己注意力不够集中。这样，第二天才能有针对性地改进。在这个过程中，要相信孩子，多给他鼓励，您的信任会成为他前进的动力。

（2）周期性总结和调整

除了每日复盘，还需要进行阶段性的总结。比如，可以以两周为一个周期，和孩子一起回顾计划的执行情况，看看有哪些方面做得好，哪些方面还有提升空间。如果效果不理想，也不要责备孩子，继续一起找原因，看是否目标设定不合理，任务安排不科学，或者孩子的执行力还需要进一步提升。

定期复盘，发现问题，及时调整，才能不断优化。

（3）与班主任保持沟通

孩子在家里实施计划的效果，需要及时反馈给班主任。不管是取得了进步，还是效果不理想，都要和班主任沟通讨论。特别是当方案未达到预期效果时，您可以和班主任一起分析原因，再对计划进行优化。很多家长没有主动反馈的习惯，加上班主任有时不清楚孩子的进展情况，无法进一步提供帮助，这样一来，家校协作的优势就不能充分发挥了。

记住，无论计划进展如何，定期和班主任沟通都是很有必要的。这不仅能帮助您调整方案，让计划更高效，还能体现您对班主任工作的尊重。更重要的是，通过家校沟通，孩子会得到一个更加完善的支持体系，这对他的成长是非常有帮助的。

解决问题不是一锤子买卖，
持续沟通才能见效

作为班主任，我注意到一个普遍现象：很多家长在面对孩子的问题时，往往希望通过与班主任的一次沟通就解决所有问题。家长们存在这种想法，主要有以下两个原因。

第一个原因是，家长知道班主任工作繁忙，担心频繁沟通会打扰到班主任，所以希望一次性解决问题，避免给班主任带来持续性的麻烦。

第二个原因是，部分家长性格比较急躁，想要快速解决孩子的问题，认为这样既能节省自己的时间和精力，又能避免对孩子产生长期的影响。

不过，我要说的是，这种"一次性沟通就能解决问题"的想法，在实际中很难实现。因为孩子的问题通常比较复杂，而"欲速则不达"，如果试图囫囵吞枣地把问题一口气处理完，往往会忽略很多细节和关键点，这样不仅解决不了问题，还可能为将来埋下更多隐患。

所以，我的观点很明确：解决问题不是一锤子买卖，持续沟通才能见效。

还记得十六字口诀吗？稳定情绪、多方打听、分析事件、解决问题。这个方法论体现了解决问题的四个不同阶段。每个阶段都有不同的重点任务，而除了第一步"稳定情绪"，其他步骤几乎都需要和班主任进行沟通。这就说明，要想真正解决一个复杂的问题，仅靠一次沟通是远远不够的。只有通过多次、有效的沟通，才能彻底解决问题。

在第二步"多方打听"这个阶段，您和班主任沟通的重点是了解他对事件的认知和描述，帮助您掌握整个事件的全貌。

在这个过程中，多听多问，别急着下结论，全面了解才能更好解决问题。很多家长在第一次沟通时，常常会犯一个错误，就是连事件的来龙去脉都还没搞清楚，一上来就希望班主任直接给出解决方案。这种做法往往会导致您和班主任之间的沟通不到位，最后无果而终。

因此，在"多方打听"阶段，沟通的关键不是解决问题，而在于全面了解问题。为了方便，您不用亲自跑到学校面谈，可以通过微信或电话完成。微信发消息时，要注意文字表达，避免产生误解。如果需要更进一步的沟通，可以采用打电话的方式，直接提出疑问并追问细节，这样有助于减少误解，更好地了解事情的前因后果。

到了"分析事件"这个阶段，您和班主任沟通的重点是交换双方掌握的信息，一起探究问题的原因。

在此之前，您可能已经和孩子、孩子的同学、其他家长或老师进行了交流，对事件有了较为全面的了解。带着这些信息，在与班主任的沟通中，双方可以更好地还原事件的全貌，为找到问题的根源打下基础。

找到原因后，接下来就可以和班主任一起探讨解决问题的方案。在这个过程中，您需要明确以下两点：

第一，您在家中可以采取哪些具体行动；

第二，如何和班主任合作，共同推动问题的解决。

这些明确后，您会有更清晰的方向，便于接下来高效地开展工作。

由于这次沟通比较关键，可能需要花费较长的时间，因此建议您提前与班主任约定双方都方便的时间段，进行面谈。面谈时，带上笔记本，将班主任的建议和重要信息记录下来。这样做不仅有助于指导您后续的工作开展，还能给班主任留下一个好的印象。

同时，做笔记也可以避免您在沟通之后因遗忘重要信息而多次打扰班主任。一个简单的记录动作，不仅是为了方便自己，也是为了更好地表达您对班主任的尊重。

注意，在和班主任探讨解决方案时，一定要有全局的眼光，不能只从自己孩子的角度出发。有些家长护短，看到孩子受到一点委屈就接受不了。这种心情可以理解，但在沟通过程中，如果只关注自己孩子的感受，认为自己的孩子一点委屈也不能受，反而可能会影响问题的解决。

我的建议是，在沟通中先听听班主任的意见，了解他提出的方案。班主任的方案通常要顾及全班孩子的成长和班级管理，因此可能不会完全符合您的期望。这时，您需要站在班主任的立场换位思考，找到一个平衡点，既要利于自己的孩子，也要兼顾其他孩子和班级整体的需要。

当然，您也可以大胆地说出自己的想法。这不是为了让班主任完全采纳，而是为他最终的决策提供参考。有不同意见，一定要当面说明。千万不要选择事后再去频繁协商，甚至在背后抱怨班主任处理不公。这种做法会让班主任产生不满情绪，影响双方的合作关系。

切记！有什么想法要当面说出来，和班主任一起探讨方案的可行性。通过协商，找到一个适合各方的解决方案，这样更有利于问题的解决。

那么，通过这两次沟通，孩子的问题是不是就能完全解决了呢？之后就不需要再和班主任沟通了吗？

答案是否定的。很多家长和班主任的沟通往往就停留在了这一步，没有对班主任做进一步的反馈，而这一步又直接决定了未来长期的效果，所以是关乎成败的一步。

有的家长知道解决方案后，回家却没有付诸行动，甚至把这件事抛诸脑后，结果孩子的问题还是没有得到解决；有些家长虽然采纳了班主任的建议并认真实施，但没有及时向班主任反馈结果，导致班主任对家长的努力一无所知，影响家校沟通效果。

要知道，解决孩子的问题通常需要一个较长的周期，效果可能需要一段时间之后才能显现。如果孩子短期内没有明显进步，而班主任又不了解您在家中的努力，他就可能误以为您没有落实建议和方案，从而产生不满情绪。而一旦班主任对您感到不满，他可能会无意中把这种情绪转移到孩子身上，这也是有些班主任会不断批评某个孩子的原因之一。

所以，在明确了解决方案和分工之后，您一定要定期向班主任反馈实施的效果，同时也可以得到班主任的反馈，了解孩子在学校的变化。持续跟进不仅能帮助您更好地评估方案的有效性，还有助于您根据实际情况进行调整，确保问题逐步得到解决。

这种反馈其实不需要太正式，不一定要和班主任专门约时间打电话或者面谈。一般微信交流就可以很好地完成这项任务。如果在过程中遇到困难，不知该如何推进，需要得到班主任针对性的指导，那么您可以通过语音通话与班主任详细沟通，以便您更好地陈述问题，以及得到更具体的解决办法。

另外，在接孩子放学的时候，也可以利用短暂的时间和班主任简单交流方案的进展和孩子的表现。不要把反馈当成一种负担，而是把它变成一种日常的沟通，聊一聊您在家里的努力和取得的效果。这样的主动沟通和持续反馈，不仅会让班主任感受到您的认真态度，还能让他看到您对家校合作的重视，这对问题的解决是非常有帮助的。

记住，解决孩子的问题时别怕多沟通，班主任的支持是孩子进步的动力。沟通不是一次性的，持续跟进，持续反馈，持续沟通，问题才能一步步解决，孩子才能一步步成长。

3

遵循沟通原则：
沟通方式不对，
不如不沟通

班主任的处理决定您不满意，还能更改吗

很多家长都有被班主任约谈的经历。原因有很多，比如孩子作业完成得不好、经常违反课堂或宿舍纪律，甚至和同学发生冲突。不管是什么原因，这种约谈通常都让家长觉得不愉快。您有过类似的经历吗？

如果您的孩子一直表现优异，从来没有因为什么问题被叫家长，那我要祝贺您，您的孩子确实非常让人省心！但如果您和大多数家长一样，因为孩子的问题被班主任请去沟通，您可能就要面对一些关于孩子的处罚决定，比如罚抄作业、回家反思、取消住读资格，或者进行公开检讨等。

有些班主任的处理方式，您可能还能接受，但也有一些可能会让您无法认同。那么问题来了：如果您不满意班主任的处理决定，可以要求更改吗？

答案是可以的。只要处理方案还没有最终实施，就还有协商的空间。那么，如何才能有效地促使班主任修改处理决定呢？

有的家长可能会选择发泄情绪，比如抱怨说："凭什么这样处理？这对孩子来说处罚太重了吧！为什么别的孩子没有受到同样的处罚？这公平吗？"甚至有的家长会找到班主任理论："凭什么这么处理我家孩子？别的孩子也讲过话，为什么他们的处罚轻，我家孩子的处罚这么重？这种处理方式我完全不能接受！"

这种以发泄为主的应对方式往往达不到预期效果。为什么呢？因为家长的情绪占据了主导，言辞更像是质问和指责，而不是冷静地分析问题、探讨解决办法。班主任接收到的，可能更多是您的情绪，而不是具体诉求。这也

是我为什么强调"稳定情绪"是处理问题的第一步。只有情绪稳定下来，才能更理性地看待问题、分析问题，并在有效沟通中探讨可行的解决方案。

想一想，您说那些"凭什么""为什么"的语气，像不像自己小时候一遇到问题就抱怨的样子？发泄除了能表达您的不满情绪，并不解决实际问题，是一种不成熟的应对方式。

那么，成熟的做法是什么呢？在找班主任沟通之前，先问自己三个问题。

第一个问题：这个处理决定对孩子会产生什么样的影响？

很多家长在面对有关孩子的处罚决定时，往往爱子心切，第一反应是如何让孩子避免"吃苦"。他们没有理性想过，这样的处理是否有助于孩子改正错误，是否有利于孩子的长远发展。这种只看眼前、不顾长远的态度，容易导致问题积重难返。

我曾经教过一个学生小 C。他非常调皮，完全没有规则意识。这很大程度上和他妈妈的教育方式有关。从小他妈妈就对他过度溺爱，不论小 C 在学校里犯了什么错，她总有办法"大事化小、小事化了"，避免小 C 受到任何形式的惩罚。结果呢？小 C 变得肆无忌惮，总是违反纪律，个人操行分经常被扣得很低，是班里扣分最多的学生。

比如在宿舍生活中，小 C 常常不做清洁、破坏公物、私藏手机，甚至和室友打架。尽管老师多次提醒，并与他的家长进行了多轮沟通，这些问题依然屡禁不止。最终，老师按照学校的纪律规定，做出了严肃的处理决定：由于小 C 的操行分过低，取消住读资格。

当我把这个决定告知小 C 妈妈时，她一开始还算冷静，试图和我商量，说："老师，惩罚太重了吧？我们家住得远，孩子改为走读真的很困难，能不能通融一下？"但当我说明这是因为小 C 多次违规，操行分已经达不到住读标准时，小 C 妈妈情绪立刻失控了。她说："孩子不可能一个人打架呀！如果要走读，那所有参与的同学都应该走读！"

的确，其他同学也存在违规行为，但他们的问题性质和程度是不一样的，扣分也不相同，因此处理结果自然有所差别。但小 C 妈妈对这些差别视而不见，只想让孩子免受惩罚。

小 C 妈妈这样做，看似爱孩子，实际上是短视的"伪爱"。孩子犯错却逃避惩罚，不仅无法纠正错误，反而会在错误的路上越走越远。小 C 长期缺乏规则意识，频繁违反纪律，这和他妈妈的教育方式直接相关。如果孩子不能从惩罚中吸取教训，他的问题只会越来越多，最终成为一个"问题学生"。

所谓"父母之爱子，则为之计深远"。真正的爱并不是让孩子免受眼前的惩罚，而是把眼光放长远，看到孩子的未来和成长。班主任的处理决定，看似严格甚至苛刻，但其目的是让孩子学会对自己的行为负责，促使他成长。家长在沟通之前，需要冷静下来，去理解处理背后的深意，而不是一味地反对或抗拒。

第二个问题：班主任为什么会做出这样的处理决定？

在和班主任沟通之前，必须明确决定背后的原因。这需要家长换位思考，从班主任的角度去理解问题。

其实，班主任做出处理决定时，主要基于两个方面的考虑。

第一个方面，纠正孩子的问题，帮助孩子成长。

孩子犯了错，就需要承担相应的后果。这些规则已经在先前明确规定，孩子也事先知道。如果违反规则，那惩罚就是必然的。惩罚的目的并不是"为难"孩子，而是培养他的规则意识，让他懂得敬畏和遵守规矩，从而在未来的成长中更加自律。

第二个方面，维护班级管理秩序。

一个班级数十名学生共处，必须建立明确的规则约束行为，才能保证班级有序运转。如果一个孩子违反了规则却没有受到相应的处理，那么其他孩子就可能会跟风效仿，导致违规行为越来越多，最终班级纪律就会失控。所以，处罚不是为了针对某个孩子，而是为了维护整个班级的秩序。

因此，面对处理决定时，家长需要站在班级的整体层面思考问题，而不是仅仅从自己孩子的利益出发。换位思考，理解班主任的决定，才能找到更好的解决方案。

　　另外，有时候一个人思考问题，可能不够全面、客观。如果家长在沟通前感到疑虑或不理解，可以先和家人聊聊，听听他们的看法，问问他们的意见。这样有助于形成更加全面、客观的认识，在和班主任沟通时也会更加理性。

第三个问题：我能提出什么更好的解决方案？

　　如果您和家人冷静分析之后，家人一致认为班主任对孩子的处理决定不当，那么下一步该怎么做呢？怎样才能有效地说服班主任更改处理决定呢？

　　您可以先问问自己：是否有比现在的处理决定更好的方案？

　　如果有，那就带着您的方案去和班主任沟通。需要注意的是，这个方案既要有利于孩子的成长，又要考虑到班级管理的需要。只要方案可行，我相信班主任会认真听取并采纳您的意见。

　　在沟通过程中，依然需要注意您的表达和语气，它会直接影响沟通的效果和结果。

　　首先，您要表达对班主任的感谢。感谢他给您再一次沟通的机会，这是基本的礼仪。

　　其次，可以对班主任表示歉意。您可以这样说："老师，我家这个孩子确实没有规则意识，太难管了，给您添了不少麻烦，我感到十分抱歉。您辛苦了。"这种感谢和道歉，可以展现您的礼貌和对班主任的尊重，有助于缓和班主任的情绪，创造一个更为和谐的沟通氛围。

　　先感谢，再表达，沟通才能更顺畅。此时您可以说："老师，我明白您做这个处理决定，肯定是为了孩子的成长，也考虑到班级管理的需要，这一点我完全可以理解。不过，我和家人讨论后，觉得对孩子来说，这个处罚可能有些严厉了。我们能不能尝试换一种方式呢？"

　　这个时候，您可以顺势提出自己的方案，并说明理由："能不能让孩子换个方式承担后果，比如走读一段时间作为警示，但不完全取消住读资格？这样既能让孩子意识到错误的后果，又能减少对他学习和日常生活的影响。"

我再次强调，这样的提议要合理可行，同时体现出对孩子成长和班级管理的考虑。否则，很难取得成功。

再说回小C同学。小C妈妈之前和我的沟通并不顺利，后来她回家和小C爸爸商量后，让小C爸爸来和我重新沟通。小C爸爸是一个很有分寸的人，他自己开公司，平时很忙，较少参与孩子的管理。但在了解了情况后，他主动联系了我，进行了第二次沟通。

他先是对我表达了感谢，说："老师，感谢您为孩子操心，管理班级真的很不容易。"接着，他又为孩子的违纪行为和小C妈妈之前的态度表示了歉意。这种坦诚和礼貌的表达让我感受到了他的善意，所以我的态度也随之缓和了。

在沟通中，小C爸爸用了一个很形象的比喻。他说："管理班级就像管理公司一样，必须按规则办事，否则就会乱套。"我听了以后觉得非常有道理，深以为然。随后，他继续说道："老师，我理解您做出的处理决定，孩子确实应该为自己的行为承担后果。但对我们家来说，执行起来可能有些难度。我们家离学校比较远，而且我和他妈妈工作忙，接送孩子比较困难，而且长期走读也可能会影响他的休息。您看这样行不行，让孩子走读一个月，而不是完全取消住读资格。一个月的走读，既可以让孩子为自己的行为买单，也能给班级一个交代，避免其他同学受到影响。一个月后，如果孩子还是违规，我们再彻底取消住读资格，您觉得怎么样？"

他的这个提议我觉得十分合理。一方面，这样的处理方式还是能让孩子认识到错误，为自己的行为负责的；另一方面，也让孩子得到了一个改正的机会。这个方案不仅对班级管理有利，对孩子的成长也非常有帮助。

事实证明，这次处理对小C影响很大。在走读的一个月里，他的纪律意识增强了不少，回到宿舍后和同学的关系也明显改善了，整体进步非常明显。

最后，再提醒一件很重要的事：在沟通结束时，一定要记得向老师表达感谢。这不仅可以体现您的礼貌和修养，也能让班主任感受到您的友善和合作态度。这种良好的互动氛围，对家校合作的顺利开展是非常有帮助的。

如果您对班主任的处理决定不满意，不妨按照这个方法，先问自己三个关键问题：处理决定对孩子有什么影响？班主任为什么会这样处理？我能提出什么更好的解决方案？想清楚这些问题后，再去与班主任沟通。我相信，当您带着合理、可行的建议去谈时，班主任会认真考虑，并有可能调整之前的处理决定。

但是千万不要因为不满而直接情绪化地去找班主任"理论"，甚至指责对方。这种方式不仅解决不了问题，还可能破坏家校合作关系，得不偿失。希望大家都能本着冷静、理性的态度，与班主任达成共识，共同帮助孩子更好地成长。

与班主任沟通时，
带上孩子真的更有效吗

很多家长在与班主任沟通时，喜欢带上孩子。这样做主要有两个原因。

第一，家长在和班主任沟通之后，可能不知道该如何把班主任的话转述给孩子。直接带着孩子一起去见班主任，可以让老师当面告诉孩子需要注意的问题或者改进的方法，可以免去家长回家转述的麻烦。

第二，有些家长发现，自己说的话孩子要么不相信，要么不愿意听。这时候，就希望借助班主任的权威，让老师亲自告诉孩子，认为这样对孩子的教育效果会更直接、更显著。

在我做班主任期间，也经常遇到这种情况。在了解了家长的出发点之后，我也会尽量配合，为家长"站台"。然而，我个人其实并不太赞成这种做法。

接下来，我就从四个方面来说明为什么家长和班主任沟通时，不太适合带上孩子。

第一，沟通容易变成"控诉"，让孩子产生负面情绪。

很多家长在与班主任交流时，说着说着就会忍不住吐槽孩子，抱怨他们的各种问题，比如不听话、不学习、不懂事等。

我完全理解家长的情绪，因为教育孩子确实是一件不容易的事情。尤其是对一些没有太多教育经验的家长来说，遇到孩子不配合时，很容易感到挫败和抓狂。而且，很多家长在家庭教育中还缺少另一半的支持，使得长期压抑的情绪难以排解。

于是，见到班主任后，有些家长就把老师当成一个"情绪发泄口"，一股脑儿地倾诉自己对孩子的不满，甚至希望班主任站出来"评评理"，帮忙教育孩子。家长的这种表现我可以理解，既是想表达对教育的无力感，也是在求助老师，希望借助班主任的权威来督促孩子改进。

但是，如果孩子就在现场，听到家长把自己"数落"得一无是处，就容易出问题。老话说"家丑不外扬"，如果孩子听到自己的缺点被家长公开在班主任面前，他会感觉自己被完全否定，而且在班主任面前被"揭短"，非常没有面子。

这对孩子的自尊心是很大的打击，不仅会伤害亲子关系，还会让孩子对家长产生不满和不信任，甚至变得更加叛逆，不再愿意接受父母的管教。

所以，找班主任沟通时，不妨先和老师单独聊一聊。这样既能保护孩子的自尊，也能让沟通更有效果。

第二，有些沟通有特定目的，不适合带孩子。

家长和班主任沟通的目的多种多样，有些环节如果孩子在场，反而可能影响沟通效果。

首先，在"了解事实"环节，不适合带孩子。

在解决孩子的问题之前，我们需要先把事情的来龙去脉摸清楚。这个过程包括听取孩子对整件事情的描述，再从班主任、其他同学或家长的视角进行核实。只有多方收集信息，才能掌握事件的全貌。

如果这时就带孩子去见班主任，孩子可能因为害怕或紧张，而不敢说出实情，这会让沟通失真，或者变成班主任的"一言堂"，不利于还原事实。

其次，在深入探讨问题环节，不适合带孩子。

和班主任分析问题原因或探讨解决方案的时候，需要家长非常坦诚地讨论孩子的不足。这个过程可能会把问题剖析得很细致，涉及孩子不太能接受的点。如果孩子在场，听到这些直白的评价，可能会感到被冒犯或受伤，从而对沟通产生抵触情绪。这种"逆耳真言"，还是留给家长和老师私下处理更为妥当。

最后，家长和班主任双方的私下约定，也不适合让孩子知道。

当我们和班主任商定一些具体的教育方法后，可能会涉及一些教育上的"小策略"。这些策略如果让孩子知道了，效果就会大打折扣，甚至直接无效。比如，老师和家长可能会联合设置一些激励或者提醒机制，这种默契配合是双方的"秘密"，须避免孩子知情后产生逆反心理。

总之，在遇到孩子的问题时，家长要根据沟通的实际内容来决定是否带孩子，尽量不要让孩子感觉到压力过大或者生出不满情绪，这样才能让沟通更有效果。

第三，班主任不能完全取代家长的教育。

把孩子带到班主任面前，希望通过班主任来教育孩子，通常有两个原因：要么是家长不知道怎么教育孩子，要么是家长无法有效地教育孩子。家长不知道如何将班主任的话传达给孩子，因此希望班主任直接出面说给孩子听。

但是，班主任有些话是专门说给家长听的，并不适合当着孩子的面讲。家长需要有选择地将这些内容传达给孩子，并采取一定的策略，才能达到更好的教育效果。教育孩子是家校合作共同努力的结果，完全依赖班主任来解决孩子的问题是不现实的。如果家长试图把自己的责任推给班主任，最终耽误的还是自己的孩子。

在做班主任的这些年中，我常听到家长抱怨，说孩子在学校和家里判若两人。而这背后的原因往往是，家长在教育过程中没有发挥好自己的作用，或者不知道如何更有效地与孩子沟通。

这种情况下，家长要做的不是带着孩子去找班主任，而是先学习一些沟通技巧和育儿方法，以便在家庭教育中更好地支持孩子。

当然，家长在育儿过程中遇到问题，可以随时与班主任沟通，寻求建议和帮助。班主任会提供更专业的意见，但家庭教育的主体责任还是在家长自己身上，只有承担起自己的责任，才能帮助孩子更好地成长。

第四，孩子并不愿意参与家校沟通，甚至会感到害怕和不适。

前面提到，家长和班主任的交流，很多时候会变成家长对孩子的抱怨、指责，或者向班主任诉苦。面对这种场景，孩子可能会觉得班主任和家长站在同一战线批评自己，甚至当着他的面商讨如何"对付"自己，这让他感到压力很大。

我就有这样一个学生，她就特别害怕参与家长和班主任的沟通。她的成绩不太理想，尽管很努力，但始终无法达到理想的水平。她非常害怕家长会上父母和老师进行交流，因为她知道很多老师会批评她，家长会结束后她就得面对父母的责备甚至体罚。

但是，她唯独愿意让父母来和我沟通。原因很简单，我会关注到她的优点，哪怕只是一些微小的进步，我都会给予积极的肯定和表扬。后来，我私下问她为什么只愿意让父母和我沟通，她的回答是："因为你不批评我。"

这说明孩子非常在意甚至是害怕家校沟通，就更别说参与其中了。这也提醒我们，如果孩子在场，沟通时要多考虑孩子的感受，别让他觉得被"围攻"。

在分享了这四点原因之后，我相信您已经明白，并不是所有情况都适合带着孩子一起与班主任沟通。当然，有的时候恰巧或者需要孩子在沟通现场，这时家长应该怎么做，才能避免让孩子感到受伤或难堪呢？

接下来，我来分享五个注意事项，可以帮助您提升沟通技巧，既能实现和班主任进行有效沟通，又能照顾到孩子的感受，顺利解决难题。

第一点，先肯定，后沟通。

在和班主任沟通孩子的问题时，一定要以肯定为主，以肯定为先。什么意思呢？就是在沟通前期，家长要表现出对孩子的欣赏，认可他的每一点进步和优秀表现，而不是一开始就批评或指责孩子。

这一步很重要，因为没有人喜欢被挑毛病，孩子也一样。先肯定孩子的优点和努力，让他感受到您的认可，放松心态，他才更容易接受意见。我一再强调：教育学，首先是关系学。要想教育好孩子，先得与孩子建立起良好的关系，而关系的基础正是来自家长对孩子的欣赏和认可。

所以，不要急着吐槽，先肯定孩子的进步，同时感谢班主任的用心付出，这样可以为三方交流打下一个良好的基础。

除此之外，家长的肯定和认可是一种正面教育，既能改善和孩子的亲子关系，又能够缓和沟通氛围。这不正是每位家长都希望看到的结果吗？

所以，请记住：先肯定，后沟通，效果会更好！

第二点，公正客观，避免一味地批评。

谈到孩子的问题时，一定要公正客观，不要总是批评和指责。和班主任沟通的目的是帮助孩子解决问题，而不是发泄情绪或者表达失望和无奈。

所以，家长需要控制好情绪，与班主任一起冷静地分析孩子问题的根源，寻找切实可行的解决办法。如果您带着情绪沟通，孩子感受到的不是讨论的具体内容，而是您的批评和指责。这很容易让孩子产生抵触情绪，不仅解决不了问题，还会让情况变得更糟。

因此，和班主任沟通时，记得保持冷静和客观。

第三点，一次专注一个问题。

沟通时不要一次性提太多问题，最好专注于一个关键问题。问题太多会让孩子觉得自己一无是处，或觉得家长在挑刺，从而产生抵触情绪。而且，同时讨论太多问题也难以做到深入分析和解决。

很多家长平时很少和班主任沟通，所以一见面就把所有问题都提出来，希望通过一次性的沟通把这些问题统统解决掉。但是，班主任和家长的沟通时间是有限的，难以深入地探讨每个问题并弄清楚问题的根源，也难以找到有效的解决方案。因此这样的沟通往往浅尝辄止，流于表面，缺乏针对性，解决问题的效果自然也会大打折扣。

因此，每次只谈一个主题，沟通才能更深入。

第四点，避免和别人家的孩子比较。

在沟通过程中，尽量避免拿孩子和别人进行比较，每个孩子都有自己的闪光点。很多父母总是习惯性地把"别人家的孩子"挂在嘴边，通过对比，凸显孩子的不足，试图让孩子受到刺激而努力学习。但这种方式只会让孩子感受到父母的否定，觉得自己不够好，产生自卑情绪，甚至引发孩子的叛逆心理。

身为家长，您有没有想过，如果孩子拿您和其他父母比较，您会有什么感受？假设孩子说：

"别人家的父母年薪百万，为什么你不能？"

"别人家的父母总是陪孩子读书、一起成长，为什么你不能？"

"别人家的父母总是肯定和表扬孩子，为什么你不可以？"

听到这些问题，您会怎么回答呢？是用权威压制孩子，还是责骂孩子不懂感恩？

这些让您如坐针毡的问题，和您平时拿孩子和别人对比不是一回事吗？如果您面对这些问题觉得不舒服，那孩子又怎么会欣然接受呢？

所以，与其通过比较来激励孩子，不如从肯定孩子的优点和努力入手，让孩子自信、积极、勇敢、自发地追求进步。

第五点，让孩子参与沟通，听听他的心声。

如果孩子恰好在场，可以让孩子参与进来，听听他的声音。如果孩子只是一个旁观者，可能会觉得很被动或无聊。

您可以适时地问问孩子的观点，了解他的真实想法。比如，您可以问："宝贝，你觉得是什么原因导致了这个问题呢？"或者"你觉得用什么方法可以解决这个问题呢？"在这个过程中，您一定要保持情绪稳定，尊重孩子，不要打断他。

等孩子说完后，您可以给予客观公正的反馈。比如，您可以说："很好，你分析得很到位。"或者"你这个方案提得不错，我们居然都没想到。"这样做，不仅可以给孩子正向的反馈，还能让孩子感受到您对他的尊重，进而更愿意敞开心扉，表达自己的真实想法，并在思考问题时更有信心。

    总之，与班主任沟通时，倾听孩子的声音，尊重孩子，才能让他更愿意配合。

    总结来说，在和班主任沟通时，大多数情况下不建议带孩子参与。如果孩子恰好在场，就需要特别注意沟通方式，避免让孩子尴尬或产生消极情绪。

如果孩子不在场，
如何将沟通内容转达给孩子

在上一小节里我提到，和班主任沟通，最好不要当着孩子的面进行。原因很简单：家长和班主任聊的内容中，有些话并不适合直接让孩子听到。如果孩子在场，可能会影响家长和班主任之间的深入讨论，让沟通变得不便。不过，如果孩子恰巧在现场，家长就得特别注意沟通方式，尽量避免让孩子感到尴尬或产生负面情绪。这里我就不再赘述。

在"学生、家长和班主任，如何形成最稳定的关系"这一节中，我讲到学生、家长和班主任之间是一种三角关系，而学生是这个关系的核心。这和传统的"教师中心论"有所不同。我之所以认为学生是教育活动的核心，是因为教育的最终目标是促进孩子的进步和发展，帮助他们成为更好的自己。

家长和班主任的沟通，无论是为了帮孩子改正错误，还是为了促进他们的长远发展，其核心都是围绕孩子展开的。大多数情况下，家长和班主任的沟通都是在孩子不在场时进行的。所以，沟通结束后，家长需要用适当的方式把沟通内容转达给孩子。毕竟，所有的教育活动，最终都要在孩子身上起作用，否则就只是无用功。

那么，问题来了：和班主任沟通后，怎么把这些信息转达给孩子，才能真正起到作用呢？

有些家长选择简单粗暴的方式，直接把班主任的话原封不动地告诉孩子，或者干脆把聊天记录给孩子看。这种做法不可取。

为什么呢？因为成人之间的沟通通常是直接且理性的，重点在于清楚地表达问题，不会顾虑太多。但和孩子沟通是完全不同的。孩子并不像成人那样理性，他们可能还没法用客观的视角看待自己的问题。如果听到或看到班主任对自己问题的"控诉"，他们可能会觉得受打击，产生负面情绪。

一旦孩子的情绪受到影响，很可能会产生抵触心理，这显然不利于问题的解决。而且，孩子还可能觉得班主任是在"告状"，而大部分孩子都对家长或老师的告状行为非常反感。这种反感会导致孩子对班主任产生不满，降低信任度，进而影响良好师生关系的建立。

所以，家长在给孩子转达自己和班主任沟通的信息时，一定要注意方式和技巧。

那么，什么样的转达技巧是有效的呢？接下来，我来分享一个成功的案例。这是我的一位学生家长采用的方式，效果非常好，供您参考和借鉴。

这位孩子叫小 Q，他的妈妈是我们班家委会的会长，也是一位知书达理的企业高管。小 Q 妈妈非常尊重孩子，也愿意倾听他的想法。为了让孩子有更多的表达机会，他们家每周都会举行一次家庭会议。

说是"家庭会议"，其实更像是一个轻松的"家庭茶话会"，氛围非常愉快。会议由小 Q 主持，父母参与。小 Q 会总结自己一周的表现，分享自己的问题和困惑，而父母也会总结自己一周的情况，同时介绍家庭的总体状况。如果父母和班主任有过沟通，也会在家庭会议上提出来进行讨论。

他们家的沟通氛围特别好，大家可以畅所欲言。在小 Q 表达时，父母只是倾听，不会随意打断，等他讲完之后再给出积极的回应。如果小 Q 明确提出需要父母的帮助，他们会提供自己的看法和建议。

小 Q 是我们班的纪律委员，不仅帮我完善了班规，还协助管理班级。他的优秀表现除了我的指导，更离不开他妈妈的支持。比如，小 Q 妈妈会定期和我沟通，然后把我的意见反馈给孩子，还帮小 Q 查找管理班级需要的资料，甚至带着他研究企业管理架构。因此，小 Q 很快成为我的得力助手，我对他的关注自然也就更多。

这是一个非常成功的亲子沟通案例。所谓"近水楼台先得月"，小Q妈妈作为家委会会长，和我交流的机会很多。在我的询问下，她毫无保留地和我分享了她与孩子的沟通策略。接下来，我就从两个方面来分析他们的具体做法，看看为什么这些方法会这么有效。

第一方面，做好充分的沟通准备。

小Q妈妈在和我沟通之后，并不会第一时间把内容告知孩子，因为她特别注重沟通前的准备。她的做法主要体现在以下三个方面。

（1）确保有充足的时间

我们常说"欲速则不达"，与孩子沟通时，急于求成是很难取得理想效果的。尤其是当父母需要转述班主任的意见时，不能简单直接地告诉孩子，而是需要一些铺垫，用更巧妙的"迂回战术"，避免孩子产生负面情绪，让他更容易面对问题和接受解决方案。所以，**充足的时间是良好沟通的前提。**

比如，小Q妈妈选择在周六晚上召开家庭会议。这段时间一家人都在家，能腾出足够的时间坐下来好好聊聊。为了做到这一点，小Q的父母甚至会推掉那天的所有应酬，专心陪孩子。

有一次家长会上，我问小Q妈妈："你们做企业的，少不了应酬。如果推掉这些应酬，会不会影响事业？"她的回答让我印象深刻。她说："我们努力挣钱，不就是为了让孩子接受更好的教育吗？如果非要在挣钱和孩子之间选一个，我一定会优先选择孩子。"

这句话让我深有感触。很多家长总是把工作放在第一位，忽视了对孩子的教育。可等到他们赚了很多钱以后，却发现孩子已经长成他们不想看到的样子了。

家庭会议选在周六晚上，还有一个好处，就是全家都比较放松。经过一周的学习，孩子通常会感到疲惫，而周六白天的休息能让孩子恢复体力和精力。相比之下，如果在周日进行沟通，孩子可能会因为第二天要返校而感到匆忙和不安，没法静下心来交流。

小Q妈妈的这些安排，为孩子创造了一个轻松、舒适、专注的沟通环境。这种用心和细致，为她和孩子的良好互动奠定了基础。

（2）营造舒适的沟通场景

除了保证有充足的时间，营造一个舒适、轻松的场景也同样重要。

小Q妈妈特别注重氛围的营造。比如，在开家庭会议之前，她会准备一些水果和零食，大家一边吃，一边聊，这种氛围让孩子更容易敞开心扉，表达自己真实的想法。

但是，有些家长的做法可能正好相反。他们会让孩子正襟危坐，面无表情地听自己一字不落地转述班主任的原话，甚至开场就严肃地说："孩子，今天我和你们班主任沟通了，我觉得有必要和你好好聊聊。"这样的开头会让孩子瞬间紧张，心里可能在想："完了，班主任又告状了，这下要被训了。"在这种压力下，孩子很难放松，更别提真实地表达自己了。

当然，舒适的沟通环境并不局限于家庭茶话会，只要场景能让孩子放松，效果都会不错。比如，可以在周末散步、逛街、爬山，或者去超市的时候和孩子聊聊。孩子在做这些喜欢的事情时，心情通常是放松的，在这样的情绪下沟通往往更加顺畅。

记住，沟通不是审判，轻松的氛围才能让孩子敞开心扉。

（3）确保情绪平稳

除了环境和时间，沟通之前一定要确保双方的情绪稳定。情绪不稳定时，沟通效果会大打折扣。这也是为什么我在十六字口诀中，第一点就提出要"稳定情绪"。

有的家长听到班主任反映孩子的问题后，情绪一下子就上来了，一见面就开始批评、指责孩子。这样的态度往往让孩子感到害怕或反感，不愿意深入交流。同样，如果孩子情绪不佳，比如悲伤、焦虑，或者刚刚经历了挫折，也很难认真倾听父母的话。

总之，想要和孩子进行顺畅的沟通，要先确保双方都有平和的情绪，在一个轻松、愉悦的氛围中展开对话。再加上充足的时间和耐心，会使沟通更加有效，也更容易让孩子接受您的意见和建议。

第二方面，选择合适的沟通方式。

做好充分的沟通准备，能为对话创造良好的氛围，但更重要的是家长如何与孩子沟通。正所谓"方法不对，努力白费"，即使环境再好，如果沟通方式不当，也可能让对话以失败告终。那么，什么样的沟通方式能让您和孩子之间的交流更顺畅呢？我有四点看法——

（1）不要把沟通搞得太正式

有些家长在听完班主任对孩子问题的反馈后，会觉得这是一件非常严肃的事情。他们常常会以这样的方式开头："今天我和你们班主任沟通了，他提到你在某某方面有很大的问题，我觉得必须和你聊聊。"孩子听到这样的话，往往会瞬间紧张，心想："完了，又要被批评了。"在接下来的沟通中，孩子可能全程低着头，默默等待批评和责骂。

举个例子，我在班上如果表情严肃地叫某位同学进办公室，班上的同学常常会起哄："完了，××同学这下惨了，要被老师请去'喝茶'了！"（在我们班，"喝茶"就是指接受批评或责备。）走进办公室后，被叫过来的学生通常是低头不语，等待我的"审判"。可见，太过正式、严肃的沟通方式，会让孩子产生心理压力，甚至产生抵触情绪。

相比之下，小Q妈妈的做法就很值得借鉴。她在家庭会议中让孩子先开场。比如，让孩子自己总结一周的情况，分享一些有趣的事情，以及他认为需要改进的地方。孩子通过这样的方式能主动表达想法，打开话匣子。父母则在孩子讲完后，再给予反馈和补充。这样的形式避免了过度严肃的氛围，让孩子感到轻松自在，更愿意敞开心扉。

简而言之，沟通不宜过于正式或带有审判感，而是要尽量以孩子喜欢、能够接受的方式进行。通过营造轻松的对话氛围，家长和孩子的沟通才会更高效、更愉快。

（2）如实转述，避免添油加醋

在向孩子传达班主任的反馈时，别把班主任的话"添油加醋"，如实转述才能赢得孩子的信任。有的家长为了让孩子更重视问题，往往会放大班主任的原话，把事情说得非常严重。其实，这样的做法往往达不到预期效果，甚至会适得其反。

我来举个例子，我班上有位学生小Z，他非常喜欢阅读，但因为过于沉迷课外书，常常占用写作业的时间，甚至在课堂上也会偷偷看书。有一次周五放学时，我和小Z妈妈聊起这个问题，并提出建议：我们双方可以和孩子约定，每天完成晚自习作业后才能看课外书；如果无法自律，就暂时不要带课外书到学校。

结果，小Z妈妈回家后不仅狠狠批评了孩子，还直接告诉他"老师说不准带课外书到学校"。小Z回到学校后立刻跑来问我："老师，您真的不让我带课外书到学校吗？"趁着这个机会，我向他重复了我的原话，并和他达成一致："孩子，你热爱阅读，老师很高兴，难怪你的阅读和写作能力如此优秀。但是因为阅读课外书而影响了作业的完成，老师是不认可的。只要你能每天按时完成作业并交给老师，你就可以看课外书了；如果不遵守约定，就暂时停止带课外书。这样可以吧？"小Z点头同意。

这件事情让小Z对妈妈的信任打了折扣。从那以后，只要是妈妈传达的我的话，他都会专门来向我求证。我可以明显地感觉到，这件事对他们的亲子关系造成了一定的影响。

所以，家长朋友们，当您向孩子转述班主任的话时，一定要坚持如实转述，不要为了达到效果而"加戏"。当然，这并不意味着必须一字不落地重复给孩子听，您可以通过更有技巧的方式表达，让孩子更容易接受，这样才能保证沟通的真实性和亲子关系的和谐。

（3）先扬后抑，巧妙调整沟通内容

和孩子沟通时，我一直提倡采用"先扬后抑"的策略。先肯定孩子的进步和优点，再适当地提出需要改进的地方，我把这种方法叫作给孩子"戴高帽"。这个方法我常用，效果特别好。因为先表扬孩子，能够营造轻松的沟通氛围，也让孩子感受到来自家长的认可，从而更加愿意接受沟通。

为什么先扬后抑很重要？我一直强调：教育是关系学，孩子认可您，才会听进去您的建议。如果一上来就指出问题和不足，孩子会本能地抵触，拒绝沟通。当您先认可了他的优点，再提出改进建议时，他会更愿意面对问题，和您共同探讨解决办法。

小Q妈妈在这方面也做得非常好。她在沟通时，总是先肯定孩子的努力和成果，然后再指出需要提升的地方，并提供具体的改进建议。这一做法和我的教育理念不谋而合。

很多家长不知道如何先扬后抑，您可以试试这样开场："孩子，老师说你最近做作业特别用心，效果也提升了不少，我觉得你真的很棒，给你点个大大的赞！"这样的表扬，会让孩子感受到您和班主任的认可与肯定，也会愿意倾听接下来的话。

接着，您可以自然地过渡到问题："不过，老师提到如果你能规范书写，作业会更加出色！老师建议每天练一篇字帖，你觉得这个办法怎么样？"这样的表达不是批评，而是传达一种期待和鼓励，孩子听了不会有逆反心理，也更愿意接受建议并付诸行动。

注意，这种"先扬后抑"的方法必须基于班主任对孩子的真实评价，不要为了安抚孩子而编造虚假的优点。如果孩子发现家长的"彩虹屁"言过其实，会觉得您不真诚，甚至失去对您的信任，这样反而不利于沟通。

所以，请以用心的观察和真实的评价为基础，把"高帽"戴得恰到好处，这样孩子才会心甘情愿地接受您的建议并改进。

这个方法不仅能让沟通更顺畅，还能让孩子觉得和您沟通是一种正向体验，而不是"批评大会"。用好这个小策略，您和孩子之间的互动一定会更加和谐有效。

（4）尊重孩子，倾听他真实的声音

当您将班主任的意见转达给孩子之后，下一步非常关键，那就是倾听孩子的真实想法。您可以问孩子："你觉得怎么样？""你的想法是什么？""说说你的看法吧！"这些问题可以引导孩子表达自己内心的想法和态度。

倾听时，请记住一个重要原则：不要随意打断孩子，更不要急于批评或责备。这样会让孩子有所顾虑，甚至不愿意敞开心扉。小 Q 妈妈总是耐心地倾听，哪怕孩子的话题超出预想，也不会轻易打断。她愿意等孩子把话说完，再给予回应。所以在家庭会议上，小 Q 什么都愿意聊，哪怕是一些敏感话题，比如早恋，也不会藏着掖着。

特别有意思的是，小 Q 这个孩子，帅气又儒雅，是很多女生暗恋的对象，然而他却完全没有早恋的想法。我猜这和父母的引导密不可分。在一个充满爱和尊重的家庭氛围中成长的孩子，他的内心是充盈的，他不需要通过过早的恋爱去填补情感的空缺，而是更加专注自身的发展。

因此，尊重孩子，多问问他们的想法非常重要。即使有意见分歧，也可以通过协商找到折中的解决方案。倾听比说教更重要，孩子的真实想法往往就藏在话里。

总结来说，在和班主任沟通之后，要有策略地把内容转达给孩子，帮助他们更好地成长。在这个过程中，好的沟通准备和方式是基础，倾听和尊重则是核心。只有家长、孩子和班主任形成三方合力，教育的效果才能最大化，孩子的成长之路才会越走越好！

微信、电话和面谈，怎样的沟通形式效果最好

美国教育协会在报告中指出，积极的家校沟通能够提高学生的学习动机、自律性和学业成绩。沟通的方式可以是多种多样的，比如定期的家长会、电话或书面反馈、学校活动的邀请、家长参与课堂观摩等。

不过，尽管沟通方式众多，还是有一些家长从未和班主任沟通过，哪怕一次也没有。说到这里，我想到了一则案例。

有一次，我的一位学生因为学习压力出现了一些问题，需要父母到学校和我沟通。他的爸爸很少参与学校的事务，甚至连班级微信群都没有加入。要不是因为这次事情，到孩子毕业我都不一定能见他一面。

那天，这位爸爸接到我的通知后赶到了学校。他到的时候，我还在班里上课，不在办公室。他看到一位老师，立刻握住对方的手，非常热情地说道："××老师，您好！我是××同学的爸爸，很高兴见到您！"

这个突然的问候让那位老师愣住了，连忙解释说："我不是班主任，我是历史老师。班主任还没下课，您稍等一下吧。"听完这话，办公室的氛围瞬间变得有点尴尬。大家想笑又不好意思笑，等我送走这位家长后，整个办公室都笑翻了。

这件事看似搞笑，但也反映了一个问题：出于各种原因，有些家长可能不太愿意主动和班主任沟通，以致家校之间的联系没能很好地建立起来。但是，家校合作对于孩子的成长至关重要，父母一定要重视起来，毕竟一切都

是为了孩子嘛!

当然,大多数家长还是很积极的,只是选择的沟通方式有所不同。有的家长性格比较内敛,或者对学校老师有些敬畏,可能更倾向于微信沟通;有的家长工作忙,打电话是他们的首选;还有一些家长觉得微信和电话都不够直接,更喜欢和班主任面对面交流。

我经常看到一些网络博主对这三种沟通方式进行比较。一般建议:能见面沟通就不打电话,能打电话就不发微信,把微信沟通放在最不推荐的位置。但实际上,根据我多年的经验,大多数家长更喜欢用微信沟通,其次是打电话,面谈反而是最少被采用的方式。

这三种方式到底哪种更好?它们各自有哪些优点和不足呢?接下来,我们就来详细聊聊这三种沟通方式的优缺点。

第一种沟通方式:微信沟通。

优点一:方便快捷,随时可以发送消息。

随着即时通信软件的普及,我们的沟通方式也发生了翻天覆地的变化。只要连接网络,打开微信,随时随地都能发送信息。这让我们在遇到问题时,可以第一时间发送消息并寻求帮助。如果对方在线,就能实现即时沟通。这正是互联网的魅力所在。

优点二:支持群聊,实现多人互动。

微信的一大特色是可以建立群聊,实现多人同时沟通。当学校要举办大型活动时,班主任可以直接在群里发布信息、组织交流、统筹安排,无须请家长到校沟通,省时又省力。此外,家委会的日常沟通和工作安排,也大多是在群聊中进行的。

优点三：保留记录，可以随时查阅。

微信还有个特别贴心的功能是保留聊天记录。这让家长和班主任沟通时无须拿纸笔记笔记，也不用担心遗漏重要信息。想想看，在家长会上，家长们一边听班主任分析孩子的优缺点，一边忙着记笔记，像极了学生在课堂上忙于记重点的样子。而通过微信沟通，所有内容都被自动保存下来，随时可以回看，方便又省心。

优点四：微信留言，不会打扰老师。

微信的优势之一就是消息可以保存。即便班主任当时不在线，稍后打开微信就能看到未读信息。这种特点使微信非常适合用于和班主任交流。班主任工作任务繁重，很多时候都在上课、备课或者开会，随时关注手机并不现实。如果直接打电话，很可能会打扰到他的工作。而微信留言则可以让班主任在空闲时查看消息，并且从容地一一回复，非常体贴。

缺点一：沟通效率低，有时不能准确传达信息。

文字沟通有个常见的问题，就是容易产生误解，或者无法准确理解对方的意思。尤其是在内容涉及情感交流，或者需要详细说明的时候，文字沟通的效率可能就不够高了。

缺点二：缺乏即时互动，不能及时解决问题。

微信的局限性在于，只有双方都在线而且有空的时候，才能进行即时交流。如果一方不在线，或者正忙于其他事情，就无法快速回应。这对有急事的家长来说并不适合。

第二种沟通方式：电话沟通。

优点一：即时互联，及时沟通。

打电话，比文字更直接，有利于双方迅速了解彼此意见，有效节省沟通时间。尤其是遇到不理解的地方，可以及时询问和深入分析，避免产生误解。

优点二：情感交流，能够感知对方情绪。

文字难以呈现双方的表情和肢体动作，容易引起误会，要么理解不到位，要么过度解读。而电话沟通通过语音可以很好地传递情感，减少文字交流中的冷漠感，让双方更容易感知彼此的情绪变化。因此，电话沟通更适合处理涉及情绪或较为敏感的话题。

缺点一：需要协调时间，必须等到双方都有空。

电话沟通需要双方在同一时间有空，然而确定具体时间对班主任而言有些困难。班主任白天除了上课，还要看课间操、开会、备课、改作业……晚上回到家已经很晚了，还要辅导自家孩子。因此，班主任的时间非常紧张。如果家长想和班主任电话沟通，通常需要提前协调时间，确保双方都有空，才能顺利进行。

缺点二：无法保存记录，不能随时回顾。

电话沟通无法自动保存聊天记录，除非录音。先不说回放录音需要花费很长时间，很多人缺乏录音意识，或者不知道如何录音。所以，电话沟通中的内容很快就会被遗忘。

第三种沟通方式：面对面沟通。

优点一：交流充分，更能增进理解。

面对面沟通有一个非常明显的优势——能深入交流。当孩子在学校遇到问题，或者班主任需要在期中考试后为家长分析成绩时，班主任通常会邀请家长到学校面谈。这样双方可以更全面、更深入地交流。在和班主任沟通时，倾听既是一种礼貌，也是一种技巧。如果遇到不理解的地方，可以随时追问，直到完全明白。这有利于增进理解，把问题聊得更透彻。

优点二：当面沟通，情感表达更为真实。

当面沟通能更好地体现双方的真实状态。前面我们讲到，发微信容易产生误解，因为文字传达的信息非常有限。电话沟通虽然能通过声音传递情绪，但肢体动作、姿态和面部表情能传达更多的情感信息，这些是语言无法表达的。所以，面谈更能传递真诚的情感，特别适合讨论重要或敏感的问题。

缺点一：需要安排时间和地点。

相比电话沟通只需要双方协调时间，面对面沟通还得商定见面地点，比微信沟通和电话沟通复杂得多。这也是很多家长不愿意和班主任面谈的原因。

缺点二：有可能不便或不舒服。

很多家庭离学校较远，去一趟学校需要花费很多时间和精力，有些家长需要上班，时间很难协调，因此面谈对他们来说不太方便。另外，部分家长和班主任性格比较内向，面对面交流时可能会感到不自在，反而不如线上沟通那样高效和顺畅。

对于以上三种沟通方式，我个人更推荐和班主任面对面沟通，因为这背后其实有心理学理论的支持。研究表明，在沟通过程中，语言、肢体语言和面部表情所传递的信息量存在很大差异。心理学家阿尔伯特·梅拉宾（Albert Mehrabian）在研究中指出，在人际沟通中，大约93%的信息并非来自语言本身，而是通过非语言信息传达的，包括肢体语言和面部表情。

这个"93%的非语言沟通"理论大致分为以下三个方面。

①语言内容（文字信息）：仅占7%。

这部分指的是字面上的语言内容，也就是我们说的话。但它只占信息传达的一小部分，真正传递的信息量其实很少。

②声音语调（声音的情绪和语气）：占 38%。

这部分包括说话的语调、速度、音量和节奏等。语气能影响话语的情感理解，同一句话用不同的语气说出来，可以表达兴奋、关心或生气等不同感情。

③肢体语言和面部表情：占 55%。

肢体动作、姿势和面部表情传达了大量情绪信息。比如微笑、皱眉、眼神接触等，都能影响信息的解读，表达出语言难以充分传达的情感或态度。

需要注意的是，"93% 的非语言沟通"理论主要适用于表达情感或态度的场合，并非所有类型的沟通都适用。在传递事实信息或技术性内容时，语言内容的重要性会大大提升。而在涉及人际互动、情感和态度的沟通中，肢体语言和表情确实发挥着重要作用。

从这些数据中我们不难看出，语言内容只传达了极小一部分信息。这也解释了为什么很多博主对这三种沟通方式的排序是：面谈＞电话沟通＞微信沟通。

总之，不论选择哪种沟通方式，关键要看具体的需求和场景。微信方便快捷，但文字容易"冷冰冰"；电话直接高效，但时间难以协调；面谈最深入，但需要考虑场合。面对面交流虽然效果更好，但也需要更多的时间和精力安排。如果只是传递一些事实信息，或者是讨论一些技术性和程序性的内容，其他方式也是可取的。家长可以根据实际情况灵活选择。

"三要三不要"原则：
面谈时如何让班主任刮目相看

在上一小节，我们讨论了和班主任沟通的三种方式，并按重要性排序：面谈 > 电话沟通 > 微信沟通。本小节将重点探讨"面谈"，分析与班主任面谈时，有哪些需要注意的地方，帮助家长更高效地交流。

下面进入正题。我总结了和班主任面谈的"三要三不要"。先从不要做的三件事讲起，提前避开这些"雷区"，可以有效避免沟通中不必要的麻烦。

一不要：不要有事没事就找班主任。

面谈的频率需要把握恰当，既不能完全不见面，也不能事无巨细、频繁打扰。我们之前提到过，和班主任面谈的最佳时间点是学期初、期中和期末。

学期初：了解孩子的状态，明确班级的整体安排。

期中：评估孩子的学习进展，及时调整目标和方法。

期末：总结孩子的表现，为下阶段做准备。

除了这三个关键时间点，还有一些特殊情况适合面谈，比如学校有活动、孩子遇到突发情况，或者需要班主任协助解决较为严重的问题。这些时候，和班主任见面沟通是非常有必要的。

但这并不意味着每一件事情都需要面谈。有些家长遇到点小问题就觉得是"天大的事"，恨不得马上跑到学校和班主任详谈，希望立刻解决。这种方式不仅效率低，还可能给班主任带来压力。

这里还是要提到前面说过的十六字口诀：稳定情绪、多方打听、分析事件、解决问题。在找班主任面谈之前，您需要先稳定情绪，然后从多个角度了解事情的来龙去脉，再判断这件事情是否需要面谈解决。

作为班主任，我非常喜欢和家长面对面交流，因为这是一种更为直接的沟通方式。但不得不承认，面谈非常耗费时间。与一对家长交流，通常需要一整个下午，其他事情只能搁置。所以，很多时候，班主任会选择电话或微信处理一些不需要见面的问题。

记住，不是每件事都需要面谈，既要抓住关键节点，又要避免过度打扰，这样不仅能节省双方的时间，还能让沟通更加高效。

二不要：不要突然造访班主任。

在前面的章节中，我们探讨过班主任拒绝交流的情况，我也从班主任和家长两个角度分析了原因，并给出了相应的建议。但有家长在被拒绝沟通后，可能会想："你不和我沟通，那我直接去学校找你面谈，你总不好拒绝吧！"这种做法虽然能显示出您对问题的重视，但并不是明智的选择。为什么呢？因为突然造访很可能会吃闭门羹，反而让事情变得更难沟通。

班主任的日常工作非常繁忙，如果您没有提前打招呼就贸然前往，班主任可能正忙得不可开交，根本抽不出时间和您好好聊。就算勉强挤出点时间，也是匆匆忙忙，效果肯定不会太好。

还有一点，突然造访会让班主任措手不及。如果您事先没有说清楚要谈什么，班主任就无法提前梳理相关资料，更别说提出有效的解决方案了。结果就是，您跑了一趟，问题却没有解决，白白浪费了双方的时间。

如果真的需要面谈，建议家长一定要提前联系班主任，约个合适的时间。这样班主任可以腾出时间，也能针对您的问题做好准备。这样一来，沟通更高效，还能体现您对班主任工作的尊重。

总之，提前预约，既礼貌又高效，何乐而不为呢？

三不要：不要面谈时随便乱聊。

在和班主任面谈之前，家长一定要想清楚自己要解决什么问题，从哪些角度入手。不要一上来就东拉西扯，聊了半天还没说到重点，这样不仅浪费时间，还容易让班主任觉得您不够重视这次沟通。

如果是解决孩子的事情，家长应该先把事情弄清楚。比如，事情的起因是什么、经过怎么样、结果如何，最好多问问孩子、其他家长或者老师，尽可能全面地了解信息，这样和班主任沟通时才能做到客观公正。

在找班主任之前，家长可以先尝试自己解决问题。如果问题不大，家长自己就能搞定，就没必要每次都麻烦班主任。只有当问题超出自己的能力范围，或者需要班主任的专业指导和配合时，才需要安排一次必要的面谈。这样也能避免让自己成为"直升机式家长"，什么事都要插手，让人反感。

面谈的时候，家长可以这样跟班主任说：我之前尝试过哪些方法，但遇到了什么困难，现在希望班主任在哪些方面提供帮助……这种有条理的表达，不仅能帮助班主任更快地理解问题，还能提高沟通效率。

还有一点很重要，面谈时要以倾听为主，特别是班主任给出反馈的时候，不要急于插话。如果有不理解的地方，可以抓住要点再深入探讨。千万不要漫无目的地聊天，想到哪儿说到哪儿，这样不仅浪费时间，还容易让班主任感到疲惫，甚至不明白您到底想解决什么问题。

最后，控制好面谈时间也很关键。通常半小时左右比较合适。时间太短，很多问题说不清楚；时间太长，又可能耽误班主任的工作。当然，如果问题比较复杂，需要深入讨论，时间可以适当延长，但要根据实际情况灵活调整。

总之，面谈前一定要做好准备，明确目标，尽量先自行尝试解决问题。面谈时要直奔主题，避免闲聊，这样沟通才会更高效，也能体现出对班主任的尊重。

接下来，我再讲讲在和班主任沟通时，哪三件事情是应该做的。

一要：注意个人形象。

去和班主任面谈，不要认为只是一次普通的交流，就随随便便、邋里邋遢地去找老师。虽然不需要"精心打扮"，但整洁得体的着装是必要的。这不仅能体现出个人素养，还能给班主任留下一个好印象，对你和孩子都是一种体面。

我来分享一个真实的案例，这个故事很有启发性，值得家长们反思，看看您的孩子是否对您说过类似的话，或者做过类似的事情。

我有一个学生小 T，她特别反感她爸爸到学校来和班主任沟通。每次需要家长出面的时候，都是她的妈妈"盛装出席"。原因是她爸爸虽然做生意挣了不少钱，但受教育程度不高，言行举止让小 T 觉得有些"没素养"。更让她难以接受的是爸爸的穿着——夏天永远是短衣短裤配拖鞋，脖子上还挂着一条大金链。小 T 觉得爸爸这身打扮特别"俗气"，让她在学校里特别没面子。

有一次周五放学的时候，小 T 的爸爸来接她。她一看到爸爸就很生气，冲着爸爸吼道："谁叫你来的？妈妈为什么不来？"孩子的语气很不好，但爸爸好像已经习惯了，还连忙解释自己过来的原因。那是我最后一次见到她爸爸来学校接她。

后来我和她妈妈聊起这件事，才知道小 T 嫌弃爸爸的"形象"，觉得他穿得太随便，说话也没涵养，不想让同学们看到，怕丢脸。

作为家长，您是否遇到过类似的情况呢？您的孩子欢迎您去学校吗？您到学校的时候，孩子的反应如何？他会因为您的穿着或举止而感到骄傲，还是羞耻呢？

这些问题值得我们深思。如果孩子对您去学校这件事特别在意，可能与您自己的形象或行为有关系。所以，和班主任面谈时，一定要注意穿着形象，保持整洁大方。这不仅是对班主任的尊重，也是给孩子撑场面。

二要：重视基本礼仪。

这不仅是为了展现个人修养，也能给班主任留下良好印象，对孩子的成长也有帮助。

首先，见到班主任时，一定要主动问好，礼貌开场。如果是第一次见面，要简单介绍自己，让班主任知道您是谁，这是基本礼貌，也是对班主任的尊重。这点看似简单，但有些家长却容易忽视。为什么呢？

因为有些家长认为学校是提供教育服务的，自己就是"顾客"，老师是"服务者"。因此，他们到了学校就摆架子，等着班主任主动接待。这种想法是错误的。学校的"产品"是课程，而课程是服务孩子成长的。它不同于餐厅、酒店这样的传统服务行业。所以，家长主动、热情一些，不仅能给班主任留下好印象，也更容易建立良好的沟通关系。

在十几年的教学经历中，我观察到一个很有趣的现象。我们班里有不少家长是公司的高管，平时在公司里位高权重，但到学校见班主任时都特别客气，表现出极大的尊重。为什么会这样呢？

因为他们明白，在孩子的成长路上，除了家人，老师是那个默默为孩子保驾护航的人。仅凭这一点，班主任就值得家长由衷地尊重。

所以，家长朋友们，见到班主任时别忘了主动问好。这不仅是礼貌，更是一种态度：表明您尊重教育、尊重老师，也能让班主任感受到您的诚意和善意。尊重班主任，其实也是在为孩子创造一个更好的成长环境，对吧？

其次，沟通时要注意礼仪，学会如何交流。良好的沟通礼仪是确保顺畅交流的前提。

在沟通前，一定要充分准备。比如，您想聊哪些问题，想得到什么答案。提前梳理很重要。如果不准备，见面时可能会"没话找话"，变成低效的"尬聊"。比如，有些家长全程只听班主任讲，自己完全不知道该问什么，只能点头应和；还有些家长想到哪儿说到哪儿，聊了半天也没有重点。这种沟通会让双方都觉得是在浪费时间。

还有一种情况，就是家长自己滔滔不绝，把班主任当成"倾诉对象"，全程输出，根本不给班主任说话的机会。这不仅让沟通变成了单向的"发泄"，还显得您对老师不够尊重。要知道，班主任的意见和反馈，可能正是帮您解决问题的关键。

所以，沟通时一定要学会倾听。提出问题后，要耐心听班主任的回答。如果有不理解的地方，不要着急打断，等他说完后再追问。这样，既显得您有礼貌，也让交流更有条理、逐步深入。

总的来说，和班主任的沟通讲究"有备而来、以礼相待"。做好充分准备，有针对性地提问，耐心倾听并适时追问，才能让对话既有效率又有深度。这种带着诚意的交流，也会让班主任对您和孩子更加认可，是不是很值得一试呢？

最后还有一个小细节，但非常重要，那就是在沟通结束时要表达感谢，礼貌收尾。很多家长在结束沟通时会直接说"那就这样吧"或者"再见"，却忘了对班主任说声"谢谢"。其实，班主任能抽出时间来和您交流，本身就是对您和孩子的关心和支持。表达感谢，不仅仅是一种礼貌，更是一种认可，让班主任觉得自己的付出是值得的、被看见的。

在沟通结束时，您可以说些感谢的话，比如："谢谢您今天抽空和我沟通，还给了我这么多宝贵的建议。""感谢您平时对孩子的关心和培养，这次沟通让我受益匪浅。"这些简单的感谢语，既表达了您对班主任付出宝贵时间的感激，也体现了您对他日常工作的认可。这样做，会让班主任感到被尊重，也更愿意在未来的沟通中配合您。

从一开始的主动问候，到结束时的真诚感谢，整个沟通过程都体现了您的礼仪和素养。这样的互动不仅让班主任感到愉快，也能为良好家校关系的建立打下坚实的基础。

所以，家长朋友们，别忘了在离开时加上一句发自内心的"谢谢"，让这次交流有一个完美的收尾。

三要：有合作的姿态。

这一点说起来简单，但实际上，很多家长可能没有意识到它的重要性。我们思考一个问题：您和班主任沟通的目的是什么？

我认为，沟通的目的有三个。

第一个，为了沟通而沟通。其实就是"走过场"，家长对孩子的教育并没有清晰的规划，和班主任交流只是为了完成任务。

第二个，为了解决孩子的具体问题。这类沟通更有针对性，通常是家长在发现自己无法解决孩子的问题时向班主任寻求帮助，往往带着"救急"的心态。虽然能解决眼前的问题，但往往是"亡羊补牢"，解决了一个问题，可能还会出现下一个。

第三个，为了建立家校合作的长远关系。这是最理想的沟通方式，不仅能解决眼前的问题，还能为孩子规划出一条长远的路径，让家长和班主任形成合作同盟，共同为孩子的成长保驾护航。

如果您希望和班主任建立合作关系，第一次面谈时要注意两个要点。

要点一，明确彼此的育儿目标。比如，在开学的家长会上，您可以仔细听班主任的带班理念和育人目标，然后结合自己的想法，主动向班主任表达您对孩子教育的期待。这样一来，**有了共同的方向，未来的家校合作也会更加顺畅。**

要点二，主动沟通职责分工。在和班主任沟通时，明确家长和班主任的职责。比如，学科规划需要学校的专业指导，而家长则要关注孩子的时间管理和学习习惯。**只有家校职责清晰，才能真正形成合力。**

当孩子出现问题需要沟通时，您可以通过以下方式展示合作姿态。

①告知班主任您的看法和尝试。比如，孩子在学习或行为上出现了问题，您可以先说："我注意到孩子最近注意力不太集中，我试着调整了他的作息时间，但效果不明显。"这样，班主任在了解您的尝试后，可以结合他的专业知识，提出更有针对性的建议。

②不要"甩锅"，而是分工合作。有些家长会把问题一股脑儿全丢给班主任，**但孩子的教育从来不是某一个人的责任，而是家长、孩子和班主任三方共同努力的结果。**沟通时，您可以主动问班主任："在这件事情上，您觉

得我们家长可以怎么配合？回家后我们需要做些什么？"这种合作态度会让班主任更乐于帮您解决问题。

　　总结来说，和班主任面谈，确实是沟通孩子问题最有效的方式，但同时也比电话沟通和微信沟通需要更多的考量。为了帮助家长更好地把握面谈的细节，我总结了"三要三不要"，不只是为了解决当下的问题，更要为孩子的长远成长建立合作关系。希望这些建议能帮到您，让您和班主任的沟通更加高效、更加顺畅。

与班主任电话沟通，
五大雷区千万别碰

随着智能手机和各种交流软件的普及，现在的沟通方式越来越多样化，不再局限于面对面交流，这对很多家长来说是一种福音。以前，许多家长很怕和班主任沟通，一个学期可能也只交流一两次。但现在不同了，即使不见面，也可以通过电话与班主任保持联系。

电话沟通，特别适合那些面对班主任时容易紧张、无所适从的家长。对一些平时不善交际，甚至害怕与班主任交流的家长来说，电话沟通降低了面对面的心理压力。有些家长告诉我，每次拨通班主任的电话前，会先写个草稿，把要问的问题一条条列出来，避免通话时漏掉重要信息。这确实是电话沟通的一个明显优势，尤其对那些表达能力不太强的家长来说，电话是比面对面更高效的沟通方式。

然而，虽然电话沟通带来了便利，但并不意味着家长可以闲聊。有效的电话沟通还是需要一些方法和技巧的。那么问题来了：和班主任电话沟通时，我们需要注意些什么呢？

接下来，我来分享和班主任电话沟通时的五个注意事项。希望各位家长能够谨记，避免不愉快的状况发生。

第一，不要做"直升机式家长"，事事都找班主任。
什么是"直升机式家长"呢？就是遇到一点小事就立即给班主任打电

113

话，什么事都指望班主任来解决。电话沟通虽然很方便，但正是因为太方便了，反而让一些家长过于依赖，导致班主任疲于应付，苦不堪言。

班主任的工作是非常繁忙的，简直像一台停不下来的机器。他们的时间和精力是有限的，如果每位家长都因为一些小事频繁打电话，班主任肯定难以应对。

在拨通电话之前，家长朋友们可以先问问自己：这件事情是否必须找班主任？能否自己处理，或者通过其他家长的帮助来解决？如果自己能解决，那就尽量别麻烦班主任了。这不仅减少了对班主任的打扰，也体现了您的体谅和理解。

此外，我建议家长在家长会上主动询问班主任，了解他平时比较空闲的时间段。这样，当您需要沟通的时候可以选择班主任相对空闲的时间打电话，既尊重了他的时间安排，也能更有效地解决问题。

总之，电话沟通虽然方便，但别让班主任"接个没完"，小事自己解决，大事再找班主任。

第二，不要做"隐身式家长"，从不主动联系班主任。

有些家长可能认为，班主任工作那么辛苦，自己少打电话或者干脆不联系，是为了不添麻烦。他们抱着"我不打扰你，你来找我"的想法，觉得如果孩子有事，班主任一定会主动联系。但实际上，这种想法存在一些问题。

首先，您要清楚一个事实：班主任要同时关注几十个孩子，分到每个孩子身上的注意力是有限的。即使班主任很负责，也可能因为工作繁忙而暂时忽视一些孩子的问题，或者等到问题积累到比较严重的时候才发现。这种"滞后性"可能会导致孩子的问题得不到及时解决，最终处理起来更麻烦，甚至可能对孩子的身心健康造成负面影响。

相比班主任，家长对孩子的观察更直接、更细致。作为父母，您每天都能观察孩子的学习、情绪和心理状态，能更早发现问题的苗头。如果您发现孩子对某些事情感到困扰，或者已经影响到了学习和生活，不要犹豫，先和孩子一起分析问题。如果发现确实需要班主任的帮助，那就主动联系班主任，尽早沟通，避免问题恶化。

当然，这并非鼓励家长频繁联系班主任，而是提醒您不要把沟通的责任完全推给班主任。有效的沟通需要双方主动配合，您适时地分享孩子的状态，班主任对孩子的了解就会更全面，也能更好地关注孩子的成长。

第三，不要做"功利家长"，只在有事时才找班主任。

有效的沟通，需要家长提前做好准备工作。不管是和谁交朋友，都需要付出时间和精力去建立和维护关系，这样当我们需要帮助的时候，对方才会心甘情愿地伸出援手。

举个简单的例子：我们去银行取钱，要想获得更多利息，前提是要在账户里存够本金。否则，当您需要取钱的时候，账户里"余额不足"，自然取不出来。这里的"利息"指的就是家长和班主任之间的有效沟通，而"本金"就是家长平时为沟通付出的努力和心意。

那么，沟通之前，家长应该做哪些准备呢？

一定要和班主任建立积极的互动模式，让他从心理上接纳您、认可您。我之前提到过，一个学期要抓住三个关键时间节点：学期初、期中和期末。主动和班主任沟通，表明您愿意合作的态度，并对班主任的工作理念表示认可。遇到学校或班级举办的活动，比如运动会、亲子活动等，主动联系班主任，积极为班级事务出谋划策，让班主任看到您是一个重视教育、乐于配合的家长。这些做法都是在往您和班主任的"情感银行"里存钱。

除此之外，在班级群里多参与讨论，多与班主任进行积极互动，对班主任的付出表达肯定和感恩，帮助营造和谐的群聊氛围，这些细节都能为您的"情感账户"加分。

当您在平时积累了足够的"情感本金"，班主任对您和孩子有了好印象，到关键时刻，班主任自然愿意投入更多时间与您沟通。这不仅能让沟通更有效，也会让班主任觉得和您打交道是件愉快的事。

平时多存"情感本金",关键时刻才有"利息"可取。家校合作靠的是长期的互动和信任积累,不要等到有事了才"临时抱佛脚"。主动维护家校之间的关系,才能在需要时顺利获得支持和帮助。这不仅是对班主任的尊重,更是对孩子教育的用心付出。

第四,不要做"无礼家长",在沟通中丢了礼数。

在与班主任沟通时,要特别注意礼仪,切勿带着怒气打电话。沟通的成败往往取决于细节,尤其是您的语气和措辞,会直接影响沟通的效果。

首先,礼仪非常重要。在电话接通之后,要先做自我介绍,然后礼貌地询问,如:"×× 老师,您好,我是 ×× 的家长,请问您现在方便通话吗?"如果班主任正在忙或有些疲惫,您可以另约合适的时间。如果班主任不在状态,沟通的效果也不会太理想。

其次,要向班主任表达尊重和感谢,比如:"孩子开学以来进步很大,尤其是学习习惯方面,感谢老师对孩子的关心。"这既是对班主任工作的认可,又体现了您对孩子教育的重视。

然后,明确说明通话的目的。比如:"我打电话是想了解孩子最近的学习情况。"这样,班主任就知道您打电话的目的,不会浪费彼此的时间。

最后,沟通结束时,一定要表示感谢,比如:"感谢老师抽空和我沟通,祝您工作顺利,我就不打扰了,再见。"这种礼貌的结束语,能够让班主任感受到您的尊重和感激。

总之,礼貌是沟通的"润滑剂",别让情绪毁了对话。带着尊重和感恩,沟通才能更顺畅,也能让班主任感受到您的诚意。这样沟通效果会更好,关系也会更融洽。

第五,不要做"情绪化家长",带着情绪与班主任沟通。

情绪化是沟通的"雷区",理性分析才能解决问题。与班主任打电话沟通时,家长一定要避免一时冲动就打电话,情绪激动地表达,而没有事先厘清整个事件的来龙去脉。这样的沟通不仅效率低下,还可能使问题更加复杂化，甚至给班主任带来不必要的困扰。

有些家长一听到孩子在学校出了问题，就容易带着怒气给班主任打电话。虽然这种情绪可以理解，毕竟孩子是父母的心头宝，但请记住，如果您带着怒气去沟通，班主任可能会觉得您是在指责他，而不是来解决问题的。这种情绪化的沟通方式，不仅解决不了问题，反而会让双方产生对立情绪。

还记得十六字口诀吗？稳定情绪、多方打听、分析事件、解决问题。当孩子出现问题时，首先要稳定情绪，然后从不同角度了解事情的背景，获得一个全面、客观的认知，这样才能理性地分析和明确问题的性质。这样做，您在和班主任沟通时，就能够直奔主题，高效地解决问题。

另外，我建议家长在打电话之前，先在纸上列出要讨论的几个要点。这样既能避免在通话中忘记自己要问的内容导致漏掉重要问题，又能让沟通更有条理。

总结来说，尊重班主任的时间，就是尊重孩子的未来。在和班主任电话沟通时，注意以上这五个事项，会让沟通会变得更顺畅，孩子的问题也能得到更好的解决。家长朋友们，让我们一起行动起来吧！

看到您的微信消息，
班主任到底在想什么

　　前面我们对比了三种沟通方式的优劣并进行了排序：面谈效果最好，其次是电话沟通，最后是微信沟通。不过根据我的观察，家长对这三种方式的喜好恰好相反，他们更喜欢微信，其次是电话，最不喜欢面谈。这是为什么呢？

　　因为微信沟通最便捷，不仅省时省力，还能保留聊天记录，更重要的是，家长不用直接跟班主任语音或面对面交流。对一些性格内敛，甚至有点害怕跟班主任打交道的家长来说，微信确实是一根"救命稻草"。

　　不过，加了微信好友也意味着班主任可能会更多地了解到您的生活。例如，您发的朋友圈，班主任能看到；您点赞、评论的内容，班主任也可能会注意到。您在微信上的每一句话、每一个行为，都会传递某些信息。这些信息不仅反映您对孩子教育的态度，还可能影响班主任对您的印象。

　　我曾遇到一位家长，她家的经济条件很好。她的朋友圈里几乎全是关于吃喝玩乐的内容，从来没有提到过孩子的学习。她的孩子平时比较顽皮，对学习不够上心，家庭作业经常不能按时完成。我联系她了解情况，通常会遇到两种情况：要么她完全不接电话或者不回复信息；要么就是接了以后直接抱怨，说我给她带来了很大的压力，甚至表示强烈不满。

　　其实我并没有指责她的意思，只是想了解孩子在家的学习情况，比如她在家是否为孩子营造了一个良好的学习环境。

　　这样的态度，显然不利于家校沟通。班主任投入大量时间和精力，得到的却是无效反馈，孩子的不良学习态度和习惯也难以纠正。时间久了，班主任的热情也会逐渐减退，不再愿意投入太多精力在孩子身上。而最终受影响的，还是孩子自己。

所以，**我想提醒各位：微信沟通虽然方便，但细节决定印象分。朋友圈和微信群里的表现，会直接影响班主任对您和孩子的看法。**

那么，和班主任微信沟通时，家长应该注意些什么呢？接下来，我从三个方面来聊聊。

第一个方面，加好友时，如何开启良好沟通。

如果想通过微信和班主任沟通，第一步就是加班主任为好友。但有些家长在加好友的时候会比较随意，比如直接发送请求，结果却迟迟得不到班主任的通过。这是为什么呢？

主要原因就是，您没有清楚地表明自己的身份。很多家长会忽略这个细节，觉得班主任肯定知道是谁发的好友申请。但您要知道，班主任的工作模式是"一对多"的，他可能带了两个班的数学课，每班四五十名学生，加起来就是一百多位家长，不可能仅靠微信昵称就判断出您是谁。

更何况，家长的微信名五花八门，比如"心如止水"，这种昵称完全没有提示信息，不可能通过它知道申请人是 ×× 孩子的家长。还有一点，我们每个人都会收到一些陌生人甚至骗子的好友申请，对于没有备注信息的好友申请，大部分人都会很谨慎，班主任也不例外。

那么，家长该怎么做呢？方法很简单——**加好友时亮明身份，这是沟通顺畅的第一步。**比如，您可以写："我是张小帅的爸爸，麻烦老师通过一下。"或者更详细一点："我是张小帅的爸爸张得亮，麻烦老师通过一下。"有了这样的备注，班主任就会一目了然，很快会通过您的申请。

通过好友申请后，还有一个小细节可以加深班主任对您的印象——再次亮明身份。虽然您在备注里已经写过了，但班主任每天面对很多家长，可能记不住每个人的信息。您可以发一条简短的消息，比如："×× 老师您好，我是张小帅的爸爸张得亮，刚加上您，很高兴孩子能跟着您学习！"这样能让班主任感受到您的礼貌和诚意，班主任也就更容易记住您。

接下来，您可以趁机表达对沟通的重视。比如："以后孩子的事情还麻烦老师多多关照，有什么需要我配合的，请随时联系我，我们保持沟通！"班主任看到这样的态度，通常都会很乐意回应，也会觉得您是一位重视教育、通情达理的家长。

最后，不要忘了用一句结束语来"华丽收场"。比如："×× 老师，知道您工作忙，那我就不打扰您了，祝您工作顺利、生活愉快！"这样，您和班主任的首次互动就算圆满结束了。班主任看到您的自我介绍和态度，一定会对您和孩子留下深刻的印象。

想象一下，开学第一天，班主任直接喊出"张小帅"的名字，您能体会到孩子的惊喜吗？

第二个方面，平常往来，如何保持良性互动。

在平时的互动上，您一定要经营好两个方面：一个是朋友圈；另一个是微信群。加班主任为好友后，班主任一般很快就会建立微信群，把每一位家长拉进群，方便后续沟通与交流。

加入微信群后，您需要注意两件事——

第一，改群昵称。

把自己的群昵称改为"所在班级 + 孩子姓名 + 父母身份"，比如"七（3）班张小帅爸爸"。有的家长还会加上自己的名字，比如"七（3）班张小帅爸爸张得亮"，这也是可以的。为什么要改群昵称呢？

因为班主任和家长是"一对多"的交流模式，他可能记不住群里所有家长的昵称。如果您的群昵称清晰明了，他就能快速找到您，第一时间和您取得联系。

第二，保持积极的互动。

群里的言论会影响班级群的整体氛围，所以一定要注意：多表达正面、积极的观点，以肯定和鼓励为主，避免发表消极或负面的言论，比如批评、挖苦或讽刺。负面的言论不仅容易破坏群内的信任，还可能影响班主任对您和孩子的印象。

如果您有不满或者建议，可以私信班主任沟通，而不是直接在群里说。这样会更容易被接受，避免不必要的误会。

朋友圈也是一个重要的窗口，班主任可以通过您的动态，了解您对孩子教育的态度，这甚至会影响他对孩子的关注程度。

比如，之前提到的那位妈妈，她的朋友圈全是吃喝玩乐、旅游派对的内容，却从不提孩子的学习。班主任联系她时，要么联系不上，要么被抱怨说打扰了她的生活。面对这样一位对孩子教育不上心的家长，如果您是班主任，您会怎么做呢？

班主任通常会减少对她孩子的关注，毕竟班主任的时间和精力都有限，他为什么不把更多的时间和精力花在那些更重视教育的家庭和孩子身上呢？

所以，发朋友圈时可以多晒孩子"学习"，比如：

·孩子的学习过程及成果、运动、实践活动的照片或视频；

·与孩子的亲子时光，比如一起读书、做手工、参加活动；

·关于家校合作的积极态度，比如感谢班主任或学校的付出……

这些内容能够很好地展现您对孩子教育的重视，也能体现您对班主任和学校工作的支持。这不仅有助于班主任对您和孩子形成积极的印象，也会让家校沟通更加顺畅。

总之，微信群和朋友圈是您展示自己重视教育的好"窗口"。多注意这些细节，既能帮助孩子赢得更多关注，也能为良好的家校互动奠定基础。

第三个方面，私聊沟通，如何避免问题出现。

与班主任私信沟通时，家长一定要避免产生误会。下面，我从四个方面来聊一聊。

（1）学会等待

很多家长在遇到孩子的事情时，会第一时间联系班主任，急于解决问题。然而，班主任的工作性质决定了他不可能随时回复信息。他可能正在上课、开会，或者忙于其他事务。这时候，您不要误以为班主任故意不搭理您，而是要多一分理解和体谅，学会等待。

同时，我建议您在联系班主任之前，先冷静下来，默念十六字口诀：稳定情绪、多方打听、分析事件、解决问题。先全面了解事情的来龙去脉，再决定是否需要联系班主任。如果答案是肯定的，也请多一些耐心，少一些指责，这样沟通才能更平和、更顺畅。

（2）避免语音轰炸

很多家长嫌打字麻烦，又担心一两句话说不清楚，于是对班主任开启了语音轰炸模式。很多班主任（包括我自己）是很反感这种交流方式的，他们可能没有耐心听完您连发的几十条语音信息，并且听了之后可能就忘了您前面说的内容。所以，班主任往往会忽视这些语音信息。从这个角度来说，家长连发几十条语音信息还不如发一条文字信息有用。

如果您确实有很多内容要沟通，打字不能满足您的表达需求，建议您直接和班主任约定时间，用电话或微信语音通话进行沟通，这样效率会更高。如果您不习惯打字，可以尝试微信的语音转文字功能，这样就能方便班主任阅读，避免语音轰炸。

（3）多种方式配合沟通

我们之前提到过，文字沟通并不适合所有场景，尤其是涉及情感或者需要详细说明的问题。单纯依靠文字可能导致耗时、低效，甚至引发误解。而误解正是家校沟通中最不希望发生的事情。

所以，如果您发现文字沟通无法清楚地表达自己，不妨试试语音沟通，或者约定时间见面详谈。这些方式都能更好地避免误会，确保沟通顺畅。切记，不要因为沟通不当影响班主任对您孩子的态度，那样真的得不偿失！

（4）绝对不要发微信红包

有些家长出于感激，会想给班主任送礼，甚至通过微信直接发红包。这是非常不妥当的行为。

首先，收受红包违反了教师职业的相关规定，绝大多数班主任都会拒绝接受。

其次，这种行为可能会让班主任误解为您别有用心，甚至留下不好的印象。

所以，千万不要因为这样的举动，破坏您和与班主任之间的信任。表达感谢的方式有很多，比如发送一条真诚的感谢信息，或是让孩子在进步时写一封感谢信，这些都更容易被班主任接受。

总之，在和班主任沟通时一定要格外谨慎。注意细节，多一分理解和耐心，多一些思考，选择恰当的沟通方式，避免不必要的误解。只有这样，才能与班主任建立良性的合作关系，携手帮助孩子成长和进步。

沟通方法不对，
小心让家长群变成"修罗场"

随着互联网的迅猛发展，手机已成为我们日常联络、办公、学习的重要工具，是生活中不可或缺的一部分。通过手机，家长可以第一时间掌握孩子在校园中的动态，尤其是班级群的建立极大地方便了老师的工作，提高了沟通效率，也拉近了老师与家长之间的距离。

班级群不仅是一个传达信息的工具，更是家校合作的重要平台。可以说，关注班级群已经成为每位家长的"日常工作"之一。它就像一个小型社会，每个人的言行都会影响到其他人，稍有不慎就可能引发误解或不必要的矛盾。所以，在班级群里互动时，我们需要格外小心，三思而后行。

为了维持班级群积极健康的氛围，有些事情我们可以做，但有些事情一定要避免。下面，我就来说一说班级群中千万不能做的六件事，大家一定要注意！

第一，不要在群里发"垃圾信息"。

班级群的主要功能是传递消息和促进家校合作，所以与这些无关的内容尽量不要往群里发。比如广告、网上的负面新闻或者是一些消费链接，这些都不太合适。

我们班的班级群平时互动很和谐，但偶尔也会有个别家长发布不太合适的内容。比如有一次，一位家长在群里发拼多多的"砍一刀"链接，请大家帮忙助力。

这样的内容真的适合发在班级群里吗？班级群主要用于交流班级事务，而非满足私人需求。如果每个人都发此类信息，那么与班级事务相关的重要通知很可能会被淹没，有些家长如果没能及时查看群消息，就可能会错过关键消息。这样一来，群里的沟通效率和氛围都会受到影响。

还有一位家长经常在群里分享关于其他学校的负面新闻，比如校园霸凌、食堂问题或者家校冲突等。这让我感到很困惑，他发这些内容的目的是什么呢？是想让我们学校和老师引以为戒，还是暗示我们班级也有类似问题？

这一点不得而知。但可以肯定的是，这些新闻和我们班级没有直接联系，在班级群这样的平台，是不应该出现的。

第二，不要在群里无事闲聊。

有些家长认为在班级群里多聊天能增进与老师或其他家长的感情。也有些家长喜欢炫耀孩子的成绩、才艺，甚至是家庭条件，经常在群里拉家常、闲聊。但坦白说，我个人并不赞成这种做法。

班级群的主要功能是交流班级事务，班级群不是闲聊的地方。频繁的闲聊可能会让其他家长觉得不舒服，而且可能带来一些问题。

首先，老师发布的重要通知很容易被闲聊信息刷屏淹没，有些家长会错过关键信息。其次，班级群的消息提醒频繁响起，会干扰其他家长和老师的工作与生活，特别是正在忙碌的家长，手机一直响，真的会让人心烦意乱。

如果您想和老师或其他家长沟通，完全可以选择更合适的方式。比如，您和聊得来的家长建一个小群，平时在里面交流，既能增进感情，又不会打扰其他人。如果您想单独和老师沟通，可以私信他，或者商定合适的时间通话，还可以在放学接孩子时和老师面对面沟通，这样效果更好。

所以，为了让班级群真正发挥作用，也为了大家的体验，家长要尽量避免在群里闲聊。把合适的信息发在合适的地方，共同维护一个和谐、高效的沟通环境，这样对大家都好。

第三，不要在群里发"彩虹屁"。

所谓"彩虹屁"，就是不管老师说了什么，都一律回复"老师真棒""老师辛苦了"，甚至有时候这些话并不是发自内心，只是随口应付。这么做看起来像是在支持老师，但其实并不讨喜。

为什么呢？首先，这种浮夸的行为很容易让其他家长也不得不跟风"接龙"，一起夸。这种形式化的互动会让班级群变得嘈杂，也浪费了大家的时间。而且，老师看到这些"彩虹屁"也会感到为难。如果不回应，显得没有礼貌；但如果回复，又得花很多时间和精力，反而影响工作效率。

更重要的是，这种"彩虹屁"给人的感觉是不真诚的。我一直提倡家长朋友们要和老师积极互动，但这种互动必须是有意义且发自真心的，而不是虚情假意的迎合。就像我们表扬孩子时，要具体到细节，不能只是空泛地夸"你真棒"。您可以肯定孩子的努力，提到他的具体进步，比如背单词比以前快了，或者养成了良好的学习习惯。同理，对老师的感谢也要真挚且具体。如果班主任在群里分享了孩子的点滴进步，您可以这样表达："老师，谢谢您对孩子的关注！他的英语这段时间进步很大，尤其是单词记忆效率明显提高了，真心感谢您的辛苦付出！"

此外，"彩虹屁"不仅可能让老师感到不舒服，还容易引起其他家长的反感，认为您有些虚伪，从而影响彼此的关系。人与人之间的交流，最重要的就是真诚。一旦缺乏真诚，就容易破坏信任，以后想深入沟通也会变得困难。

总之，在班级群里，我们的发言应尽量实在些，真心感谢老师，别发"彩虹屁"，真诚的互动才更有意义，也更受大家欢迎。

第四，不要在群里抱怨。

我一直提醒家长，在班级群里发言时，一定要保持积极向上的态度，尽量避免发表负面的言论。因为负面言论不仅可能让班主任感到不满，还可能引发其他家长的反感，影响整个班级群的氛围。

我们都知道，班主任管理一个班级其实非常不容易。孩子们性格各异，需求不同，家长们也有不同的背景，聚到一起就像一个小社会。如果这个小社会是积极正向的，班主任的工作效率会更高，家校合作也会更顺畅。但是，如果群里充斥着负面情绪，班级的工作就很难开展，对孩子们的成长也不利。

我曾经遇到过一位爱抱怨的家长。事情发生在期中考试后，当时有一些孩子自愿留下来找我分析试卷，所以离校的时间稍微晚了一些。我提前在群里发布通知，说明了情况，并列出了留校学生的名单，还估算了结束的时间。

然而，这位家长还是在群里不断抱怨，问孩子什么时候能出来，说回家的路上会堵车，担心回家太晚吃不上饭。当时我正忙着给学生分析试卷，没有及时回复，结果他的抱怨越来越多，甚至带动其他几位家长也开始跟着表达不满。

幸好，我们班的家委会会长当时正好找我沟通家长会的事宜，她到现场看到了实际情况，还拍了一些照片发到群里，解释说孩子们正在认真听我分析试卷。通过她的解释，群里的负面情绪才得以缓解，大家的抱怨也逐渐平息。

试想，如果班级群里总是有家长抱怨，负面情绪不断，班主任就不得不花大量的时间去安抚家长，处理矛盾。那么，本该用来帮助孩子成长的时间和精力，就会被消耗在这些无谓的沟通上，这是不是不利于孩子的成长呢？

所以，作为一名班主任，我希望家长多一些理解和支持，在班级群里发布正能量的言论，帮助班主任营造一个和谐、积极的班级氛围。

第五，不要在群里攻击别人。

班级群是促进家校沟通与合作的平台，不是发泄情绪或者攻击他人的地方。在这里，我特别提醒各位家长，无论是对老师还是对其他家长，一定要避免任何形式的攻击性行为。

大家可能还记得网上曾经闹得沸沸扬扬的"广西玉林妈妈骂人事件"。这位妈妈因为孩子拿到了破损的书籍、开学照片中没有拍到自家孩子，以及觉得班主任怠慢了自己的咨询请求，就在班级群里疯狂发泄，无端攻击他人，场面变得非常难堪。这种做法其实非常不理智。

在班级群里攻击他人，会让其他家长对她产生反感，甚至可能有意识地远离她。更严重的是，这样的行为可能会影响到孩子。班主任在面对这样的家长时，会为了避免麻烦而选择少管他的孩子，这样一来，最终受影响的还是孩子。

如果您对老师的某些行为感到不满，一定不要在群里直接与老师起冲突。老师是班级里所有学生的教育者，他们需要家长的支持和尊重。如果家长和老师在群里发生争执，不仅会削弱老师的权威，还可能让其他家长和学生对老师产生怀疑，影响班级管理的正常秩序。更好的方式是私下与老师沟通，理性地表达您的意见。

同样，当孩子与同学发生矛盾时，也不要在班级群里质问或指责对方的家长。最明智的做法是先了解事情的来龙去脉，然后通过班主任搭建沟通的桥梁，私下与相关家长沟通。直接在群里为自己"讨公道"，看起来像是向对方家长发起舆论攻势，其实也暗示着班主任处理不当，没能给出满意的解决方案，这样做等于把所有人都"得罪"了，实在是得不偿失。

总之，在班级群里，我们的言行不仅代表自己，更会影响孩子和整个班级的氛围。要避免任何攻击性言论，多用理性和真诚去沟通，营造一个和谐、积极的家校合作环境。这才是对孩子最好的支持。

第六，不要在群里谈论隐私。

班级群是一个公共场合，一定要注意保护孩子和家庭的隐私，尽量避免在群里谈论敏感话题。如果我们在群里透露了孩子的隐私，一旦传开，很可能会让孩子在同学面前感到难堪，甚至因此受到同学的嘲笑或霸凌。

我曾经的班上就有这样一位家长，她特别喜欢在公开场合数落自己的女儿。不管是在放学时的校门口，还是在班级群里，她都毫不避讳地谈论孩子的隐私。有一次，这位家长在班级群里向大家求助，说她的女儿在网上认识了一个比她大十几岁的男子，还互称"老公""老婆"，问大家应该怎么办。结果这件事不知怎的就传开了，她的女儿感觉十分羞愧，回家后和妈妈大吵了一架，母女关系一度降到了冰点。

这类隐私问题确实不适合在公共场合讨论。如果遇到类似的情况，建议家长私下和班主任沟通。这样，班主任既了解了孩子的情况，也能从教育者的角度给出更专业、更有帮助的建议，同时还能更好地保护孩子的隐私，避免事情变得复杂化。

所以，**在班级群里，一定要注意自己的言行，把握分寸，保护隐私，给孩子和自己都留一份尊重和安全感，同时营造一个积极的互动氛围，这样对大家都好。**

上面我为您总结了在班级群里沟通一定要避免的六件事。接下来，我从三个方面入手，教您如何做一个受欢迎的家长，同时也帮助您学会如何营造良好的交流环境。

第一，把握交流的频率。

在班级群里发言时，要记住一个原则：该说的时候才说，不该说的时候保持克制。班级群的主要功能是发布通知和进行家校合作，班级群不是日常闲聊的地方。为了避免重要信息被无关的聊天记录淹没，建议家长适当保持"隐身状态"。如果不是必须回复的信息，可以选择不发言，不要像在朋友群里那样随意畅聊，这样可能会给别人带来困扰。

不过，有些信息是需要您及时回应的。比如，班主任在群里征求意见或讨论某个问题时，您的及时回复可能对推进班主任的工作起到关键作用。如果每位家长都忽视了这些需要回应的信息，班主任的工作可能会被延误，甚至给大家带来不便。所以，需要发言时一定要积极参与，这样可以体现出您对班级事务的关心和配合。

通过适度的发言和及时的回应，我们不仅能够高效地参与家校沟通，还能让班级群保持简洁、有序的互动氛围。

第二，积极参与学校活动的相关讨论。

例如，在学校即将举办运动会或元旦晚会等活动时，家长可以在群里分享对这些活动的期待，并提出一些建议。在运动会期间，家长们可以商量为孩子们准备一些饮用水、藿香正气水，以预防中暑；也可以准备一些巧克力、能量棒等小零食，帮助孩子们及时补充体力。这些细节安排可以在班级群里讨论，并进行分工协作，为孩子们做好后勤保障工作，确保活动顺利进行。

除了这些建议，还可以在班级群里询问活动的具体安排和注意事项。比如，元旦晚会的时间和地点是什么？家长是否需要为孩子准备服装或化妆？有些学校会邀请家长到校观看孩子们的节目，这也是家长与孩子共度美好时光的好机会。了解这些具体事宜，能帮助大家提前做好准备，也方便家长们集思广益，为活动的顺利举行出一份力。

在班级群里共享这些信息，不仅有助于增强家长们的合作意识，也能为孩子们的活动提供更多支持。

第三，适度分享您的教育经验和育儿心得。

在辅导孩子学习的过程中，很多家长会遇到类似的问题，比如如何合理规划时间、如何提高孩子的学习效率，或者如何培养孩子的阅读习惯。如果您在这些方面有好的方法和经验，不妨在群里与其他家长分享。这样的交流不仅能帮助其他家长，也能促使自己在育儿过程中不断思考和提升。

此外，如果您有优质的学习资源，也可以在群里推荐给大家，比如，一些优质纪录片、学习 App。如果有家长需要这些资源，您的分享能够很好地帮到他们。以前我们班的家长就很喜欢分享这样的资源，让大家共同受益。

除了学习方面的经验，育儿方面的心得也可以交流。比如，孩子的行为习惯培养、如何处理孩子顶嘴、如何引导孩子解决撒谎等问题，这些都是家长普遍感到困惑的问题。如果您有效果不错的经验和方法，可以分享给其他家长，帮助大家少走弯路，更有效地解决孩子的问题。

总结来说，班级群是班主任发布通知、进行家校合作的地方，是一个公共平台。每个家长都要清楚在群里什么可以说、什么不可以说，什么可以做、什么不可以做。这样有助于营造良好的班级群氛围，为家长和老师创造一个良好的沟通和交流平台，为孩子的成长保驾护航。

4

沟通对了，能优化
孩子课堂表现，
提升成绩

和班主任沟通孩子的学习情况，千万别只谈分数

孩子的学习情况始终是家长最关注的话题。我一直强调，家长要和班主任保持良好的沟通，及时了解孩子的学习进展，这样才能更好地促进家校合作，帮助提升孩子的学习表现。我在前面提到过，家长可以在学期初、期中和期末三个时间节点与班主任沟通，了解孩子在不同阶段的学习情况。

不过，这三个时间点之间相隔大约两个月，有家长可能会担心：间隔时间是否太长？万一孩子在这期间出了问题，是否会错过及时调整的机会？

其实，大家要明白，这三个时间点的沟通主要是为了了解学期的整体规划和孩子在每个阶段的总体表现，是一项阶段性的工作。如果想更详细地掌握孩子每一步的学习进展，家长需要在平时对孩子的学习进行长期跟进。这也是很多妈妈选择全职在家带娃的原因之一。

那么，如果在平时发现孩子在学习上有困难或问题，家长能否随时与班主任沟通呢？

当然可以。如果家长自己无法独立解决问题，一定要及时与班主任联系，反馈孩子的学习情况。这样班主任可以及时了解情况，并采取措施帮助孩子解决问题或解答疑惑。

我个人非常注重孩子学习的过程，因为只要孩子每一步都走得扎实，最终的学习成绩就不会差。因此，我喜欢跟进孩子的学习进度，在问题出现的初期就帮助孩子解决，这样可以防止小问题积累成大问题，避免事后补救的麻烦。

然而，很多家长因为工作忙碌，难以时刻关注孩子的学习。比如，可能上次看到孩子考了 90 分，过段时间发现降到了 80 分。这往往是因为孩子在学习过程中遇到的小问题没有及时解决，后续的问题也没能预防，最终导致了成绩的波动。如果这个时候才去找班主任沟通，就可能会有一种"为时已晚"的感觉。当然，即便是问题已经积累，也可以通过沟通解决，只是过程会更加复杂，也需要投入更多时间和精力。

为了更好地解决孩子遇到的问题，并预防未来可能出现的困难，家长需要学会提前识别并处理这些问题。那么，应该如何做才能"防患于未然"？在什么时间点与班主任沟通，才能取得最好的效果呢？

接下来，我会分享三个时间点的沟通要点，以帮助家长更好地应对孩子的学习问题。

首先，第一个时间点是在学期初，这时与班主任沟通尤为重要，因为要了解这个学期的学习要求和规划。

我之前也提到过在学期初沟通的重要性，原因有二。

第一，您可以向班主任表达合作的意愿，同时传达自己的育儿理念、对孩子的期望和目标。这样，班主任就能更好地制定合理的班级目标和育人目标。

第二，您可以向班主任了解各学科的教学规划和要求。记住，班主任通常也是某一学科的任课教师，承担着学科教学任务。及时与班主任沟通，了解每门学科的规划，能帮助您在家里更好地配合老师，提前安排孩子的学习任务。

比如，语文课每学期都有规定的阅读任务，要求孩子阅读教育部指定的书目。如果您在学期初就了解这一点，就可以合理地安排孩子每日的阅读任务，确保按时完成任务。这样的规划能让孩子的学习有条不紊，避免因任务积压而影响学习质量，甚至影响孩子的身心健康。这就是我们常说的"未雨绸缪"。

此外，家长还可以和班主任详细沟通，了解每门学科的特点、教学目标，以及家长需要配合的工作。这些信息有助于您更清楚地了解各学科的要求，明确家庭辅导的方向，从而更有序地帮助孩子高效学习。

　　总之，学期初的沟通非常重要，它能为整个学期的家校合作奠定基础，也能让孩子的学习更有计划性和方向感。

　　接下来，第二个时间点是在考试之后。学期中期，特别是期中考后，是一个关键的沟通时机。这时候，您可以与班主任联系，了解孩子上半学期的学习情况，讨论孩子的优点和需要改进的地方，并为下半学期的学习指明方向。

　　需要注意的是，不必在每次单元考试后都找班主任沟通。过于频繁的沟通未必能带来理想的效果。通常情况下，孩子的学习状态是比较稳定的，除非遇到突发状况，否则成绩不会有很大波动。如果孩子的学习进展顺利，家长不必每次考试后都找班主任沟通，这样班主任可以将精力更多地投入到需要帮助的孩子身上。

　　适度的沟通才是最有效的。如果您发现孩子有明显的学习问题，或者他的学习状态出现了异常，这时再与班主任联系，了解孩子的具体困难，并跟进问题的解决进展。

　　这里要特别提醒：与班主任沟通时，千万不要只盯着孩子的分数。有些家长会因为孩子的成绩没有达到预期，而带着情绪去找班主任，这种行为是不可取的。

　　许多家长对分数过于执着，认为孩子必须考 100 分，99 分都不能接受。实际上，这种做法并不理智。考满分需要付出巨大的努力，而且难度很大，谁能保证考试时不犯任何错误呢？

　　有的孩子能考 100 分是因为他有 100 分的能力，而有的孩子则是通过大量刷题获得的高分，实际水平可能只有 95 分。所以，分数的高低并不能全面反映孩子的能力。

　　基于这一点，我建议家长，与其让孩子不停地刷题，不如让他们多运动、多阅读，或者做自己喜欢的事情，这样更有助于孩子的全面发展。

在与班主任沟通孩子的考试成绩时，您需要关注几个关键点。

首先，了解试卷的整体难度。如果试卷难度过大或过小，成绩的区分度就不够明显，分数的参考价值也不大。

其次，了解班级整体的考试情况。您可以通过询问老师对试卷的评价，或者通过孩子所在班级的整体情况来判断孩子考得如何。如果大多数孩子的成绩都不理想，可能是试卷的难度不合适；如果大多数孩子都考得不错，而您家的孩子成绩不理想，问题可能出在孩子身上，这时就需要进一步找原因。

最后，和班主任共同讨论孩子的问题，找出具体解决方案。孩子出现问题并不可怕，关键是早发现、早分析、早解决，不要等到小问题变成大麻烦，这样孩子才能在学习中不断进步。

因此，考试后的首要任务是分析试卷，找出孩子的问题所在，理解问题的根本原因，然后采取针对性的解决措施。这才是考试的真正意义所在。

除了学期初和考试后这两个重要时间点，如果孩子平时在学习上遇到问题或困难，家长也可以主动联系班主任。有些孩子在遇到困难时会主动告诉父母，比如不理解分数的加减法，不知道如何解题。这个时候，如果您能辅导孩子，可以和他一起解决问题；如果自己也不太懂，也可以和班主任沟通，把孩子的困惑告诉老师，方便老师在第二天的课上进行针对性讲解和加强。

但是，也有一些孩子自己可能意识不到问题，或者不知道如何表达。这时，家长就要学会观察，留意孩子的变化，从一些细节中发现问题。例如，孩子平时做作业速度很快，但最近明显变慢了，这可能不是因为习惯问题，而是孩子在某个知识点上遇到了困难。

遇到这种情况，家长可以和孩子聊聊，看看能不能引导孩子说出问题所在。如果孩子自己也说不清楚，可以检查他的作业，看看哪些题目不会做，错误率是否偏高，这也是很多家长坚持给孩子检查作业的原因。

　　说到检查作业，这确实是一个值得讨论的话题。有些专家认为应该引导孩子自己检查作业，而不是由家长代劳。但我个人认为，如果家长有能力，适当检查作业是可取的。

　　家长不一定要检查每一道题的正误，但至少应该了解整份作业的情况。原因有两个。

　　首先，班主任在课堂上是"一对多"的关系，不一定能关注到每个孩子的具体情况，因此孩子的某些问题可能没被及时发现。

　　其次，家长检查作业，可以了解孩子对知识的掌握情况。如果孩子错误较多，可能是因为基本概念没弄懂，这时家长可以引导孩子回到教材复习基础知识。如果解题方法不对，家长可以指导孩子养成良好的做题习惯，比如标记关键词、厘清解题步骤等。这些习惯的养成不可能一蹴而就，需要家长长期关注和指导。

　　当然，家长检查作业需要有足够的能力，如果自己解决不了问题，可以和班主任一起讨论，合作解决孩子的学习困难。通过这种沟通，班主任能看到家长对孩子教育的重视，也会更加关注孩子的学习情况。

　　总结来说，家长如果想了解孩子的学习情况，可以在学期初和考试后主动与班主任沟通；如果孩子在日常学习中遇到问题，要及时与班主任取得联系，将问题解决在萌芽阶段。简而言之，学期初沟通打基础，考试后沟通找方向，平时沟通解难题。班主任是孩子的引路人，家长是孩子的护航者，家校携手，孩子的成长才会更顺畅。

如何与班主任沟通，
改善孩子的课堂表现

　　每学期一开始，总有很多家长给我发私信，想了解孩子的上课情况。他们会关心孩子刚开学的状态如何，有没有适应，注意力是否集中，甚至担心孩子会在课堂上犯困。这种担心是可以理解的，因为假期里很多孩子的作息比较随性——晚上玩手机、追剧、聊天到很晚，白天睡到自然醒，这种情况并不少见。所以，家长担心孩子无法快速调整到学习状态。

　　平时，也有不少家长经常问我孩子的课堂表现。有的担心孩子走神、开小差；有的怕孩子上课和别人说话，影响记笔记；还有的特别关注孩子是否积极举手发言。

　　家长的这些顾虑源于课堂是孩子学习的主阵地，如果课堂学习效果不佳，课后再花几倍时间也难以弥补。但家长对课堂实际情况了解有限，心里难免忐忑。所以，家长想通过班主任了解孩子的课堂表现，这一点我非常理解和支持。

　　作为班主任，我也希望家长能与班主任紧密配合，共同关注孩子的学习状态。这种合作不仅有助于家长了解孩子，也能对提升孩子的课堂表现起到积极的促进作用。

　　家长了解孩子课堂表现主要有两种方式。

　　第一种是通过学校的开放日，家长可以亲自到学校听课。但这种方式存在两个问题：一是开放日的次数非常有限，一学期可能只有一次，难以全面、持续地掌握孩子的课堂表现；二是开放日的课堂往往带有"表演性质"，老师会精心准备，把最好的教学状态展示给家长，而孩子们也会因为家长的到来，上课特别专注，生怕表现不好被"收拾"。所以，这种方式很难反映课堂的真实情况。

第二种是通过与班主任保持长期沟通，持续跟进孩子的课堂表现。 这种方式更能全面地了解孩子在课堂上的真实的具体情况。

接下来，我会从四个步骤分享如何与班主任进行有效沟通，帮助家长全面了解孩子的课堂表现。

第一步，用提问引出话题。

与班主任沟通时，学会用问题作为切入点很重要。问题该怎么问呢？比如，直接问"孩子上课表现怎么样"，是否合适呢？

这样的问题太过宽泛，班主任可能不知道从何说起，或者只能笼统地回答"挺好的""注意力不够集中""爱讲话"等，既不深入也不具体。

所以，提问应该更有针对性。家长可以从以下三个方面向班主任提问。

（1）孩子是否主动表达个人观点

很多家长特别关注孩子是否举手发言，甚至会在意发言的次数。但实际上，发言的次数并不是最重要的。因为有些问题很简单，只需要回答"是"或"不是"，孩子举手回答并不能体现他们的思维能力得到了锻炼。

所以，更应该关注的是，孩子是否经过思考后主动表达了自己的观点。需要注意的是，年级越低的课堂往往越活跃，但这种活跃可能缺乏深度思考。如果一味地追求发言次数，而忽略发言质量，可能会让孩子误以为只要在课堂上足够踊跃就行了，而忽视了深入思考。这也是为什么有些孩子在课堂上看似活跃，课后做作业却容易卡壳。

（2）孩子是否积极参与课堂活动

沟通能力和合作能力是孩子必须培养的核心素养，因为在社会中，独自一人往往难以应对各种挑战，我们更多的时候需要与他人沟通与合作。这些能力正是通过日常的课堂活动和互动来锻炼的。

因此，和班主任沟通时，可以询问孩子是否积极参与课堂活动，是否与同学们进行有效的讨论和合作。这对孩子的社会化发展非常重要，家长不应忽视这一点。

（3）孩子是否有良好的记笔记习惯

记笔记是课堂学习的重要环节，有助于孩子课后复习和巩固知识。但这并不意味着每个知识点都要记下来。我建议孩子养成预习的习惯，先解决基础问题，把课上的时间集中用在听讲和解决预习中未理解的问题上，这样能提高课堂学习效率。

我要提醒您一点，课堂上从头到尾埋头做笔记的孩子，学习效率往往不高，因为他们缺乏深度思考。优秀的学生能够平衡听讲、思考和记录，而不是机械地记录所有内容。

通过这三个方面的提问，家长可以避免一些笼统、没有实际帮助的问题，更精准地了解孩子的课堂情况。同时，结合班主任的反馈，在家里对孩子进行针对性的引导和辅导，帮助孩子提高课堂学习的效率。

第二步，有困惑深入了解。

当您通过提问引出话题后，接下来要做的就是认真听班主任的回答。毕竟，班主任对课堂上的情况更为了解，尽量别打断他，多一些耐心。如果在听的过程中有疑问，可以等班主任讲完后再提出，深入了解孩子的具体问题。

比如，如果班主任提到孩子在课堂上做笔记的问题，您就需要具体了解问题的细节：是孩子根本不做笔记，还是不知道如何做笔记，或者是整堂课都在忙着做笔记？

不同的孩子在课堂上做笔记的需求和方式是不同的。学霸通常只记录重难点，因为他们通过课前预习已经解决了大部分的问题，课堂上更需要的是思考。

如果孩子是因为不会做笔记而遇到困难，您可以请教班主任是否有一些有效的记笔记方法。我个人推荐康奈尔笔记法，它能够大大提高孩子在课堂上做笔记的效率，建议了解一下。

第三步，向老师分享信息。

在家里，很多家长会陪着孩子做作业，监督他们完成任务。在这个过程中，家长不要只顾着玩手机游戏或刷短视频，不妨多关注孩子的学习状态，看是否存在问题。因为学习上的问题通常是普遍存在的，孩子在家里遇到的问题，往往也会反映到课堂上。

所以，在与班主任沟通时，您可以告诉班主任孩子在家里的表现，并询问孩子在课堂上是否也有类似的情况。您观察到的信息对班主任来说是非常有价值的，因为在课堂上，老师面对的是全班学生，可能无法完全关注到每个孩子，导致有些问题不能及时被发现。

比如，您发现孩子不能长时间集中注意力，可以告诉班主任，这样老师可以在课堂上通过提问等方式帮助孩子保持专注。如果孩子容易走神，您可以告诉班主任孩子走神时的表现，这有助于老师识别并调整孩子的课堂状态。如果孩子上课喜欢讲话，您也可以告知班主任，帮助他提前做好应对措施，保持课堂秩序。

总之，把您在家里观察到的孩子的性格特点或问题，分享给班主任，不管是学习上的问题还是行为上的表现，都能帮助班主任更好地了解孩子，从而帮助孩子提高课堂效率，提升学习效果。

第四步，懂感恩积极配合。

不同班主任对孩子的关注度不尽相同。如果对您的孩子关注较多，您应该心存感激。如果关注比较少，也不必责怪他。记住，在课堂上，班主任面对的是一大群学生，注意力是有限的。与其责怪，您更应该做的是为孩子争取更多的课堂关注。班主任的注意力有限，家长的配合就是孩子的"加分项"。具体该怎么做，我会在下一节详细讲解。

此外，您也可以向班主任表达自己愿意积极配合的态度。比如，如果孩子不知道怎么做笔记，您可以在家里教孩子如何做，或者帮助孩子提前预习，厘清课堂中的重难点。又如，如果孩子的专注力不足，您可以和孩子一起做一些提升专注力的游戏，如下棋或玩数独，帮助孩子在课堂上保持更长久的专注。

家长一定要明白，孩子的学习并不是老师一个人的事，您在家里也能发挥重要的辅助作用。知识的讲解是老师的责任，但孩子的行为习惯和专注力等问题，在家是可以得到提升和改善的。老师平时要关注的学生太多，不能面面俱到，这是现实情况，所以不能把所有责任都推到老师身上。

总结来说，课堂是孩子学习的主战场，家长和班主任的沟通就是最好的"助攻"。家长要通过具体而精准的提问，深入了解孩子在课堂上的表现，并在日常学习中发现问题，及时反馈给班主任，帮助其更好地管理课堂。虽然家长不能直接参与课堂，但您和班主任的沟通对孩子的学习将起到极大的辅助作用，不妨试试看。

只沟通，不行动，
等于沟通完全无效

在前文中，我分享了一些实用的方法，来帮助家长更有效地与班主任沟通孩子的课堂表现和学习情况。那么，沟通之后就算结束了吗？其实不然！

当您和班主任沟通后，回到家，您是怎么做的？是因为孩子表现不佳而批评责备？还是因为他表现优异而给予表扬和奖励？又或者什么都没做，既没有批评也没有表扬，完全不在意他的表现？

无论您回家后做了什么，我都想请您思考一个问题：您与班主任沟通的真正目的是什么？我相信，您不是为了聊天，而是为了发现孩子的问题，找到解决办法，并且与班主任合作，帮助孩子进步。因此，沟通后，您的任务并没有结束，接下来的跟进和落实才是最关键的部分。

沟通只是第一步，真正重要的是您回家后怎么做。正确的做法是继续关注孩子的表现，和老师保持联系，一起帮助孩子改进。这才是沟通的真正意义所在。

与班主任沟通后，家长的后续处理对孩子的成长影响很大。为避免常见误区和实现有效引导，我总结了"三忌三应"，希望对您有所启发。

一忌：情绪失控，随意责备。

当班主任告诉家长孩子上课表现不好、作业质量差时，很多家长一听就发怒了，回到家二话不说，直接对孩子进行批评，有的家长甚至还会动手，弄得家里鸡飞狗跳。

其实，这种反应更多是家长在发泄自己的情绪。有的家长觉得，自己辛辛苦苦工作，就是为了给孩子提供更好的教育，让他学到更多知识，有个好未来。结果孩子不争气，家长特别失望，甚至有种"恨铁不成钢"的感觉，因此失去理智。还有些家长觉得，孩子表现不好，让自己丢了面子，所以特别生气。无论是什么原因，这种情绪化责备的方式都是不对的。

作为家长，一定要明确沟通的目的是什么。反问自己：这种情绪化的责备，真的能帮到孩子吗？和班主任以及孩子沟通，不是为了发泄情绪，而是为了了解孩子的情况，寻求解决办法。如果您一回家就发火，孩子可能会害怕跟您交流，因而伤害亲子关系。

所以，**情绪失控是教育的大忌，冷静分析才能找到问题的根源，别让情绪毁了亲子关系**。冷静下来，跟孩子聊一聊，理解他面临的困难，才能真正地帮到他。

二忌：讥讽挖苦，过度夸奖。

有的家长得知孩子表现不好，虽然没有情绪失控，但喜欢用冷嘲热讽的方式说话。比如，我有个亲戚，每次听到孩子表现不好，就会不断地讽刺孩子。她经常说："你这个表现还想上大学？我看你只能上'牛筋大学'。"（"牛筋大学"是四川、重庆的方言，意思是没出息。）或者是："你不认真学习就算了！回来接我的班种地吧！"她不仅在家里这样嘲讽孩子，还在亲朋好友面前毫不顾忌，随口就来。听到这些话，孩子的脸色特别难看，心里也很难受。

尤其是孩子进入青春期后，对这种话特别敏感，要么直接反驳，要么把卧室的门反锁，不愿意和家长沟通。结果，他就成了妈妈眼中的"问题孩子"。所以说，**冷嘲热讽不是激励，平等沟通才能让孩子敞开心扉。尊重孩子，他才会尊重您**。

同样的道理，有些家长在孩子表现优异的时候过度表扬，比如不停地说："我家宝贝最棒了！""妈妈好爱你呀！""你为爸爸妈妈争光了！"或者直接给予物质奖励。虽然看起来是鼓励，但长此以往，孩子可能会觉得，学习的目的只是得到奖励或夸奖，反而失去了内在的学习动力。

三忌：光说不做，无实际行动。

有时候，班主任会向您反馈孩子在学习上的进展和存在的问题。很多家长在回家后，要么对孩子进行表扬，要么进行批评，然后就觉得任务完成了。他们认为，通过表扬或批评，孩子就能自然地改正态度、解决问题。然而，光靠说几句，孩子的问题并不会自动解决。

比如，经常有家长向我抱怨，他们在家里不断提醒孩子要改正粗心的问题，要背好单词，但孩子依然粗心大意，记不住单词。这背后的问题，就是家长只停留在"说"的层面上，并没有真正帮助孩子解决问题。记住，光说不做，问题不会自动消失。

了解孩子的问题后，家长的任务不仅仅是批评或提醒，而是要和孩子一起分析问题，找到原因，然后制定具体的解决方案。只有这样，才能真正帮助孩子进步。

家长朋友们，上面的"三忌"，您有没有中招呢？一定要经常反思，避免犯类似的错误。

讲完这"三忌"，接下来我们再来聊聊跟班主任沟通后，到底该做什么，才能把班主任的建议落到实处，真正帮助孩子解决问题。我总结为"三应"，下面一一阐述。

一应：冷静分析，找到孩子真正的问题。

与班主任沟通后，他可能会指出孩子的某些问题，但这些问题是否完全准确呢？不一定，您不用照单全收。毕竟，一个班有几十个学生，班主任未必能对每个孩子都了如指掌，有时对问题的判断也可能出现偏差。

所以，一定要将自己平时对孩子的观察与班主任的说法进行对比，冷静分析，找出孩子真正存在的问题。这也是为什么我一直强调，家长要多观察孩子的学习情况。这不仅能帮助班主任更了解孩子，为孩子制定个性化的教育方案，也能帮助您更清楚地了解孩子真正的问题。

二应：进一步沟通，找到解决办法。

和班主任的沟通，通常不是一次就能解决问题。第一次沟通，可能只是了解了孩子的学习情况和问题，但这只是个开始。明确问题后，接下来还需要和班主任进行多次沟通，深入探讨孩子出现问题的原因，并一起寻求解决办法。这一步非常关键，因为班主任在教育方面更专业，掌握了更多的教育方法和技巧，能给您提供更有效的帮助。

不要指望一次沟通就能解决所有问题。很多问题的形成是长期积累的结果，解决起来需要时间。因此，家长要和班主任保持长期沟通，持续关注孩子的情况，直到问题真正解决。

除了分析问题，家长还需要和班主任合作，一起帮孩子改进。这种合作关系也需要通过多次沟通来建立。所以，和班主任保持良好的沟通和合作，是帮助孩子进步的关键。

三应：与孩子沟通，帮助孩子解决问题。

孩子是家校沟通中最重要的角色。还记得第二节提到的学生、家长和老师的三角关系吗？学生被放在最上方，因为无论是家长还是班主任，都是在为孩子的成长服务，帮助他成为更好的自己。作为主角，孩子应该主动参与问题的解决。家长要和孩子多沟通，帮助他认识到自己的问题，分析原因，并一起找到合适的解决办法。

总之，**沟通只是开始，关键是怎么落实。冷静分析问题，和班主任、孩子多沟通，才能真正帮助孩子成长。**

在和孩子沟通时，家长要注意三个关键点，这样才能更有效地帮助孩子解决问题。具体是哪三点呢？我们接下来详细聊聊。

第一，与孩子平等沟通。

很多时候，我们在和孩子说话时，会不自觉地用一种居高临下的态度，用命令的语气要求孩子去做事。比如："快去写作业！""别玩了！"但您这种方式效果真的好吗？

您可以回想，当您命令孩子时，他的反应是什么？是乖乖听话？心不甘情不愿？还是直接顶嘴、不耐烦？不少家长向我抱怨，说孩子爱顶嘴、不听话。其实，这就值得我们反思：平时是怎么跟孩子沟通的？您的语气和方式够平等吗？

比如我前文说的，我的学生小Q，他们家每周都会举行一次由孩子主持的家庭会议，让孩子作为会议的主导者，由他来安排议程。他们家的氛围非常融洽，几乎没有亲子矛盾。

所以，家长们也可以试试这样来做：家里有什么计划，您可以让孩子参与制订；父母之间有什么问题，可以提出来讨论，和孩子一起商量解决方案，即使暂时找不到好办法，孩子也有知情权，因为他是家庭的一分子；孩子有什么问题，也可以提出来讨论，父母提出自己的看法，和孩子一起分析问题，共同探讨解决问题的方案。

在这种沟通模式中，父母不再是高高在上的"绝对权威"，而是平等对话的参与者。交流过程中没有命令或禁止，只有建议。

家长朋友们，如果您以平等的方式和孩子沟通，孩子会更愿意表达真实想法，甚至可能提出很有价值的建议。对于自己的错误，他也会用更开放的态度去面对。这种沟通方式，不仅能让孩子感受到尊重，而且有助于问题的解决。

第二，跟孩子就事论事。

和孩子交流问题时，一定不要带着情绪，因为孩子很会察言观色，对家长的情绪十分敏感。一旦您生气发火，孩子就会紧张，不敢说出自己的真实想法。您要做的，是心平气和地跟孩子聊问题，告诉他："'失败是成功之母'，有问题不可怕，它是咱们成长和进步的阶梯。"然后一起分析问题，找到解决办法。

我有个习惯，每次考试之后都会第一时间分析孩子们的成绩，对他们取得的进步给予肯定和表扬，对他们存在的问题也会做详细的分析。在分析试卷的时候，我会将孩子们的问题分为三类：

第一类，粗心导致的问题；

第二类，知识点和做题方法掌握不牢固导致的问题；

第三类，超出孩子能力的问题。

对于第三类问题，我不会苛求孩子们一定要做对，尽力就好。针对第一类和第二类的问题，我会帮助孩子们分析具体原因，让他们知道自己为什么会错。如果是知识点没"吃透"，就回到书本上反复加强；如果是做题方法不对，我会带着他重新熟悉做题方法；如果是粗心导致的错误，那也要明白粗心背后的具体原因。

总之，对这几类问题的分析，我会做到客观冷静，不批评、不打击，尽量让孩子们明白问题出在哪里，并知道如何改进。正是因为这样，我们班的孩子特别喜欢找我分析试卷。哪怕是周五放学的时候，他们也会排队等着。因为他们知道，通过试卷分析，自己能更清楚地找到问题和改进方向，成绩也能提升。

平等沟通，孩子才会愿意听；就事论事，问题才能有效解决。别让情绪和偏见影响了您的判断。

第三，给予孩子鼓励与期望。

和孩子沟通结束时，不要忘了鼓励他，同时对他提出明确的期望。这一步很重要，因为它不仅能给孩子加油打气，还能帮他设定目标，让他知道您对他的期待。

比如，每次我和孩子分析完试卷后，都会让他们设定下一次的分数目标。当然，这个目标不能随意设定。如果孩子这次考了 80 分，就直接要求他下次考 95 分，这不太现实。我会引导孩子把试卷上的问题分为三类，找出完全不会的题目，减去这些分数，剩下的就是孩子下次努力的目标。这样基于孩子的实际情况设定目标，既有挑战性，又不至于让孩子觉得遥不可及。

同时，我会告诉孩子："这些因为粗心而犯下的错误，或者因为知识点不熟悉和方法不熟练造成的错误，是完全可以通过努力解决的。你有这个能力，我也相信你一定能做到，咱们一起加油吧！"虽然这句话很简单，但长期坚持表达这样的信任和鼓励，孩子会真正感受到您的支持，并朝着目标不断努力。事实证明，这种方法真的帮助了很多孩子，让他们取得了进步和成长。

最后，我们再来聊聊教育的本质。您知道 educate（教育）这个单词的内涵吗？它是由前缀 e-（向外、出来）加词根 duc-（引导）组成的，它的含义就是"将……引导出来"。教育的本质，其实就是引导孩子发现问题、分析问题并解决问题的过程。在这个过程中，孩子才能一步步地成长和进步。

如果我们选择用打骂的方式教育孩子，只会把孩子的自信一点点"压"下去，让他们变得越来越矮小——这里的"矮"，是指心理上的挫败感和对自己的否定。久而久之，孩子可能会变成我们最不希望看到的样子。所以，与其"压"孩子，不如通过耐心和引导，让他们在解决问题的过程中逐渐强大起来。

总结来说，和班主任沟通完孩子的学习情况后，千万不要因为情绪失控而责备孩子，也不能一味表扬，更不能停留在只沟通而不落实的层面上。重要的是，要和孩子平等沟通，就事论事，一起发现问题、分析问题，然后找到解决办法。在这个过程中，多鼓励孩子，相信他们有能力改进和成长。只要方法得当，孩子一定会朝着您期待的方向发展。我们一起加油吧！

如何沟通，才能让老师
在课堂上关注到孩子

在前面的小节中，我们提到如何了解孩子的课堂表现，也强调了课堂是孩子学习的主阵地，班主任的关注对提高孩子的课堂效率和专注度非常重要。那么，家长能否通过和班主任的沟通，为孩子争取更多的课堂关注呢？

答案是肯定的。接下来我们就来聊聊，家长该如何做，才能帮孩子赢得更多的课堂关注。

首先，我们需要明白，什么样的学生容易得到班主任更多的关注。总结下来，我认为有三类学生是班主任关注的重点。

第一类，能够推进课堂教学的学生。

老师希望课堂上的所有孩子都能积极参与，主动回应教学内容，这样课堂才会变得生动有趣，教学效果也会更好。如果一堂课上，老师提出问题而学生都沉默不语，课堂气氛就会变得很沉闷，甚至会影响教学进度。但如果有学生主动回答问题、参与讨论，老师的热情就会被点燃，课堂也会更高效。所以，班主任往往会对那些乐于表达、积极配合的学生给予更多关注。

第二类，可能会阻碍课堂进程的学生。

经常听到有人说，老师最关注的是"优生"和"差生"，其实这并不完全准确。真正吸引班主任注意的，除了能推进课堂教学的学生，还包括那些可能会扰乱课堂秩序的学生。比如，班里一些特别活跃、调皮的孩子，他们可能会随时打断老师的教学进程，影响课堂纪律。这类孩子通常也会成为班主任的"重点关注对象"，以便及时引导他们回归正轨。

第三类，与班主任建立了"强纽带关系"的学生。

所谓"强纽带"，就是指和班主任有良好关系的学生。比如班干部、爱提问的孩子、频繁和老师互动的孩子，甚至是班主任潜意识里比较喜欢的学生。这些孩子因为和老师的关系更紧密，往往会获得更多的关注和支持。这一点很好理解，就像我们更愿意和喜欢的人多聊几句一样，班主任对自己"喜欢"的学生，自然也会多加照顾。

明白了班主任的关注点，就能够"投其所好"，为孩子争取到更多的关注。下面，我给您三个建议。

第一，告知班主任孩子的优点，让他为课堂所用。

家长都希望班主任能够多关注自己的孩子，让孩子多回答问题，这当然是合情合理的诉求。然而，现实是，一个班有几十名学生，班主任不可能面面俱到，照顾到每个孩子。那么，除了提要求，家长还能做点什么？

其实，我们可以换个思路：孩子能为班主任做些什么？孩子有没有什么闪光点，能够帮助班主任更好地推进课堂教学？带着"筹码"去沟通，效果往往会更好。

比如，您的孩子朗诵特别好，可以帮助班主任在语文课上带读课文；或者您的孩子思维活跃，善于提出独到的见解，那么在课堂讨论遇到难题时，他能站出来推动教学的顺利进行。这样的"助力"，既能展现孩子的优势，也会让班主任更愿意关注他。

学生小 T 的案例极具代表性。小 T 性格开朗外向，对英语歌曲有很浓厚的兴趣。她妈妈告诉我，小 T 有一套独特的方法，能很快学会复杂的英语歌曲，包括节奏感很强的说唱。更厉害的是，她还积累了一个庞大的英语歌曲库。

得知这些情况后，我如获至宝！因为我们班每周都会安排学一首英语歌曲，既能调节学习氛围，又能培养孩子们对英语的兴趣。但说实话，这件事对我来说很头疼——教学任务繁忙，我很难花大量时间带孩子们学歌。而在得知小T的才能后，我把这项任务交给了她。

她的教学方法特别有效：第一遍带着同学们熟悉歌词，重点标出断句、连读、弱读等关键点；然后逐句练读歌词，确保大家能流畅地读出来；最后加上旋律，开始学唱。在她的指导下，同学们常常能在一节课内学会整首歌，这是我之前根本做不到的。从那以后，每周的英语歌曲学习就成了小T的"专场"，她也成了我的得力助手。

由此可见，如果您的孩子有某方面的闪光点可以为班主任所用，一定要告诉他。如果仅向班主任提要求，可能未必会得到积极回应。但如果孩子能为班主任带来便利，帮助他推进课堂教学，孩子就更容易获得班主任的关注。这种双赢的方式，不仅能发挥孩子的优势，也让家校合作更加融洽、更加高效。

简而言之，**想让班主任多关注孩子，不妨先想想孩子能为老师做点什么。孩子的优点就是最好的"筹码"，帮助老师推进课堂教学，自然就会赢得更多关注。**

第二，告知班主任孩子的问题，让他多留意。

每个孩子的性格特点都不尽相同。有的孩子文静听话，有的活泼好动，还有的情绪波动比较大，容易激动。面对不同性格的孩子，班主任投入的精力和注意力自然也会不同。除了关注那些表现积极、能为课堂带来正向推动的孩子，老师也会特别注意那些调皮捣蛋、扰乱课堂秩序的学生。

如果您的孩子属于活泼好动型，或者偶尔有情绪不稳定的表现，建议您提前跟班主任沟通，把孩子的特点告知他，让班主任有所准备，并请求班主任给予孩子更多的关注。这不仅有助于维护课堂秩序，也能避免一些不必要的冲突。

有些家长可能会担心："我把孩子的问题告诉班主任，他会不会对孩子另眼相看？"其实，这种顾虑完全没必要。如果您的提醒是出于善意，大多数班主任都会理解，并因此更留意孩子的情况。

我来举个例子，我们隔壁班的小D同学情绪特别敏感，听不得一点批评，也不能接受被老师忽视。如果需求得不到满足，他可能会完全失控，比如哭闹、扔东西，甚至冲出教室。而他的家长因为担心老师"贴标签"，选择隐瞒了这些情况。结果有一次课堂上，班主任因为没有叫他回答问题而"忽视"了他，小D当场发怒，把桌子掀翻，还冲出了教室。这一幕让班主任和全班同学都目瞪口呆。

事情发生后，班主任联系了家长，才了解到小D情绪化的性格特点。从那以后，班主任在课堂上特别关注他的情绪，经常给予表扬和肯定，让他感受到被重视。慢慢地，小D的状态逐渐稳定下来，课堂上也不再出现类似的"爆发"。

所以，如果您的孩子也有类似的问题，一定不要隐瞒，要提前告知班主任。这样，班主任才能做好预案，采取适当的措施，不仅能维护课堂教学的有序进行，还能帮助孩子和老师建立更融洽的师生关系。最终，这对孩子的成长和学习都有极大的好处。

简而言之，**不要害怕说出孩子的问题，提前沟通，班主任才能更好地帮忙。坦诚相告，班主任会更理解孩子，也能避免不必要的课堂冲突。**

第三，从情感入手，搭建起心灵的桥梁。

还有一类更容易得到关注的孩子，就是那些和老师建立了良好关系的学生。这样的孩子能够与老师进行良性互动，在课堂上自然会更容易受到老师的关注和帮助。

我一直建议家长鼓励孩子争取担任班干部或课代表，这不仅能培养孩子的责任感，也能为他们争取更多与班主任互动的机会。**班干部不只是一个头衔，更是孩子和老师互动的机会。**让孩子主动分担一些力所能及的任务，成为班主任的小助手，自然会赢得更多信任和关注。

有些家长可能会抱怨，班主任似乎更"偏心"班干部或者家委会成员的孩子。虽然这种情绪可以理解，但我们也要看到，这些孩子确实为班级做了不少贡献，班主任给予他们更多的关注也是情理之中的事。

除了鼓励孩子主动争取班干部的职位，在日常家校沟通中，家长也可以帮助孩子与班主任建立更紧密的联系，拉近他们之间的距离。有些家长在这方面就很有智慧。他们懂得通过孩子的情感和行为，让班主任感受到自己被认可和尊重。

比如，我们班有位小C同学，他的爸爸曾经在一次交流中对我说："老师，您知道吗？我家小C特别喜欢您，回家后总是提起您的课堂趣事。上周五接他放学的路上，他一路都在车上讲您的故事。"接着他还补充道，"小C平时很少这么认可一位老师，听到他这样说，我就知道，您已经走进了他的内心。"

说实话，听到这样的话，我心里特别高兴，也更愿意多关注小C。事实证明，小C也没让我失望，第一学期结束时他的英语成绩直接跃升到班级第二名，后来就再也没下过140分。

还有一次，小P同学的妈妈私信告诉我，孩子从前性格孤僻，学习兴趣不高。但有一次我给全班孩子写了圣诞贺卡，她发现小P的变化非常明显。我在贺卡中写道："小P同学，你是一个聪明又懂得感恩的孩子。在我心中，你的英语水平一直是130分的水准。加油！我相信你！"小P妈妈告诉我，孩子回家后把贺卡放在了书桌最显眼的位置，常常拿着贺卡看了又看。

小P妈妈表达了对我的感激，也拜托我多给孩子一些关注。听到小P妈妈这么暖心的话，我怎么会拒绝呢？由于我更多的关注，小P对英语投入了更多的时间和精力，最终在升学考试中取得了130多分的优异成绩。

这两个案例让我更加相信，家长通过传递孩子对班主任的认可和感激之情，可以为孩子赢得更多的关注和支持。当班主任感受到被尊重和信任时，他们自然更愿意接纳您的建议，也更乐意为孩子多花一点心思。这种情感上的桥梁，不仅拉近了您和班主任的距离，也为孩子创造了更好的学习环境，帮助他们获得了更多的成长机会。

　　当然，如果孩子没有做过这样的事，千万不要自作主张编造一些谎言，欺骗班主任。因为没有发生的事，班主任可能一下就识破了，这不仅不能帮助孩子争取到更多的关注，可能还会引起班主任的反感，这就是好心办了坏事。

　　简而言之，情感是桥梁，能让孩子和老师"心连心"，传递孩子的认可和感激，班主任会更愿意为孩子多花心思。

　　总结来说，要帮助孩子获得更多的课堂关注，家长需要和班主任保持良好的沟通，告诉班主任孩子的优点和能够为课堂带来的积极影响。如果有需要班主任特别留意的事情，也要提前告知。真诚地沟通，拉近与班主任之间的心理距离，可以建立起更好的合作关系，也能为孩子争取到更多的关注和支持。

孩子上课举手总被忽视，
如何沟通更有效

　　家长和班主任沟通时，孩子的课堂表现是一个绕不开的话题。因为课堂是孩子学习的主阵地，如果孩子在课堂上注意力不集中，势必会影响学习效果。因此，家长对孩子的课堂表现十分关注，这是完全可以理解的。

　　我之前在"如何与班主任沟通，改善孩子的课堂表现"和"如何沟通，才能让老师在课堂上关注到孩子"这两篇文章中，已经详细分享了一些实用策略，教家长如何从不同维度了解孩子的课堂表现，以及如何帮助孩子在课堂上争取更多关注。如果您感兴趣，不妨回过头再看看，希望这些内容能给您带来启发。

　　做自媒体这些年里，我收到过很多家长的私信，都在反映孩子上课举手却总被忽略的问题。有家长会问我："孩子上课举手总是不被点到，我要不要和老师沟通？"其实，我完全能理解家长的心情。因为许多家长并不清楚如何准确了解孩子在课堂上的学习状态，所以会把"是否举手"作为衡量孩子是否认真听课的一项重要指标，尤其是对低年级的孩子来说。

　　在很多家长看来，课堂举手是孩子认真听课的标志，意味着孩子在跟着老师的思路思考；同时，积极回答问题不仅能获得老师和同学的正面反馈，对孩子自信心的培养也有很大帮助。此外，孩子多举手，确实能够让老师多关注他，这在家长眼中也是课堂表现优秀的体现。

　　因此，有些家长每天接孩子放学时，会特别关注孩子的课堂互动情况，总是问："今天上课认真吗？举手回答问题了吗？老师有没有表扬你？"这样的关注也会潜移默化地影响孩子。家长对"举手"关注多了，孩子也就越来越在意，因此得失心也就重了。如果孩子多次举手都被忽略，自然会感到失落，甚至向家长诉说自己的不满。

在听到孩子的抱怨后，很多家长就有了情绪。他们通常有两种担忧。

其一，家长会怀疑是不是老师对孩子有意见，甚至联想到是不是自己曾经无意中得罪了老师，所以老师对孩子"另眼相待"。

其二，家长会担心孩子因为举手被忽略而认为老师不喜欢自己，从而影响孩子在课堂上的积极性。这样的想法，可能会让家长进一步担心孩子的上课质量，甚至认为这会拖累孩子整体的学习状态。

于是，有家长来问我："这种情况下，我们是否要找老师沟通？如果需要沟通，如何沟通才有效呢？"

我想特别提醒家长朋友们：在决定是否找老师沟通之前，先稳住自己的情绪，理性思考。问问自己：孩子上课举手真的那么重要吗？

其实，孩子上课举手，可能并没有您想象的那么重要。很多时候，举手仅仅是一种"低层次"的课堂参与形式，深度思考和积极互动才是关键。

根据我的观察，老师在课堂上提问，背后都有不同的目的，也会倾向于选择不同类型的学生来回答问题。而老师在课堂上的提问大致可以分为以下三类。

第一类，基础性提问。

这种提问主要是为了复习和检查学生对基础知识的掌握情况。这种提问，老师通常会选择基础薄弱的学生来回答。这样做有两个好处：一是能让更多孩子参与到课堂中来；二是能及时了解这些孩子对基础内容的掌握情况，帮助他们巩固知识。说白了，这类提问就是为了"查缺补漏"。

第二类，策略性提问。

这一类提问更像是老师出于课堂管理秩序而采取的一种策略。例如，发现某些孩子上课走神、讲话时，老师会通过提问的方式把他们的注意力拉回课堂。这类提问更多是为了维持课堂秩序或引导注意力，而不是为了考查学生的深度思考能力。简单来说，就是"提醒你该认真听课了"。

第三类，启发性提问。

这类提问的难度较大，往往需要学生具备较强的思考能力和表达能力。老师通常会选择那些善于思考、表达能力强的学生来回答，目的在于推动课堂的深入讨论。启发性提问不仅能检验孩子的理解能力，还能启发其他学生思考，为课堂带来更深层次的价值。

前两类提问大多属于"浅层次"的范畴，对学生深度思考的要求相对较低，尤其是在低年级的课堂中，这两类提问会占据主导地位。而到了高年级，随着孩子能力的提升，第三类启发性提问会越来越多，课堂的要求也会逐步提高。

如果您发现孩子的基础还不错，但在思维深度上稍显不足，那么他就属于"中间层"的学生。这类孩子在课堂提问环节中很容易被忽视，因为他们既不是基础特别薄弱需要重点关注的学生，也不是思维活跃、表现突出的学生。他们通常表现得很稳定，不会给老师带来额外的"麻烦"，也没有特别突出的表现，所以在课堂提问中，确实有可能被老师无意中忽略。

不过，您需要了解一个现实：课堂时间非常有限。除去老师讲解、同学练习的时间，真正留给学生回答问题的时间其实并不多。老师可能无法每节课都照顾到每个孩子的情绪，这种"有限性"是我们需要理解和接受的。

通过了解课堂上的提问类型，相信您对孩子举手是否被点名的问题有了更全面的认识。不要只盯着孩子举了几次手，而要关注他是否真正参与了课堂。

比如，您可以关注孩子是否养成了记笔记的习惯，是否能主动表达个人观点，或者是否积极参与课堂活动。这些方面比单纯地举手更能反映孩子的学习能力和课堂参与度，也对孩子的能力提升更有帮助。我在"如何与班主任沟通，改善孩子的课堂表现"一节中就详细提到过这一点，感兴趣的话可以回头看看，希望能给您一些启发。

另外，在"如何与班主任沟通，改善孩子的课堂表现"一节中，我还总结了三类最容易引起老师关注的学生类型，我们一起来看看。

第一类，能推进课堂教学的学生。

这些孩子具备较强的深度思考能力，能针对有难度的问题给出独特的见解，甚至通过自己的表达引导全班找到答案。他们的积极参与不仅能感染其他同学，也能为课堂营造良好的学习氛围。说白了，这类孩子就是课堂上的"小老师"，老师自然会对他们多关注一些。

第二类，会阻碍课堂进程的学生。

这类学生可能因为注意力不集中、课堂纪律问题而引起老师的关注。虽然这种关注带有一定的"矫正"性质，但好歹也是一种课堂关注嘛！

第三类，与老师建立了"强纽带关系"的学生。

比如班干部、喜欢提问的孩子，或者在课下与老师互动较多的孩子。他们因为与老师互动频繁，自然会得到更多的青睐。毕竟，人与人之间的感情是相互的，老师也会更关注那些和自己有更多交流的学生。

因此，当孩子抱怨自己举手却没被点名时，我们可以引导他从另一个角度入手，努力提高自己的课堂参与度。比如，鼓励孩子在课堂上多深入思考，积极参与讨论，勇于发表自己的见解。要做到这一点，家长可以和孩子一起制订预习计划，提前了解即将学习的内容，找到重难点，并提前思考相关问题。这样，孩子在课堂上就会有更多信心主动发言。

同时，您还可以引导孩子课下多和老师互动，比如，主动问老师问题，或帮老师做一些力所能及的事，比如拿书、分发作业等。这些小事虽然简单，却能在老师心里留下好印象。说到这里，我偷偷分享一个我小时候被老师喜欢的"小秘诀"：主动帮老师拿书、抱作业，甚至偶尔帮老师批改听写。因此老师非常喜欢我，自然在课堂上也经常让我回答问题。

总之，课堂关注不仅仅是靠举手得来的，更多的是通过积极参与、深入思考和与老师的良好互动争取来的。

如果您觉得还是有必要和老师沟通孩子上课举手被忽视的问题，那么在沟通时一定要注意方式方法。我总结了三个需要特别注意的内容和您分享。

第一，选择合适的时间和方式。

老师特别是班主任，工作非常忙碌，因此我们在沟通前，最好先发信息预约时间，避免突然打扰老师的工作或休息。至于沟通方式，可以根据实际情况选择以下三种。

①微信沟通。微信沟通最方便，但老师可能不会立即回复，因为微信不是实时沟通工具。老师在看到消息后，通常会第一时间回复您。

②电话沟通。如果需要更即时快速的交流，电话沟通是个不错的选择，但记得提前预约时间，避免打扰老师。

③面对面沟通。如果您每天接送孩子时都能碰到老师，可以利用这个机会进行面对面交流，这也是一种高效的沟通方式。

这三种方式各有优劣，我在之前的章节中都有论述，如果您记不清了，可以回头再看看。具体选择哪种方式，不能一概而论，关键是看哪种方式更适合您和老师的实际情况。

需要特别强调的是，无论选择哪种沟通方式，都要避免在班级群里直接交流。因为这只是涉及您家孩子的事，和其他同学、家长没关系。在群里交流，不仅会占用公共资源，还可能引发其他家长的负面情绪，甚至破坏群内的和谐氛围。

第二，掌握必要的沟通技巧。

和老师沟通时，除了选对时间和方式，掌握一些沟通技巧也是很重要的。有时候，沟通的开场方式会直接影响后续交流的氛围和效果。

有的家长一开口就问："老师，我家孩子是不是调皮捣蛋了？他有没有违反纪律？"虽然这样的开场简单直接，但它传递的却是负面信号。这种表述容易让老师的关注点转移到孩子的缺点上，导致谈话从一开始就陷入不愉快的氛围。

为了让沟通更顺畅，我建议您试试这样的开场："老师，我们家孩子很喜欢听您的课，总是说您的课非常有意思，他很爱听。他还说，课堂上有很多同学争着回答问题，他也想积极参与。我经常在家鼓励他多举手发言，不知道他最近表现怎么样？我悄悄问问，顺便来了解他在学校的其他情况。"

这样的表述有几个好处。

首先，传递出对老师的肯定。孩子喜欢老师的课，说明老师的教学风格吸引人，这种正向反馈会让老师感受到自己的努力被认可。

其次，展现了家长的关注和用心。家长的积极引导和鼓励，体现出对孩子学习的重视和支持。

再次，聚焦孩子的优点。引导老师关注孩子的闪光点，而不是围绕孩子的不足展开。

通过这样的表达，您不仅能让老师感受到认可，还为对话奠定了轻松愉快的氛围。在这种氛围下，老师通常会更愿意分享孩子在学校的表现，也更容易给予孩子积极的反馈。当孩子感受到老师对自己的欣赏和肯定时，他会更加积极地参与课堂活动，也更愿意主动和老师互动。这种良好的师生关系不仅会提升孩子的课堂表现，还会对他的学习动力和成长起到积极的促进作用。家长朋友们，您感受到语言的力量了吗？

最后，我想提醒家长，一定要和老师保持长期的沟通。这种沟通不仅能让老师更好、更全面地了解孩子的情况，更体现了您对孩子成长的用心和关注。而您的态度也会反过来影响老师，让老师对孩子投入更多关注。

第三，保持持续的沟通和交流。

有些家长可能会觉得和老师没什么可聊的，沟通的内容总是围绕学习成绩、课堂表现，或者孩子和同学的相处情况。这些当然很重要，但如果只限于这些话题，很容易让沟通变得单一，逐渐让您和老师变得无话可说。

其实，孩子的成长不仅仅体现在成绩上，还包括学习习惯、活动参与、人际交往、时间管理等多个方面。与老师沟通这些内容，不仅能帮助您更全面地了解孩子的成长轨迹，还能让老师看到孩子在不同领域的表现，认识到一个更完整、更立体的孩子。这种全面的沟通，会让老师更容易因材施教，为孩子设计个性化的教育方案。

通过多方面的交流，老师也可以清楚地知道您的育儿观——您关注的不仅是孩子的学习成绩，更是孩子的全面发展。这种沟通方式，还能帮助老师调整育人目标，与您的期望更好地结合起来，实现家校合作的效果最大化。

总结来说，家长不要把课堂上孩子举手的作用看得过于重要，更不要因为孩子举手没有被老师点名，就对老师产生消极的情绪。举手确实是孩子认真听课的一种表现，但它可能只是浅层次的参与，并不足以提升孩子的学习能力。如果您觉得孩子举手被忽视了，确实需要和老师沟通，那么请一定要注意沟通的方式和方法。在沟通时要善于运用技巧，让您和老师的沟通达到预期的效果，对孩子起到积极的作用。

什么情况下，
应该找班主任沟通换座位

　　以前做班主任的时候，我常常会收到家长发来的信息，说想给孩子换座位。其实，要求换座位本身没问题，但关键是要有一个合理的理由。比如，孩子个子比较矮，不适合坐在最后一排；孩子有斜视，为了避免情况加重，希望能避免坐在教室两侧的座位……如果理由是合理的，班主任一般都会考虑调整。

　　但是，很多家长的换座位要求并不太合理。举个例子，有家长说孩子近视了，希望调到前排。这看起来是为孩子好，但其实这个问题完全可以通过配眼镜来解决。试想如果所有近视的孩子都要求坐在前排，那后面的座位谁来坐？现在的孩子近视率很高，放学的时候您可以到学校门口看一看，戴眼镜的孩子实在太多了。如果每个人都这样要求，班主任的工作就会变得非常棘手。

　　实际上，每位班主任都有自己的座位调整策略。有的班主任会采用前后轮换，有的则采用左右轮换，这样每个孩子都有机会坐在前排，也有机会坐在后排，左、右两边的视角也会轮流体验。这种方式能公平分配资源，让所有孩子都得到平等的机会。

　　问题在于，很多家长难以接受自己的孩子坐在最后一排，都希望孩子能坐在第一排，得到老师更多的关注。家长朋友们，这里我要提醒一下，您的孩子对您来说是独一无二的，但对班主任来说，他只是班里众多学生中的一个。班主任的责任是对所有孩子一视同仁，保证公平对待。

尊重班主任的安排，理解班级的整体需求，才能实现真正的公平。所以，您的换座要求，如果仅仅是从自己的立场出发，而没有考虑到整个班级的平衡和管理，很可能不会被采纳。

记住，换座位需要合理的依据，既要关心自己的孩子，也要从全班的角度出发，这样才能和班主任更好地沟通，共同为孩子们创造一个公平和谐的学习环境。

有些家长一发现孩子喜欢和同桌讲话，就觉得这是件非常严重的事情，急急忙忙找到班主任要求换座位："老师，麻烦您给我们家孩子调换座位，他的同桌老找他说话，严重影响了他的学习。"

这样的表达听上去更像是在下命令，语气也不太友好，还一味地指责同桌，仿佛责任全在同桌，自己的孩子完全是受害者。但是，家长是怎么得出这个结论，认为是同桌严重影响了自己孩子的呢？是单凭自己的想象，还是只听了孩子的一面之词，又或者是把孩子现在的表现和之前进行比较得出的结论？

家长担心孩子的学习，我完全理解，毕竟学业在很多家长心中是最重要的，任何干扰都是不能接受的。但把问题简单归咎于同桌，并要求立即换座位，这种做法并不客观。我们需要先思考几个问题。

①孩子上课讲话，为什么一定是同桌主动找他说话？是否有可能是您的孩子主动找同桌说话？

②孩子学习受影响，真的是因为和同桌讲话吗？是否有其他可能的原因？

③换座位能彻底解决孩子上课讲话的问题吗？如果换了座位，他是否会继续影响其他同学？

所以，在提出换座位之前，家长需要冷静判断，是否真的有必要换座位。换座位不是万能药，培养孩子的专注力才是根本。

如果孩子存在专注力问题，应该着重考虑如何帮助孩子提升专注力，而不是单纯要求座位调整。比如，家长可以在家里培养孩子的听课习惯，教会孩子"三看"：老师在讲课时，看老师的嘴巴；老师在写板书时，看黑板；老师让看书时，就专注于书本。

此外，培养孩子做笔记的习惯也是一个好办法。让孩子把课堂重点内容认真记录，回家后家长可以检查孩子的笔记质量。这样一来，孩子的注意力就会集中在课堂活动上，这能够有效减少和同桌讲话的机会。您还可以给孩子设置课堂任务，比如要求他每节课举手回答几次问题，或者向老师提出一个问题。这种方式既能让孩子更专注于课堂内容，也能有效减少分心的行为。

基于这种分析，您和班主任的沟通重点就不应该是换座位，而应着眼于如何共同帮助孩子提升专注力。您可以这样和班主任沟通：

"老师，您好！我发现我家孩子上课经常讲话，可能给您添麻烦了。这可能是孩子专注力和上课习惯的问题，我在家里尝试培养他的习惯，比如教他上课时如何做笔记，也让他把笔记带回家给我检查。不过孩子比较好动，培养起来需要一些时间。我想请您帮个忙，课堂上多留意他，尽量给他一些举手回答问题的机会，也帮我看看这样的方式有没有效果。非常感谢您，老师！"

这样的沟通，不仅向班主任表达了尊重，也能体现家长的主动性和解决问题的诚意，同时还展现了和班主任的合作意愿。相信班主任在这样的氛围下，也更愿意积极配合，帮助您的孩子改进课堂表现。

如果您发现孩子以前上课表现很好，但换同桌之后就变得爱讲话了，您可能会立刻想到换座位。但在这种情况下，我建议可以分两步走。

第一步，引导孩子自己处理好与同桌的关系。

为什么不直接找班主任要求换座位呢？因为学校不仅是学习的场所，更是孩子学会与人相处和解决问题的课堂。面对调皮的同桌或复杂的同学关系，其实是孩子成长过程中一次难得的学习机会。将来走入社会，孩子会遇到团队协作、与同事相处的挑战，而学校的这些经历正好可以帮助孩子提前练习。

这时候，家长可以试着引导孩子学会自我管理，比如——

①设定课堂任务。让孩子专注于完成课堂上的小目标，比如记好笔记、举手回答问题等，把注意力从同桌的干扰中转移到学习上。

②学会忽略。教孩子对同桌的小动作不做反应。同桌之所以干扰，可能是为了引起注意。如果孩子不予理睬，干扰的动力就会慢慢减弱。俗话说"一个巴掌拍不响"，如果孩子能保持自律，明确课堂上该做什么、不该做什么，那么干扰自然会减少。

第二步，如果问题无法解决，再与班主任沟通。

如果尝试过这些方法后，孩子还是难以集中注意力，问题未见改善，则可以进入第二步——和班主任沟通并寻求帮助。但这里的沟通重点不是强行要求换座位，而是希望班主任给出专业建议，寻找更合适的解决办法。

比如，您可以和班主任这样沟通：

"老师您好！感谢您一直以来对孩子的关心和培养，我发现孩子十分喜欢您，也在学习上有了很大进步。不过最近我检查孩子的笔记，发现做得不太好。经过追问，我才知道他上课经常讲话，影响了专注力。我已经在家里批评教育了孩子，还给他布置了课堂任务，比如做笔记和举手回答问题，但效果不太明显。老师，您有没有什么好办法能帮助他改进呢？非常感谢您的支持！"

为什么我推荐这种表达方式呢？

第一，肯定了班主任的工作。

一开始就表达对老师的感激之情，既展现了对老师辛勤付出的认可，也表明了对班主任的尊重和信任。这种积极的态度让班主任感受到了您的诚意，沟通起来会更加顺畅。

第二，承担了家长的责任。

在和班主任沟通时，明确表明家长并没有把责任全部推给老师，而是已经尽力帮助孩子解决问题。这不仅体现了家长的担当，也让班主任了解到您是真心在为孩子的成长努力，而不是单纯地把问题甩给学校。

第三，提出了合作的请求。

用平和的语气表达您的诉求，既清晰又不强硬，让班主任更愿意配合。这样的表达方式，不是命令，也不是抱怨，而是一种诚恳的求助，容易让班主任产生共鸣，从而更加积极地提供帮助。

如果最终确定换座位是最有效的解决办法，班主任自然会酌情安排。总之，班主任会根据班级的整体情况和孩子的具体需求，找到最优的解决方案。通过这种方式，您不仅能实现有效沟通，还能最大程度地维护良好的家校合作关系，同时帮助孩子顺利解决问题。

总结来说，家长在考虑是否为孩子申请更换座位时，要先好好想想这个决定是否真正有必要，是否从整个班级的利益出发。尝试站在班主任的角度去看待问题，站在育人的高度去权衡利弊，而不仅仅局限于当前的个人视角。

如果换座是必要之举，在与班主任交流时应始终以尊重和感恩为基调，展现您对老师工作的理解与支持，避免使用命令的语气施压。良好的沟通不仅能增进彼此的信任，也更有利于制定对孩子最有利的解决方案。只有这样，我们才能与班主任形成真正的合作，共同为孩子创造一个更好的学习和成长环境。

班主任投诉孩子"多动"，
应该如何沟通

我在网上看到一些报道，部分学校在课间不允许孩子离开教室，要求他们安安静静地坐在教室里，这种做法着实让人费解。课间时间本来就很短，再加上老师偶尔拖堂、预备铃又提前三分钟响起，真正留给孩子们自由活动的时间可能只有三五分钟。在这段时间里，孩子们还得跑去上厕所，为了不迟到，他们不得不匆匆忙忙地赶回来。

可是有的学校为了避免课间磕碰或学生之间的纠纷，干脆不让孩子出教室，让他们老老实实坐着。这么做虽然"麻烦"是少了，但违背了孩子成长的规律，这是不科学的。《中国儿童青少年体质健康报告》中指出，超过80%的中国学生运动量不足，尤其是在城市里，很多孩子每天的运动时间严重不够，导致身体素质逐年下降。

从孩子的特点来看，他们需要更多的时间和空间进行身体活动。孩子们精力旺盛，身体里有很多线粒体，这些线粒体持续将葡萄糖转化为能量。换句话说，孩子们有用不完的精力需要释放。再加上他们对世界充满好奇，爱探索、爱动的天性，因此孩子好动也就不难理解了。

然而现实是，课间时间被压缩，孩子们没有机会活动，回家后还要埋头写作业，运动的时间几乎为零。那么，这些孩子们的"洪荒之力"该去哪里释放呢？结果就只能在课堂上释放了。这也是为什么很多老师向家长投诉，说孩子上课多动、不专注，影响了课堂教学。

做自媒体的这几年，我接触了不少家长，很多人向我求助，说孩子在课堂上坐不住，班主任已经多次投诉，却不知道该怎么解决。这时候，家长的反应非常关键，但有些家长的回应却容易让问题变得更复杂。

有些家长听到班主任投诉时会很惊讶："啊？真的吗？怎么会呢？"这样的一连串疑问，虽然是家长本能的反应，却可能让班主任觉得自己在被质疑，情绪上难免有些不舒服。还有些家长会显得不耐烦，说："他在家表现挺好的呀！"这样的话可能让班主任觉得您不够重视问题。更有一些家长听到投诉后情绪失控，回家后要么批评、责骂孩子，要么对孩子拳脚相向，这种态度更像是在泄愤，并不能解决孩子多动的问题，甚至可能让情况变得更糟。

在听到班主任的投诉时，第一步要做的就是稳定情绪。不管消息是否让您满意，都要先调整好自己的心态。冷静下来后，才能客观分析问题，找到有效的解决办法。

我们换个角度想一想，班主任反映孩子上课多动，是否表明他还在关心孩子？并且希望孩子能够更好？如果班主任完全不管不顾，孩子的问题可能会进一步恶化。所以，比投诉更可怕的是漠视。从这个角度来看，班主任的反馈其实是为了孩子好，您应该庆幸班主任还没有放弃您的孩子。

因此，面对班主任的投诉，您的第一反应应该是表达感谢。感谢他对孩子的关注，并为孩子的行为给他带来的麻烦表达歉意。比如，您可以这样说："谢谢老师告诉我孩子的情况，我知道您平时工作很忙，还特地关注到我的孩子，真的很感激。"这种态度不仅能化解班主任可能产生的不满情绪，也能展现您对孩子教育的重视，从而为接下来的沟通打下一个良好的基础。

我想特别提醒一点，即使当下您不认可班主任的看法，也不要当面直接反对。因为人在面对不同意见时，首先感受到的是对方的情绪，而不是内容。过于直接的反驳容易让班主任感觉被冒犯，从而影响沟通效果。相反，用理性、尊重的态度讨论问题，既能维持您和班主任的关系，也能保持良好的沟通氛围，这更有利于问题的解决。

在您向班主任表达了感谢和歉意后，接下来就可以进一步了解孩子的具体情况了。那么，如何提问才能既不冒犯班主任，又能真正帮助孩子呢？

这需要运用提问的技巧，好的提问能促使班主任愿意分享更多细节。比如，您可以这样问："孩子上课好动，是一开始就动，还是上到一半才开始动呢？他平时听得懂老师您讲的内容吗？"

这种问法既不会让班主任感到被质疑，也有助于您了解孩子的问题到底出在哪里。如果孩子对老师讲的内容理解得很好，甚至能复述课堂知识，那说明他是在认真听课的。但孩子的注意力很容易分散，尤其是很多小男孩经常会出现一种情况——他们聪明伶俐，吸收知识快，但是听懂了就坐不住了，可能会动来动去，或者跟旁边的同学聊天。

实际上，咱们常用的"端端正正坐好"并不是衡量孩子认真听课的唯一标准。以我以前教的学生为例，有一个女孩子，课堂上一直坐得特别端正，表面看很认真，但其实她的思绪已经完全游离。她目光呆滞，甚至读单词的时候都是敷衍了事，嘴巴一张一合，就是做做样子。相反，有些男孩子看上去坐不住，东倒西歪的，但他们全程都能跟上老师的讲解，有时候还能给出特别精彩的回答，赢得全班喝彩。

所以，**专注力不是坐得端，而是学得进**。孩子动来动去不一定是不专心，关键是看他们有没有吸收知识。因为每个孩子的学习方式是不一样的。有的孩子喜欢安静听课，而有的孩子需要动起来才能更好地学习；有的孩子擅长死记硬背，而有的则喜欢动手实践。我们不能用一个标准去框住所有孩子。

当然，您没必要试图说服班主任完全接受您的这些观点，您提问的目的更多是了解孩子的实际情况，看看他是因为自己的学习风格而表现得"多动"，还是确实存在注意力问题。大部分孩子的"多动"是他们这个年龄段该有的特点，完全是正常的表现，千万不要随意给孩子贴上"多动症"的标签。这样，才能更理性地看待孩子的行为，而不至于误解了他们。

接下来，您可以继续问："孩子在课堂上动来动去，是否会影响到其他同学？"如果班主任表示确实对同桌或周围的同学造成了影响，那您要向班主任再次表达歉意，感谢他反馈问题，同时表示自己会支持老师的处理方式，并在家里对孩子进行适当的引导和教育。

回到家后，您可以用孩子能理解的方式和他沟通规则意识，告诉他为什么要遵守课堂纪律。比如，您可以这样对孩子说："宝贝儿，在家里，你可以按照自己的方式来学习，妈妈是尊重你的。但学校不一样了，那是一个集体。在学校，你如果上课时动来动去、和别人聊天，甚至随意走动，可能对你来说没什么问题，因为你已经学会了知识。但其他同学可能会被你打扰，有的甚至还会模仿你。这样一来，整个课堂就会变得乱糟糟的，老师很难专心讲课，大家的学习也都会受到影响。这对你、对大家都不好，对吧？"

通过这样的解释，帮助孩子明白为什么课堂上需要遵守规则，让他从内心理解集体生活的意义和课堂纪律的重要性。

除此之外，您还可以跟班主任探讨孩子多动的原因，并一同寻找解决问题的方法。班主任接触过很多学生，可能已经有了一些处理类似情况的经验。比如，班主任可能会建议在课堂上为孩子设置一个明确的目标，或者允许孩子有一定的"小动作"而不打扰别人。

把这些建议带回家后，您可以结合孩子的具体情况，制订一个逐步改进的计划。比如，每天跟进了解孩子的课堂表现，并在适当的时候给予鼓励和反馈。通过这样一步步的努力，帮助孩子既能保持自己的天性，也能逐渐适应课堂的规则，这样不仅有利于他的学习，还能让他更好地融入集体生活。

在我当班主任的经历中，也遇到过一些上课多动的孩子。在帮助他们的过程中，我总结出了一些方法，在这里我分享四点，希望对您有所帮助。

第一，多做运动，让孩子释放能量。

孩子的能量比成年人多得多，他们身体代谢旺盛，需要通过运动来释放多余的能量。然而，很多孩子的运动量不足，这也是他们在课堂上坐不住的主要原因之一。

特别是有的学校甚至限制课间活动，这就让孩子更没有机会释放精力了。如果您的孩子本身就比较好动，那么一定要保证他每天有充足的运动时间。

在家里，您可以给孩子安排两个运动时段。

①早晨上学前：研究表明，在长时间学习之前，进行 30 ～ 45 分钟的有氧运动，可以让孩子更加专注，还能提高解决问题的能力。如果家离学校不远，您可以选择和孩子一起慢跑或者快走到学校；如果需要开车接送，也可以让孩子早起半小时，在家做一些运动。

②放学后：不要安排孩子放学回家就埋头做作业，先给他们留出一些时间活动，比如做球类运动、跑步或者跳绳，这些都非常有益于孩子的身体发育和情绪调节。

有一句话说得好："只学习不玩耍，聪明孩子要变傻。"有些家长过于焦虑，在孩子做完学校布置的作业后，还额外给孩子安排"妈妈牌"作业，这让孩子完全没有时间去运动。这种做法，其实是在"竭泽而渔"，只会榨干孩子的学习热情。

孩子的精力就像弹簧，压得越紧，反弹得越厉害。长期缺乏运动的孩子，精力无处释放，就容易在课堂上走神或好动，导致学习效率下降，进入恶性循环。所以，如果您的孩子在课堂上多动，不妨尝试让他每天多运动一段时间，帮助他释放精力，从根本上改善课堂表现。

第二，调整作息，让孩子减少亢奋。

很多家长反映孩子在课堂上多动、不专心，其实除了运动量不足，另一个常见的原因就是睡眠不足。

根据《国家义务教育质量监测报告》显示，80% 左右的中小学生睡眠不足。我们的小学生平均睡眠时间为 8 小时，低于国家标准要求的 10 小时；初中生平均睡眠时间为 7.5 小时，低于国家标准要求的 9 小时；高中生平均睡眠时间为 6.5 小时，远低于标准要求的 8 小时。

长时间的睡眠不足会带来很多问题，最直接的影响就是：注意力不集中、记忆力减退、思维能力下降，学习效率大大降低。很多孩子晚上熬夜写作业，第二天上课精力跟不上，晚上接着熬夜写作业，这样就形成了一个恶性循环。

此外，睡眠不足还可能让孩子过度亢奋，尤其是年龄较小的儿童。这种现象看似矛盾，但实际上是孩子身体和大脑对疲劳的一种应激反应。孩子睡眠不足时，大脑中的压力激素（如皮质醇和肾上腺素）会增加，导致大脑保持"警觉"状态，表现出来的状态就是过度兴奋、难以安静，所以在课堂上表现出多动的状态，注意力难以集中。

说到孩子睡得晚，很多家长向我倾诉，小学二、三年级的孩子，晚上写作业能写到 10 点、11 点，甚至更晚，真是让人难以置信。根据我的了解，除了学校布置的家庭作业，很多家长还会额外布置"妈妈牌"作业，有的甚至还会给孩子上网课，进行超前学习或加深学习，企图让孩子赢在起跑线上，殊不知很多孩子恰恰是"累死"在了起跑线上，得不偿失。

我用一个比喻来形容运动和睡眠对孩子的重要性：运动是孩子的"充电宝"，睡眠是孩子的"加油站"。所以，家长在保障孩子每天运动量的同时，一定要重视孩子的睡眠问题。调整好孩子的作息，保证他每天都有足够的睡眠时间，这不仅是为了他短期的学习表现，更是为了他长远的健康和发展。

不要让孩子"累死"在起跑线上，赢在终点才是关键。过度的学习压力，只会透支孩子的未来。

第三，转移注意，让孩子有事可做。

当孩子有了足够的运动量和充足的睡眠之后，多动的情况大多数都会有所缓解，但我还是要再次强调：多动不是病，是孩子的天性；专注不是天生的，是后天练出来的。我们不能指望所有孩子都能够安静地端坐在座位上听课。有些孩子确实是精力旺盛，这种情况该怎么办呢？

别急着给孩子"贴标签"，也不要强制性让他保持安静，而应通过一些方法让他们把多余的精力用在正事上。那么，如何让孩子在课堂上忙碌起来呢？

　　首先，您可以告诉孩子在课堂上要有"三看"：老师讲话时，看老师的嘴巴；老师写字时，看黑板；老师提到课本内容时，马上翻看教材。这样，孩子在课堂上会始终有事可做，避免因发呆或者无所事事而用多动来打发时间。

　　其次，引导孩子养成记笔记的习惯。很多好动的孩子都没有养成记笔记的习惯，其实这是培养专注力的好方法。虽然不需要记录下老师讲的每一个字，但重要的知识点一定要写下来。记笔记不仅能让孩子在课堂上忙碌起来，还能为课后复习和做作业打好基础。在回家的路上，您可以让孩子进行复习，避免做作业时因为遗忘而出错，或是频繁地翻书翻笔记，影响做作业时的专注度。

　　除此之外，课堂上的"小动作"，可能是释放孩子精力的"阻尼器"。前面提到每个孩子的学习方式不一样，除了前面的引导，您也可以借助一些小工具帮助孩子集中注意力。比如，为孩子准备一个解压球，或者是一个指尖陀螺，这对于管不住手的孩子有一定的帮助。有的孩子在课堂上小动作多，给孩子一个小小的玩具，可以帮助孩子集中注意力，避免干扰其他同学。您也可以为孩子准备一个转笔刀，当孩子坐不住时，可以让他削铅笔。削铅笔虽然是一件简单的事情，但是它可以让孩子快速地专注于这件事，帮助孩子的专注力重新回归。

　　在课堂上，只要孩子忙碌起来，有事可做，他的注意力就会更加集中，多动的概率自然会降低。同时，他们也能在课堂上学得更扎实，还能减少对课堂秩序的干扰。这样一举多得的办法，家长不妨试一试！

　　第四，日常训练，让孩子更加专注。

　　除了前面提到的建议，还可以通过专注力训练帮助孩子更有效地集中注意力。这些方法简单易行，您可以在家里和孩子一起尝试，效果也很不错。接下来，我分享几个具体的训练方法。

（1）分步完成任务

可以把复杂的大任务拆解成多个小步骤，让孩子每次专注完成一部分。比如，用一个计时器规定5～10分钟专注完成一件事，然后逐步延长时间。

您可能听过"番茄时钟法"，其实这是帮助孩子集中注意力的有效工具。通过这样的小时间段训练，可以慢慢培养孩子的专注习惯。

（2）舒尔特方格训练

用一个5×5（或者更复杂的）的数字表格，要求孩子按顺序从数字1找到数字25。这个训练能有效锻炼孩子的视觉专注力，同时还可以帮助他们提升耐心。

（3）听觉专注力训练

播放一段短故事，要求孩子复述其中的关键内容。听完故事后，您可以提问，比如："主人公是谁？""故事的结局是什么？"

这样的提问可以训练孩子专心听故事的能力，同时还可以增强他们的信息处理能力。

（4）静态训练

每天让孩子练习"坐如钟"，从2分钟开始，逐步延长到5分钟。要求孩子坐着不动，专注呼吸。这种方法可以帮助孩子更好地控制自己的冲动，同时提升专注能力。

（5）专注力游戏

和孩子玩一些能提升专注力的趣味游戏，比如"找不同""拼图""记忆卡片"等。这些小游戏不仅能让孩子玩得开心，还能让他们在不知不觉中提升专注力。

所以，我要告诉您的是，孩子多动不是问题，问题是没有找到释放精力的正确方法。运动、睡眠、专注训练，都是帮助孩子的好方法，可以逐步提高孩子的专注力，减少多动或注意力不集中的现象。

不过，我要提醒一句，专注力的提升是一个循序渐进的过程，需要一定的时间，耐心是最好的陪伴。请家长不要太着急，以免给孩子造成挫败感，那样更不利于解决问题。

和班主任沟通之后，要针对孩子的问题一起制定解决方案，在接下来的实施过程中，家长要保持和班主任的持续性沟通。这一步非常重要！

首先，分享努力和进步。可以主动向班主任分享自己在家中为孩子做出的努力，比如调整作息、安排运动时间或专注力训练。同时，也可以分享孩子在家里的点滴进步，比如孩子更愿意记笔记了，或者孩子"坐得住"的时间更长了。这种分享不仅能够让班主任感受到您的积极态度，也能让他看到孩子的成长过程。

其次，询问学校表现。您可以定期询问班主任孩子在学校的表现，了解多动的问题是否有所改善，孩子在课堂上的状态是否有所好转。通过这样的反馈，知道哪些方法有效，哪些需要调整。

注意，在和班主任交流的过程中，不要忘了表达感谢，同时也可以适当提出一些希望。

首先，真诚地感谢老师的耐心和负责，感恩他对孩子的关注和良苦用心。您可以说："老师，谢谢您对孩子的耐心和细心指导，我们真的很感激！我们也明白，帮助孩子改变需要一个过程，您的付出我们都看在眼里。"

接着，您可以委婉地提出希望，比如请老师在这个过程中多多关照和鼓励孩子，让孩子感受到来自老师的支持和信任。您可以说："希望老师在课堂上能多关注孩子，适当地鼓励他，让他更有信心去改变。我们也会在家里继续努力，和您配合好。"

这样的沟通方式，让您在了解孩子在校表现的同时，也能够安抚班主任的情绪，同时还能向他展现您作为家长，在解决问题时的诚意和积极态度。

这会为孩子的成长营造一个更好的支持环境。

　　总结来说，当班主任向您反映孩子在课堂上多动的问题时，首先要感谢老师的反馈和支持。然后深入了解孩子多动的具体表现和原因，找出问题的根源。接着采取一些有效的措施，比如增加孩子的运动时间，确保充足的睡眠，通过针对性训练帮助孩子提升专注力，鼓励孩子培养专注听课的好习惯。通过这些持续的努力，我相信孩子的多动问题会逐步得到改善。

孩子有注意力障碍，
家长如何与班主任沟通

上一节我们聊了孩子在课堂上多动被老师投诉时，家长如何与老师进行有效沟通。我们也提到，很多孩子是因为运动量不足，精力无法释放，才会在课堂上不专注。这里我要再次强调：不要随意给孩子贴上"多动症"的标签。这种标签一旦贴上，可能对孩子造成长期的负面影响，甚至打击他们的自信，影响他们的成长。

但是，如果孩子真的确诊了多动症，作为家长，我们是否应该主动和班主任沟通呢？如果要沟通，如何才能既帮助孩子，又能让老师理解并配合呢？接下来，我们就来聊聊这个话题。

多动症是一种神经发育障碍，通常在儿童时期开始显现，表现为注意力不集中、冲动控制困难，以及活动水平异常高。这些症状可能会对孩子的学习、社交以及情绪管理造成一定影响，甚至可能持续到成年。因为多动症的医学名称是注意缺陷与多动障碍（ADHD），所以很多家长会亲切地把患有多动症的孩子称为"A娃"。

虽然在我的教学经历中没有直接带过患有多动症的学生，但我的一些同事和好友遇到过类似的情况。通过和他们的交流，加上我自己查阅的很多资料，我总结了一些经验和您分享：作为家长，如何与班主任高效沟通，帮助多动症孩子在学校更好地学习和成长。

为什么家长和老师容易因为多动问题产生矛盾？

由于孩子多动的问题，有些家长和老师在沟通时会出现摩擦，甚至引发不愉快的情况。这种矛盾背后的原因是什么呢？

孩子在课堂上多动、坐不住，可能还会影响到其他同学。一些老师可能会觉得，这是家长在教育上不用心，或者对孩子要求不严格，导致孩子缺乏规则意识。因此，老师通常希望家长能更积极地参与到孩子的教育中，规范孩子的行为。

而家长呢？有些家长会认为，老师的批评过于严厉，过度夸大了问题的严重性，甚至对老师的教育方法产生怀疑。这种观念上的分歧，很容易让家长和老师的关系变得紧张，合作自然也变得更加困难。

特别是对于确诊多动症的孩子，家长在"是否告知老师"这一点上往往是犹豫不决的。如果不告诉老师，担心老师会因为孩子的表现反复批评，结果让孩子压力更大；但如果告诉了老师，又害怕孩子会被区别对待，甚至被贴上"问题孩子"的标签，影响孩子的学校生活。这种两难的选择让很多家长非常头疼。

为什么建议家长主动告知班主任？

我非常理解家长的顾虑，但我还是建议家长一定要把孩子的多动症情况告知班主任。因为孩子一天中大部分时间都在学校，学校的干预，对多动症的治疗和管理是至关重要的。只有家长、老师以及学校其他相关人员共同努力，才能真正帮助孩子解决问题。

有些家长可能会心存侥幸："为什么要主动告知班主任呢？万一孩子在学校没问题呢？真的出了问题再沟通也不迟嘛。"

但我要告诉您的是，主动告知班主任，是提前为孩子"备案"，可以避免班主任因不了解情况而采取不恰当的教育方式，比如批评或责骂，孩子频繁地被批评可能会让孩子被贴上"问题孩子"的标签。积重难返，一旦"误会"产生，再想扭转班主任以及整个班级甚至整个年级同学的观念，这是几乎不可能的。

在您主动说明孩子的情况后，班主任会对孩子的行为有更多的理解和包容。这一点特别重要，因为多动症的孩子更需要积极正向的反馈，而不是消极负面的评价。此外，班主任了解情况后，还可以和其他老师一起形成合力，对孩子进行更有效的干预。比如，班主任可以提醒其他老师在教学过程中多给予孩子关心，避免使用可能刺激孩子的不当语言；同时，班主任也能够更好地与您配合，帮助孩子顺利成长。

还有一个细节也要注意：一定要提前通过信息或者电话预约时间，找一个家长和老师都比较空闲、方便面谈的时段。这不仅能避免打扰班主任的工作，还能确保沟通更加全面、深入，让班主任对孩子的情况有更清晰的了解。

总之，和班主任沟通，是帮助多动症孩子在学校顺利成长的关键一步，家长和老师的合作，能让孩子在学习和生活中得到更好的支持。

在约定好时间后，和班主任正式沟通之前，还需要提前做好充分的准备。这会让沟通更高效、更有针对性。以下是几点建议，可以帮助您为沟通做好充分准备。

第一，准备好孩子的诊断报告和医生的建议。

如果孩子已经被确诊为多动症，您需要把医生的诊断报告和具体建议准备好。这样可以帮助班主任全面了解孩子的情况。很多班主任可能对多动症的专业知识不太熟悉，所以您可以提前准备一些关于多动症的科普资料，比如书籍、文章或者专家的视频，并在适当的时候分享给班主任。这些内容能帮助班主任更好地理解孩子的特殊情况，从而在日常教学中给予更合理的支持和引导。

第二，仔细观察并记录孩子的日常表现。

在家里，您可以多观察孩子的行为，记录下他们的优点和不足，形成一

179

个全面的认知。比如，不仅要注意孩子的多动行为或注意力不集中的问题，还要留心孩子有哪些优点，比如创造力强、好奇心旺盛或者乐于帮助别人。

在沟通时，您可以把孩子的亮点呈现给班主任，帮助他形成对孩子更立体的认识。正如我在"和班主任沟通，家长有这四个身份"中提到的，家长就像一名"推销员"，需要有效地展示孩子的优点，让班主任对孩子形成更多的积极看法，而不是只盯着问题和缺点。

第三，整理孩子在学校的问题和老师的反馈。

您还可以收集近期班主任或各科老师对孩子的意见，比如课堂表现、作业完成情况或者考试中暴露的问题。在清晰地了解这些情况后，您把问题整理归类，按照优先级排序，比如哪些行为是严重且需要马上调整的，哪些是可以逐步改善的。

基于这些问题，可以初步制定一个合理的解决方案，并形成详细的计划表。建议计划的周期设置为半个月，这样的时间周期比较适中，能更清楚地观察方案的实际效果。

第四，接受事实，保持积极的心态。

很多家长在孩子被频繁投诉后，容易产生负面情绪。比如，有的家长害怕见班主任，甚至一看到班主任的消息就紧张不安；还有的家长觉得孩子的表现总是不好，不得不一再道歉，因此感到心累和挫败。

如果您带着这种消极情绪去沟通，班主任可能会察觉您的不安和低落，甚至可能误以为您缺乏积极合作的意愿，这对有效探讨孩子的问题并无好处。

您需要接受孩子患有多动症的事实，并且对孩子抱有信心。多动症不是孩子的错，也不是您能完全控制的事。不要把它当成一个无法克服的难题，而应将其视为孩子成长过程中必经的挑战。家校共育，不是一个人的战斗，而是一群人的努力。家长、老师和学校合力，才能为孩子撑起一片成长的天空。

您的任务是尽量为孩子创造一个充满爱、理解和支持的环境，让孩子在成长的过程中感受到积极的力量。同时，把您积极的态度传递给班主任和学校，这能帮助他们更好地理解多动症，用包容的态度来看待孩子的特殊情况。我们要让学校和老师知道，家长愿意和学校一起努力，为孩子提供最好的支持。

第五，梳理问题，列出问题清单。

在您和班主任沟通之前，我强烈建议您预先梳理需要交流的事项，并列一份问题清单。这一点非常重要，能够帮助您厘清思路，让沟通更加有条理。

很多家长在缺乏充分准备的情况下就去找班主任交流，结果常常出现两种情况。一种是天马行空，想到什么就说什么，沟通变得杂乱无章；另一种是遗忘了一些重要的问题，等交流结束后才发现有内容没有提到，之后又频繁地给班主任发信息补充。

这些做法不仅会让沟通变得低效，还可能给班主任带来不必要的困扰，甚至让他对您产生不好的印象。

正如之前提到的，学校的干预在多动症的治疗和管理中至关重要，而解决孩子的问题，需要家长、老师和学校其他相关人员的通力合作。如果家长能够展现积极的态度，就更容易获得班主任的理解和支持，从而为孩子争取到更包容的学习环境。

保持积极的心态，不仅能让您更好地面对问题，也能给孩子和身边的人带来更多阳光和力量。多动症虽然是挑战，但通过大家的共同努力，我相信问题终将被解决，而孩子的成长也会变得更加顺畅！

当您完成前面提到的五个准备工作之后，就可以正式和班主任沟通了。接下来，我给您一些具体的沟通建议，帮助您和班主任的交流更加顺畅、有效。

第一步：表达感谢和歉意。

如果孩子的多动行为确实给班主任带来了一些麻烦，在开始交流之前，您可以先表达感谢和歉意。感谢班主任对孩子的关注和用心，同时也对孩子给班主任工作带来的麻烦表示歉意。这既能体现您的礼貌，也会让班主任感受到您的真诚，为后续的沟通营造一个和谐的氛围。

第二步：通过提问引出话题。

在具体的沟通过程中，您可以通过提问的方式引出交流的话题，比如"老师，您觉得孩子最近在课堂上的表现是否有进步，存在哪些问题？"这种方式能够让班主任自然地进入讨论。当班主任表达意见时，您要尽量耐心倾听，把关键的信息记录下来，以免回家后遗忘。如果有不理解的地方，等班主任讲述后再提问，不要随意打断，这样既尊重班主任，也显得有礼貌。

第三步：用科普的方式消除误解。

如果在沟通中班主任提到一些关于多动症的误解或您认为不太恰当的观点，不用急于反驳。此时，您可以用事先准备好的资料来辅助交流。

比如，您可以简单地向班主任科普，多动症主要是由大脑神经网络的发育与年龄不匹配导致的。这类孩子在行为表现上会比同龄孩子显得更"幼稚"，大概小 2 ～ 3 岁。他们虽然能理解大人的指令，但要真正做到却需要更多时间和努力。具体表现包括注意力不集中、自控力差、情绪波动大、行为冲动等，即使孩子能意识到错误，也可能难以控制自己，导致反复犯错。

注意方式方法，在沟通中自然地拿出提前准备好的资料、书籍或者视频。这种分享方式不会让人感到唐突，可以避免让班主任感觉您是在"教育"他。大多数班主任其实非常愿意和家长共同探讨育儿问题，只要您的态度得当，相信他们会欣然接受这些资料，并愿意进一步研究和了解。

第四步：虚心请教，寻求建议。

在与班主任沟通时，不妨主动请教班主任是否有好的建议或方法，以及家长如何更好地配合班主任的工作。班主任在教育孩子方面经验丰富，他们可能已经接触过类似多动症的孩子，有一些实用的处理方法。所以，如果您虚心求教，不仅能够获取宝贵的专业建议，还能让班主任感受到您谦虚且积极合作的态度，这会促使班主任更愿意成为您和孩子成长路上的重要支持力量。

第五步：明确表达态度和愿景。

在与班主任沟通时，您可以明确表达自己的态度。首先，真诚地感谢班主任提出的意见和建议。然后，分享自己的愿景和期待，比如告诉班主任："虽然孩子的这个问题可能需要较长的时间才能改善，但我会尽力想办法帮助孩子缩小与其他同学的差距，尽可能让他不掉队。"

通过这样的表达，既能展现您希望与班主任携手努力的意愿，也传递了您对孩子正面期望的信心。同时，也是在提醒自己和班主任，多动症的改善确实是一个长期的过程，急功近利反而可能适得其反。用这样的方式设定一个长远的目标，能够让您和班主任在今后的教育过程中有一个共同的方向。

至于目标何时实现，尽力就好。只要孩子在进步，哪怕是很小的进步，都令人欣慰。

第六步：分享您的计划和方案。

在沟通前，您已经收集了其他老师对孩子的反馈，以及孩子在学习和行为上的表现，并基于这些信息制订了一份半个月的计划表。在沟通中，这个计划表可以派上用场。

您可以向班主任展示这个计划，说明您对孩子问题所做的努力，以及愿意配合学校和老师采取行动的诚意。您需要注意的是，计划表并不是固定不变的。孩子是独立的个体，计划在实施过程中可能会遇到一些问题，或者需要根据孩子的实际情况做出调整。所以，您可以告诉班主任："这个计划是我们目前根据孩子的情况制订的，但我也会根据后续的效果和老师们的反馈随时调整，让它更有针对性和效果。"

沟通的核心是真诚、合作和共同目标。到这一步，通过充分沟通，您已经争取到了班主任的共情，表达了自己的决心，还充分展示了自己的行动力。我相信，班主任一定会为您的态度和付出所折服，这样也就更愿意配合。在这个时候，您就可以进一步表达自己的诉求，向班主任提出一些具体的建议了。

第一，建议班主任多表扬孩子。

多动症的孩子比正常的孩子更需要正向反馈，一句表扬可能比十句批评更有力量。如果班主任能多关注孩子哪怕是很小的进步，并给予及时的表扬，就能激发孩子更大的信心和动力去做好事情。这也是为什么我建议您收集孩子在家里的优点和闪光点，跟班主任分享。班主任在了解到孩子的优点后，结合实际表现给予更多积极的反馈，这样更有利于对孩子产生积极的影响。

第二，建议班主任减少对孩子的负面反馈。

如果孩子在课堂上表现不佳，比如坐不住或者有其他行为，建议班主任避免直接批评或者指责，转而使用"暗号"与孩子沟通。这种"暗号"是一种温和的提醒方式，既可以避免让孩子感到被当众否定，又能有效提醒他注意自己的行为。

这一点非常重要，因为老师的言行会对其他孩子产生很强的引导作用。如果班主任在课堂上经常批评孩子，其他同学可能会模仿老师的态度，用语言攻击孩子，给孩子带来更多心理压力。而班主任减少负面反馈，可以在一定程度上减少其他同学对孩子的不友好行为，营造更和谐的学习氛围。

第三，建议班主任在座位安排上进行调整。

为了方便班主任观察和适时提醒孩子，建议让孩子坐在班主任能够清楚看到的位置，比如教室的中间靠前一些，而不是在两侧或者后排不容易留意的地方。另外，孩子的同桌或邻座的选择也很重要。建议为孩子挑选性格温和、有一定耐心的同学作为搭档，避免性格冲突或不必要的矛盾。好的座位安排不仅能帮助孩子更好地融入课堂，也能对班级整体的纪律和氛围起到积极作用。

第四，和班主任商量孩子的作业量。

多动症的孩子在做作业时可能会因为注意力不集中而效率较低，如果作业量太大，可能会让孩子倍感压力，甚至需要熬夜才能完成作业，进而影响睡眠。晚睡对孩子的生长发育和学习状态都有不良影响，甚至可能导致第二天情绪亢奋，让多动症的表现更加明显。

因此，建议您和班主任讨论，是否可以适当减少孩子的作业量，做到"少而精"。这样既能减轻孩子的负担，又能保证他有充沛的精力迎接第二天的学习。

后续沟通同样重要。

在通常情况下，和班主任沟通到这一步，主要问题基本解决了。不过，您千万不要以为事情到这里就结束了，后续的持续性沟通同样非常重要。

在后续的交流中，您可以定期向班主任反馈孩子在家里实施方案的情况，尤其是孩子在这个过程中取得的点滴进步。这样不仅能让班主任更全面地了解孩子的状态，还能让班主任在学校对孩子的进步给予及时的表扬和鼓励。这种正向反馈对孩子的成长和行为改善特别有帮助。

您也可以通过和班主任的交流，了解孩子在学校的表现，看看方案在实际执行中的效果。如果发现某些部分没有达到预期，可以和班主任一起探讨，及时调整方案。这就是为什么我建议方案周期设置为半个月——短期反馈更利于发现问题并快速优化。

如果您的孩子正在服药，您还可以拜托班主任帮助观察孩子在学校的表现，包括是否有副作用或其他异常情况出现。班主任的反馈能帮助医生更好地调整治疗方案和训练计划，帮助孩子解决问题。

最后，再提醒一点。每次沟通时，一定不要忘记对班主任的付出和用心表示感谢。感恩班主任的付出，他的支持是孩子成长路上的重要力量。它能让班主任感受到自己的工作被看到、被认可，从而更加愿意为孩子投入更多精力。其实，班主任在一定程度上也需要肯定和鼓励，和多动症的孩子一样，他们也会因为被认可而更加积极地配合。

通过持续沟通，您不仅能更有效地争取到班主任这一重要的教育资源，还能与学校一起创造积极正向的成长环境，帮助孩子更快地解决问题，实现进步和成长。同时，家长和学校之间的良性互动，也能真正实现家校共育，为孩子的成长和进步打下坚实的基础。

5

好好沟通，让孩子的
学习更高效

孩子写作业不认真，
如何与班主任沟通

孩子的作业情况，是家长和班主任聊得较多的话题之一。很多家长给我留言说，老师经常打电话"控诉"孩子。要么说孩子在学校不认真做作业，经常和同学讲话，到自习课结束之后作业还没写完；要么说孩子的家庭作业错误率很高，怀疑孩子在家是不是随便糊弄的。搞得不少家长一看到班主任的信息或是电话就紧张，接电话的时候手心都冒汗。

孩子的作业情况确实是家长和老师长期交流的重点。交流不畅，双方就容易产生误会。沟通顺畅，孩子的问题就容易顺利解决，家校合作也能更高效。

和班主任沟通孩子的作业一般有两种情况：第一种情况，孩子在学校表现不理想，班主任主动联系家长；第二种情况，班主任很少或者从来不主动联系家长，家长对孩子在学校的作业情况一无所知，所以很多家长主动找班主任沟通。

在这一小节中，我们先来聊聊第一种情况——如果班主任主动打电话沟通，家长该怎么应对。而第二种情况，我们留到下一小节再详细展开。

班主任主动找家长聊孩子的作业情况，通常是因为出现了两个问题。其一，孩子在学校做作业不认真，比如讲话、影响课堂纪律，这更多是态度问题。其二，孩子的家庭作业完成情况糟糕，比如没做完或者错误很多，这主要是作业质量问题。

我先来讲第一个问题。

当班主任打电话来"控诉"孩子在学校不认真完成作业时，根据我的经验，家长的反应大致有三种。

第一种：怒发冲冠，直接批评孩子。

这种家长听到老师说孩子做作业不认真，就非常生气，等孩子回到家就开始训斥："你到底是怎么回事？人家都在写作业，你为什么不认真写呢？你为什么要和别人讲话呢？真是气死我了！"

如果您就是这样做的，是否注意到孩子的反应？他很可能像刺猬一样，竖起了自己的尖刺来防御。您问他为什么不认真，孩子可能会说："我认真做了的呀！"您把班主任投诉的事情告诉他，他可能会推卸责任："是同桌找我说话的呀！"

您着急上火地质问他，孩子就找各种理由给您挡回去。这样一来，您的质问只会引起孩子的反感和叛逆，根本解决不了问题。

第二种：无所谓，不配合。

有些家长觉得班主任事多、太麻烦，甚至很不尊重班主任，如果孩子感受到了您对班主任的这种态度，他大概率也会效仿，在学校里为所欲为，因为他认为班主任拿他没办法。

一旦孩子有了这种态度，他慢慢就会失去对班主任和规则的敬畏，最后变成让班主任和家长都头疼的"问题学生"。

第三种：直接回怼，觉得班主任在找碴。

有的家长会直接回怼班主任，觉得"为什么别的老师没这个问题，就您有，这到底是谁的问题呢？要么是您没能力，管不住孩子；要么是您的课无聊，孩子不愿意配合"。

这样的态度不仅会让家长和班主任处于对立面，还会潜移默化地影响孩子，他也会用同样的方式顶撞班主任。这样一来，班主任对孩子的管理和引导就更难了。

所以，当听到班主任投诉孩子不认真做作业时，不管是批评孩子、表达无所谓，还是回撑班主任，都解决不了问题，反而会让家校关系恶化，孩子也没能学会尊重规则和老师。

那么，家长应该如何与班主任沟通呢？我给您几个建议。

（1）认真倾听，搞清楚班主任的期望是什么

班主任给家长陈述一个问题，多半是因为他一个人不能很好地解决，希望家长能配合。比如，孩子做作业不专心，经常和同学讲话，班主任找您的目的，是希望和您一起找到解决问题的方法，让孩子专心地完成自己的作业。

所以，接到班主任的电话不要慌，先听他说，之后再一起想办法。

（2）感谢班主任的关照，肯定他的付出

在班主任告知孩子问题的时候，不要急着骂孩子或撑班主任，先感谢班主任对孩子的关注。比如您可以这样说："老师，感谢您告诉我孩子的问题，让您费心了，您能关注到每一位孩子的问题，让我很感动。"

这样说，肯定了班主任对孩子的关注，这是有效沟通的第一步，能有效避免双方产生对立情绪。

（3）分析问题，找到背后的原因

结合您在家对孩子的观察，和班主任一起分析问题，找到背后的原因，再讨论解决问题的方法和途径。

比如，有的孩子做作业不专心，喜欢找别人说话，原因是他做作业没有紧迫感，认为在学校做不完作业，回家还可以继续做。针对这种情况，可以给孩子限定一个时间，告诉他必须在规定时间内完成，否则放学后要留下来补作业。孩子怕家长等久了会批评他，自然就会抓紧时间。

又如，有的孩子容易受别人影响，别人的一举一动都可能牵动他的注意力。这种情况可以把他调到更为安静自觉的孩子旁边，找不到人讲话，他就能够更为专心地完成作业。

总之，家长需要和班主任一起沟通，分析、明确问题的原因，再给予班主任相应的权利，教育和引导孩子。

注意：在和班主任分析孩子的问题时，一定要注意语气，态度决定结果，不要让班主任觉得您在推卸责任或质疑他。

（4）表达合作意愿，和班主任一起解决问题

最后，您可以告诉班主任："老师，学校里面的事情我确实帮不上忙，就麻烦您费心了。在家里，我会规范孩子的行为，合理规划时间，培养孩子的时间观念。培养孩子确实不是一件容易的事，关键是您还要管理这么多的孩子，真的辛苦了。需要我的地方，您可以随时告诉我，我们一起努力解决孩子的问题。"

这样表达您的合作意愿，就能让班主任感受到您是他的盟友，而不是对立面。

接下来，我来讲第二个问题，即孩子的家庭作业做得糟糕，错误太多。一样地，在接到班主任的投诉电话时，别急着骂孩子，更不要回怼班主任，前面的分析就不赘述了，这里我给您梳理总结了一套和班主任的沟通话术，希望能够对您有所帮助。

第一步，给予安慰，肯定付出。

当班主任看到孩子的错误太多，难免会生气恼火，这是可以理解的。因此，第一步您要安抚老师的情绪，并肯定他的付出。您可以这样说：

"老师，我们家孩子的作业太让您费心了，您能认真批改每一个孩子的作业，真的让我很感动，感谢您！"

这样说，既让班主任的情绪得到安抚，也让他的付出被看见，相信他的

火气很快就会消下去。

第二步，分析问题，找到原因。

沟通时，您可以分享孩子在家做作业的情况，以便和班主任一起分析原因。

首先，告诉班主任孩子回家后的时间安排。是先做作业再玩，还是先玩再做作业。有的孩子先玩再做作业，心情很难平静下来，导致作业质量不高。或者玩的时间太长，后面没有足够的时间完成作业，只能匆匆忙忙完成，导致错误率很高。

其次，告知班主任孩子是怎么做作业的。是先复习再做作业，还是不复习直接做。做作业前的复习环节十分重要，可以帮孩子回顾一天所学知识，减少因为遗忘而出错的概率。有的孩子喜欢边做作业边玩，或者一会儿喝水，一会儿上厕所，一会儿吃东西，一会儿看课外书……孩子不能专注，作业中自然会出现较多问题。

再次，告诉班主任孩子完成作业后的安排。在做完作业后，如果马上有好吃的、好玩的等着他，孩子可能会为了赶紧做完作业而敷衍，专注力不在学习上，导致出现较多问题。

最后，告知班主任您的家庭环境如何。吵闹的家庭环境，也会让孩子不能专注于学习，导致学习效果不理想。

第三步，表达观点，寻求合作。

为了培养孩子的自觉性以及孩子的自主学习能力，有的家长不会检查孩子的作业。如果是这样，您不妨告诉班主任：

"老师，由于最近我在培养孩子的自主学习能力，所以没有检查他的作业。我觉得作业是他自己的事情，他应该承担作业的后果。等孩子回家后，我会告诉他作业错误很多，让他自己改正。如果他有问题问我，我会帮他。"

这样说，可以避免让班主任产生误会，觉得您不负责任或者是在推卸责任。

接下来，您可以表达合作意愿，和班主任建立合作关系，比如这样说：

"老师，在检查作业方面，我确实不够专业，孩子也不喜欢我插手，如果我强行检查，可能会激起矛盾，这样更不利于孩子学习。在学习方面，我想拜托您多指导，我可以为孩子创造一个好的学习环境，并培养孩子在家的学习习惯，您看可以吗？培养孩子确实很不容易，您还要管几十个孩子，实在太不容易了。有什么我能做的，您随时说，我们一起配合，谢谢！"

这样说，既表明了您的合作意愿，也让班主任觉得您是他的盟友，这样家校合作才能更顺利。

总结来说，如果是班主任主动找您"投诉"，说孩子在学校做作业不认真或者完成质量太差，别急着骂孩子或者撑班主任。先安抚班主任的情绪，再一起分析问题，最后合作解决问题。在沟通的过程中，一定要注意语气，我们的目标是家校合作，而不是家校对立，您说对吧？

孩子的作业情况家长完全不知道，您要主动和班主任沟通

上一节，我们讨论了班主任主动"投诉"孩子时，家长该怎么应对，希望大家能从中获得一些启发。其实，班主任能主动反馈孩子的问题，说明他是一位负责任的老师，愿意关注孩子，帮助孩子解决问题。

那么，如果班主任很少甚至从来不跟您反馈孩子的作业或学习情况，您又该如何主动与班主任建立沟通呢？这一节，我将从这个角度出发，聊聊具体的沟通方法，希望能给您一些新思路。

有些家长一看到班主任的电话就紧张，甚至莫名焦虑。所以他们会觉得班主任不找自己是件好事，至少不用手足无措。您是否也有这种感觉？但您有没有想过，如果班主任从不反馈孩子的作业完成情况，您又如何真正了解孩子在学校的表现呢？比如，孩子是否按时认真完成作业？他对知识点的掌握情况如何？他需要家长在哪些方面给予帮助和支持？

班主任不找您，不代表没问题，主动沟通才能掌握孩子的学习情况。只有主动沟通，才能及时发现孩子的薄弱环节，给予必要的指导和支持。保持紧密的家校合作关系，能真正帮助孩子更好地成长，也能让家长更加安心。

接下来，我们就来具体讨论怎么主动和班主任建立沟通。我总结了三个关键步骤，希望对您有所帮助。

第一步，主动介绍孩子在家的作业完成情况。

在和班主任沟通之前，您得先了解孩子在家完成作业的具体情况。这就

需要您平时多观察，了解孩子的学习状态。很多家长觉得做作业是孩子自己的事，虽然这话没错，但在孩子还没有养成良好的学习习惯之前，家长的指导和帮助还是非常必要的。忽视这一点，可能导致孩子养成拖沓、不专注的坏习惯，未来家长和孩子可能会陷入长期的"拉锯战"，影响学习效率不说，还会伤害亲子关系。所以，家长的观察尤为重要，这样与班主任沟通时，他才能更全面地了解孩子的问题。

（1）了解孩子课后作业的完成时间

很多家长会问："孩子回家后应该先玩还是先做作业？"我的建议是，孩子回家后可以短暂休息，但尽量让他早点开始做作业。这样做一来可以帮助孩子快速进入学习状态，二来确保他们有足够的时间完成作业，从而提高质量。如果孩子习惯先玩再做作业，可能会玩得忘记时间，最后匆忙赶作业，这样作业效果就会大打折扣。

在沟通时，您可以告诉班主任孩子做作业的时间安排，比如是放学后立刻做，还是拖到晚上再做，这样班主任能更清楚孩子的精神状态。

（2）观察孩子完成作业时的学习状态

孩子的学习方法直接决定了作业的质量。比如，孩子做作业前有没有复习当天的知识？如果没有复习，遗忘知识点的概率就会增加，作业错误也会增多，甚至可能一边写一边翻书查笔记，这样不利于知识的内化。

此外，孩子做作业时的专注程度也很关键。有些孩子总是三心二意，一会儿喝水、一会儿吃东西，甚至一边写一边玩，这样完成的作业质量可想而知了。

把这些观察到的情况告知班主任，可以帮助班主任全面了解孩子的学习状态，更好地判断孩子的知识掌握情况。

（3）知晓孩子完成作业时的顺序

孩子做各科作业的顺序，会直接影响作业的质量。有的孩子喜欢先做自己擅长科目的作业，把难的部分留到最后。这样安排的好处是，孩子一开始能保持一个比较好的心态，情绪稳定地完成熟练的部分，整体效率会更高。

但也有的孩子或家长会选择先攻克难点，把不擅长的学科放在前面。这种安排可能会带来两个问题——

第一，时间分配不均。孩子在难题上耗费太多时间，可能导致后面的作业没有足够的时间完成，最后只能匆匆赶工，影响整体作业质量。

第二，情绪受挫。如果孩子一上来就遇到难题，可能会变得焦躁甚至放弃，直接影响后面其他作业的完成质量。

（4）了解孩子完成作业后的后续行动

孩子完成作业后，是直接收拾书包，花时间查漏补缺，还是进行一些巩固练习？如果孩子当天的问题没有及时解决，可能会越积累越多，最终形成大的学习漏洞，影响后续的学习效果。让班主任知道孩子完成作业后是否会复习和巩固，可以帮助他制订更有针对性的教学或辅导计划。

基于您对孩子做作业情况的观察和了解，班主任可以更全面地掌握孩子在家的学习情况，从而制订更合理的教学计划或个性化的辅导方案。

第二步，主动询问孩子在校的作业完成情况。

家长和班主任沟通的核心目的，就是互相交流孩子的学习情况，拼凑出孩子学习的全貌，这样才能更好地帮助孩子。上一步，您已经向班主任介绍了孩子在家做作业的情况，接下来我要谈谈如何从班主任那里了解孩子在学校的表现。

（1）询问孩子在学校作业完成的情况

对于小学生，家长可以每天回家后检查孩子在学校的作业完成情况。但如果是针对中学生，尤其是寄宿生，家长就很难每天跟踪孩子的作业表现了。这时候，向班主任了解孩子在校的作业情况就显得尤为重要。

比如，孩子的课堂作业是否认真完成？是否能够按时交作业？这些都能反映出孩子在课堂上的学习状态。毕竟，课堂是学习的第一阵地。如果孩子课堂作业完成得不好，家庭作业的质量往往也会受到影响。

（2）了解孩子遇到问题后的弥补措施

当孩子在学校做作业遇到问题时，他是否采取了正确的应对方法？比如，他会不会主动问同学或老师，掌握解题方法后再独立解决问题？这是家长希望孩子做到的。然而，有些孩子选择抄同学的答案，从表面上看是完成了作业，实际上问题并没有真正得到解决。这样的错误行为如果不引起重视，就会反复出现，最后变成孩子学习上的"拦路虎"。

在这里，我想特别强调，那些孩子经常出错的题目，往往是孩子没有真正掌握的内容，一定要整理在错题本上，并且反复复习和消化。错题本是孩子的"宝藏库"，反复复习才能吃透知识点。家长可以询问班主任孩子有没有整理错题的习惯，能不能及时订正错误。这些细节都可以反映孩子在学习上的态度和能力。

通过向班主任了解孩子在学校的作业情况，您可以更全面地掌握孩子的学习状态，这有助于您在家中更有针对性地辅导孩子。

第三步，咨询班主任如何解决问题。

当我们观察了孩子在家里做作业的情况，又向班主任了解了孩子在学校的学习表现之后，孩子在学习上的问题就会比较清晰了。接下来，关键是如何解决这些问题。这时候，您可以直接跟班主任商量，看看如何合作，一起帮助孩子克服学习中的困难。

第一种情况，孩子的问题较少。

如果孩子的问题不多，处理起来会相对简单。您可以询问班主任，该如何配合解决这些具体问题。有些家长就做得非常好，比如我们班有位家长，每周五都会向我询问孩子一周的学习情况，并请教解决方法。我通常会根据孩子的具体问题提出建议，比如整理错题、重做并复习，完成同步练习资料，利用视频课程加强对知识点的理解，如果需要，寻求专业人士的辅导。

这里需要注意的是，很多家长喜欢给孩子报很多补习班，希望通过补习班解决问题。但这可能并不高效。补习班老师未必了解孩子的具体问题，也很难做到有针对性的辅导。所以，与其盲目报班，不如先向班主任了解清楚孩子的问题，再决定是否需要额外的帮助。在孩子能力范围内能解决的问题，尽量让他自己解决，这不仅能锻炼他的独立思考能力，还能保护他对学习的自信心。

第二种情况，孩子的问题较多。

如果孩子的问题很多，那就要注意方法了。很多家长在辅导孩子时会感到崩溃，因为问题多到无从下手。这时，家长和班主任要一起帮助孩子梳理问题，进行优先级排序。

（1）明确优先解决哪些问题。和班主任谈论，哪些问题需要马上解决，哪些可以延迟处理。优先解决核心问题，避免"眉毛胡子一把抓"，否则容易事倍功半。

（2）剔除过难的题目。根据孩子目前的能力，筛选适合他的题目练习，而不是一股脑儿地让他完成所有难题。这样既能集中精力解决关键问题，也不会因为问题难度过高而打击孩子的自信心。

按照问题的重要性和难度一步步解决，不仅能让孩子稳扎稳打地进步，还能保护他的积极性和学习兴趣，避免孩子因为压力太大而失去动力。保护孩子的学习动力，比解决具体问题更重要。

总结来说，主动沟通是家校合作的基础。通过交流，家长既能帮助班主任更了解孩子，也能获得更精准的指导方案，为孩子的学习提供支持，同时还能激发孩子的学习动力。这才是高效解决问题的关键。

作业被罚抄 100 遍，
如何让班主任停止无效"惩罚"

家长朋友们小时候是否被老师罚抄过作业呢？如果有，还记得被罚抄了多少遍吗？

罚抄是一种常见的惩戒方式，很多老师喜欢用它来教育孩子，通常有两种情况。

第一种情况，孩子对知识点记忆不牢固，或者因为粗心导致错误频发，适度的罚抄往往能起到一定作用。比如，让孩子抄写生字词或英语单词，有助于加深记忆。在单词听写教学时，我经常建议学生把容易出错的单词多写几遍，随后进行复查测试，这样能显著提升记忆效果。这种"罚抄"其实是在帮助孩子改正错误，属于教育指导的范畴，目的是让孩子学得更好。

第二种情况就值得商榷了。有时孩子频繁犯错，而班主任一时找不到更好的解决办法，于是就通过罚抄来惩罚孩子，希望孩子能长记性。然而，这种方式的效果往往不理想。特别是当老师带着情绪，让孩子抄写特别多遍的时候，这就偏离了教育的本质。这样的惩罚不仅起不到教育作用，还可能损害孩子的身心健康，影响师生关系。

给大家举个例子，我以前的班主任是位数学老师。他在期中和期末考试前，都会给我们定个"硬指标"：必须考到某个分数，达不到就要罚抄试卷。考不到 80 分抄 5 遍，考不到 90 分抄 2 遍。那些没达标的同学，只能熬夜抄试卷，有时候抄到凌晨都抄不完。但即便这样，该出错的地方还是会出错。

罚抄不是万能的，过度罚抄反而会让孩子对学习失去兴趣。在罚抄试卷时，很多孩子的注意力早就不在知识点上了，而是满脑子想着怎么快点完成任务，有的甚至一边抄一边在心里怨恨或咒骂老师。所以说，这种罚抄的方式是无效且不合理的。

孩子考不好，如果是能力问题，抄多少遍也没用。关键是找到孩子知识上的漏洞，再让孩子有针对性地复习和巩固。

前面提到，如果出错是因为孩子没记牢或者粗心，适度的罚抄确实有效果。那么问题是：到底抄多少遍才算合理呢？

上海市教育委员会曾经做过一个研究，发现抄写达到4遍后，再增加次数并不会显著提升记忆效果。换句话说，罚抄4遍是基于科学，而罚抄100遍是一种情绪暴力。过多重复的抄写，暴露的不是孩子的问题，而是老师教学方法的低效，甚至可以说是老师在教育方式上偷懒了。

因此我认为，同一个内容的抄写在4遍以内是比较合理的。金蕴玉、冯健的《一年级学生抄写生字四遍与八遍的效果比较试验》指出：抄写生字4遍与8遍的效果差异是不明显的。如果让孩子抄100遍甚至更多遍，不仅不会提升学习效果，还有极大可能会适得其反。

这种过度的惩罚很容易让孩子反感，甚至产生叛逆心理。更严重的是，可能会让孩子讨厌老师，进而讨厌这门学科，这种负面影响是长期且深远的。教育是为了帮助孩子成长，而不是让他们对学习产生恐惧或者反感。

但现实中，确实有不少班主任会让孩子罚抄作业100遍甚至更多遍，那么我们该怎么办？是目睹孩子抄到深夜甚至凌晨，还是找班主任沟通呢？

很多家长害怕找班主任沟通，担心会说错话，让班主任心生不满，给孩子"穿小鞋"。所以很多时候，他们选择能忍就忍。

在全国各地的家长发给我的私信中，我可以感觉到，目前有些家长和老师的关系确实有点紧张，甚至出现了对立的状态。家长埋怨老师不负责任，把大量工作推给家长；老师则认为家长对孩子的教育不上心，让他们在教育孩子这件事上孤军奋战。这就是为什么我一直呼吁家校沟通、家校合作，为此还专门运营自媒体账号，帮家长分析问题，出谋献策。

其实，跟班主任沟通，大可不必那么小心翼翼。班主任用罚抄的方式处理孩子的问题，从另一个角度说明班主任还是非常负责任的，至少他还在努力尝试解决孩子的学习问题。如果班主任完全放任孩子，对孩子的学习彻底放弃，那才真正让人担心。

我们不妨换个角度思考，班主任惩罚孩子大量抄写，可能是在传递两个信号。

第一，这可能是在提醒家长：您需要主动和他沟通，相互配合来解决孩子的学习问题。教育是一件需要家校合力的事情，单靠班主任一方很难达到理想效果。

第二，这可能反映出班主任对家长的不作为感到不满。班主任的教育方法如果长期得不到家长的回应和配合，他自然会感到沮丧，甚至生气。毕竟班主任也是普通人，也有自己的情绪和压力。如果多次尝试无果，班主任可能就会用极端的方式来引起家长的重视。

这种情绪并不难理解。很多家长也有类似的感受，比如有家长私信告诉我，他们花了大量时间和精力辅导孩子，但孩子却不领情，甚至抱怨父母管得太多，让家长觉得既挫败又无力。这种心情，和班主任的心态是否很像呢？

所以，如果发现班主任的教育手段不够合理，罚抄的遍数过多，甚至影响到了孩子的身心健康，家长一定要及时和班主任沟通。教育不是让孩子"吃苦头"，而是帮他们找到正确的路。我相信，大部分负责任的班主任，都很愿意跟家长沟通。

但在沟通时，一定要注意语气和方式。千万不要因为孩子被罚抄了作业，就气急败坏地找班主任发泄情绪。这种情绪化的沟通不仅不能解决问题，反而可能让家校关系更紧张，引发新的矛盾。沟通的目的是解决难题，而不是制造新的问题。

那么，孩子被罚抄到什么程度，家长就需要主动和班主任沟通了呢？这里我给出一个具体的参考标准：如果孩子被罚抄作业超过了晚上 11 点还没完成，那我的建议是优先保证孩子的睡眠，然后找机会主动和班主任沟通。

根据科学研究和我们长期教学积累的经验，通常 11 点是孩子睡觉的最晚时间点，因为睡眠不足会直接影响第二天的学习状态，学习效率会大打折扣，最终形成恶性循环。与其被罚抄到 11 点，不如让孩子睡个好觉。

您可以这样和班主任说："老师您好，孩子最近确实犯了错误，我对此感到很抱歉，也非常感谢您对他的教育和引导。关于您布置的罚抄任务，我在家里一直在监督孩子完成，但是写到晚上 11 点还没完成，确实太晚了。我担心睡眠不足会影响他第二天的学习状态，就让他先休息了。"这样说不仅表明了您对班主任工作的支持和尊重，也清楚地表达了您的担忧和处理方式。一般情况下，班主任都会理解的，也不会继续追究。

您还可以进一步表明合作的态度："老师，孩子已经认识到错误了。如果以后再犯类似的错误，您可以随时告诉我，我会和您一起教育孩子。再次感谢您对孩子的用心指导！"

这样沟通有几个好处：首先，体现了您对班主任工作的理解和支持；其次，明确了双方是合作关系，是为孩子共同努力的同盟；最后，让班主任感受到您的诚意，知道有问题可以及时和您沟通解决。这种合作模式能够避免班主任在教育孩子时感到孤立无援，从而减少因情绪失控导致的不当行为。

如果您能这样和班主任沟通，通常班主任就不会再为难孩子，也会更关注教育效果。相反，如果忽略沟通，孩子在学校可能因为经常被罚而感到难堪，这不利于孩子的进步和成长。

家长朋友们，我一直强调和班主任定期沟通的重要性。通过沟通，您不仅可以了解孩子在学校的表现，还能与班主任建立良好的合作关系，并共同解决孩子的问题，这能够有效地避免班主任因为长期的教育无果而情绪失控，做出罚抄 100 遍甚至更多遍这样的过激行为，给孩子造成不必要的身心伤害。希望更多的家长能够重视沟通的重要性和必要性。

考试后如何与班主任沟通，让孩子一次比一次考得好

以前，孩子们中间流传着这样一句顺口溜："考考考，老师的法宝；分分分，学生的命根。"虽然是句玩笑话，但从中能感受到大家对分数的重视。我在前面提到，现在的家长过于看重分数，可以说是"为分数马首是瞻"。

有的家长甚至有点"走火入魔"了。这并不是随便说说的，在我做自媒体这几年收到的私信中，关于分数的困惑和焦虑太多了。有的家长要求孩子必须考满分；有的因为孩子某科只考了 95 分就立刻安排他上补习班；还有的家长每天给孩子布置各种"妈妈牌"作业，只为了提升成绩，哪怕是一分两分。孩子考得好，风平浪静，一旦成绩没达到预期，家长马上怒火中烧，责骂孩子，甚至跑去找老师"兴师问罪"。

我在前面已经强调过，分数并不是全部。它只是一个工具，是用来检测孩子阶段性学习情况，进而帮助我们发现问题、解决问题的。所以，家长在看到孩子的成绩后，千万不要只盯着分数，更不要一味责备孩子，而是要抓住机会，帮助孩子找到成长和进步的方向。

那么，考试之后，家长应该如何与班主任沟通呢？什么样的沟通才是有效的呢？在回答这个问题之前，我想先问大家一个问题：您和班主任沟通的目的是什么？只要想清楚了这个问题，接下来基本就知道该怎么做了。

如果让我来说考试后找班主任沟通的目的，可以总结成 12 个字：交换信息、探讨问题、寻求方案。如果能围绕这 12 个字展开沟通，效果一定会

比单纯盯着分数更有意义。接下来，我就详细说说，考试之后该如何与班主任进行有效的沟通。

交换信息，全面了解孩子

和班主任沟通，不要只是单方面听班主任说。孩子的学习需要家长和老师共同努力，只有家校携手，才能更好地帮助孩子成长。光靠班主任一个人，无法全面了解孩子的情况。

在沟通开始之前，建议您做好准备，把掌握的信息带给班主任，这样才能让交流更高效，也更有针对性。具体准备内容如下。

（1）观察记录孩子在家的表现

在跟班主任沟通之前，一定要观察并记录孩子平时的学习表现，尽量具体一些。比如，孩子在家里做作业的态度、遇到难题时的反应、完成作业的效率和质量等，这些细节都很重要。

很多孩子在学校和家里的表现会有很大不同，可能在学校认真听讲，但回到家学习效率就会降低，甚至偷懒。所以，把孩子在家里的学习情况分享给班主任，可以帮助他更全面地了解孩子的状态。这样，班主任也能更好地配合您，并给您提供针对性的建议。

我以前教过一个学生——小 W 同学，他在学校表现很好，尤其是他的英语成绩一直名列前茅。但假期回家后，作业完成得非常不认真，书写很潦草，正确率也很低。后来我和他的妈妈沟通，了解到孩子在家喜欢把自己关在房间里，主要时间都用来打游戏和听音乐，作业总是拖到返校前几个小时才匆匆赶出来，质量自然很差。

得知这个情况后，我找机会和孩子聊了一次。因为他平时挺喜欢我的，所以他十分听我的话。我和他约定好，每周六必须完成作业，并私下发给我检查。我还特意告诉他，我会优先给他"一对一"辅导，这是只有他一个人享有的"特权"。孩子听了很开心，也愿意配合我的要求。经过一段时间的跟进和调整，他的作业问题得到了明显的改善。

正因为小 W 妈妈给我提供的信息，让我知道了孩子在家的学习状态和时间安排，我才能设计出这样的个性化方案，帮助孩子解决实际问题。

（2）和孩子一起分析试卷

考完试之后，家长要和孩子一起分析试卷，找出出错的具体原因，看看问题到底出在何处。很多孩子考得不好，但对自己为什么做错题却没有清楚的认识，经常用"粗心大意"来掩盖真实问题。如果家长不和孩子仔细分析试卷，就很难准确判断孩子的真正问题所在。

比如，有的家长和我沟通时总说，孩子很聪明，就是太粗心，如果细心一点就能考得很好。但这样说太笼统了，到底是不是粗心，还需要具体分析才知道。

可以让孩子重做错题，根据孩子再次的表现，来验证他的错因。错误原因一般有三类。

· 概念没掌握：如果重做还是做不对，或者答案模棱两可，说明他对相关知识点没有"吃透"，这是能力问题。这类错误通常在遇到同类型题目时还会存在，需要加强对基本概念的理解和练习。

· 粗心导致：如果孩子重做时能够迅速做对，并明确表示自己是看错题目或写错答案，这大概率就是粗心问题，提醒他下次要注意避免这类问题。

· 习惯不好：有些错误是因为书写潦草，比如数学题中书写的数字看不清，或者不勾画关键词，导致遗漏重要信息。这类问题主要与孩子的书写习惯和做题习惯有关，需要从习惯养成入手改进。

长期坚持这种分析方法，您就能更清楚孩子学习中的短板，是知识没掌握、粗心还是习惯不好，然后反馈给班主任，共同探讨出一套个性化的教学策略，然后有针对性地去解决问题。

（3）观察孩子的作业情况

和孩子一起分析完试卷后，您应该对孩子的问题有了初步的了解。接下来，您还可以观察孩子平时的作业情况。比如，他是先复习巩固再做作业，还是边翻书边写？作业的正确率如何？这些细节都能反映出孩子的学习状态和可能存在的问题。

当您掌握了这些信息后，再带着具体的问题和观察到的情况去和班主任沟通，就能为他提供更多有用的参考。这样，班主任就可以了解学校里无法观察到的孩子的学习表现，进而设计出更有针对性的教育方案，帮助孩子更好地解决问题。

（4）向班主任了解孩子在校表现

比如，在分析完试卷后，您可以询问班主任试卷的难易程度，以及班级的整体情况，这有助于您判断孩子的成绩到底是因为出题难度所致，还是其自身原因所致。

如果问题出在孩子身上，您可以继续向班主任了解孩子平时在学校的学习表现，比如课堂作业的完成情况、错题改正情况等。这些信息能够帮助您更全面地了解孩子的学习情况，从而找到孩子自身存在的真实问题，并寻找合适的解决方法。

总之，家长应该是孩子的后盾，而不是压力的来源。当孩子的考试成绩不理想时，不要急着批评或责备孩子。家长应该先细致观察孩子平时的学习情况，然后和孩子一起分析试卷中的错误原因，并和班主任充分沟通，交换有效信息。着急上火没用，不能解决问题，还会影响您和孩子的亲子关系，颇为不值。

探讨问题，找到问题的根源

做好充分准备后，和班主任的沟通就能直入主题，避免在问题的排查上浪费时间。当您提供了有效的信息，再加上班主任的观察，二者对比，就能迅速明确孩子问题的根源，并及时解决。

举个例子，如果孩子的计算题总是出错，孩子自己可能会归结为"粗心"，但问题出现的真实原因可能并没有这么简单。有些家长可能每天都让孩子做计算题，但孩子还是会犯错。这时候，粗心只是表面现象，背后其实可能有三个原因。

（1）运算规则没有掌握

比如在做类似"20-(a+3)"的题目时，孩子没有记住打开括号后加号应该变成减号，这种错误不是粗心，而是概念或规则没有记清楚。

（2）缺乏流程思维

有些孩子做大数乘除法时，为了省事可能跳过一些步骤，或者在进位和退位时不做标注，这样很容易出错。让孩子重做，他们可能会得到正确答案，但如果没有掌握规范的计算流程，他们依然会犯同样的错误。

（3）不良习惯

有的孩子不打草稿直接心算，或者书写不清晰，导致数字看错，比如把"7"看成"1"、把"3"看成"7"等。在这种情况下，如果您让孩子重做一遍题目，他或许会更加专注，从而减少错误的出现。

因此，孩子的错误不能仅仅归结为粗心。认真观察孩子的学习状态和习惯，再带着这些准备去和班主任沟通，就能迅速找出孩子计算题出错的根本原因，从而采取更有针对性的解决办法。

总之，和班主任沟通时，关键是要带着具体的问题和观察到的情况去交流，而不是泛泛而谈。通过家校合作，找到问题的根源，才能真正帮助孩子解决问题，而不是停留在问题的表象。这样，孩子的学习才能有实质性的进步，家长也能少一些焦虑，多一些信心。

寻求方案，选择解决途径

在找到孩子出错的根源后，接下来就要和班主任一起探讨解决问题的具体办法和方案。这是和班主任沟通的核心目的。

如果孩子是因为没有弄清楚概念或规则而出错，在家时，您可以和孩子一起复习书本内容，重新学习，确保他理解并掌握这些概念或规则。在学校，老师可以做进一步讲解，通过反复讲解帮助孩子记住这些知识点。这就是家校合作的优势。

如果孩子没有形成流程思维，那就需要让他在做题时打草稿，并一步步地讲解，这样您就能发现他在哪个环节出了问题，然后有针对性地解决。

如果问题出在孩子的书写上，那就需要让孩子多练字。我经常遇到一些聪明的男生，因为书写不好导致计算错误，成绩总是提升不了，尤其是理科成绩。这种情况最好的解决方法就是练字，规范书写。千万不要觉得练字是小学生做的事，即使是初中生、高中生，只要书写不好，就应该重视练字，因为书写不好直接影响成绩，因小失大。

问题解决之后，家长还要带着孩子反复练习。那么练习要做到什么程度呢？

当习惯养成了，错误率明显降低，甚至几乎不出错时，就可以停止练习。很多家长认为题做得多了，成绩自然就会提高，其实不然。如果练习没有针对性，盲目刷题只是在浪费时间，还可能引发孩子的反感和抵触情绪。做题不在于多，而在于精，找到薄弱点才是关键。现在您应该明白，为什么很多孩子都反感做"妈妈牌"作业了吧？

总结来说，考试后和班主任沟通，一定要做好充分准备。家长平时要观察孩子的学习情况，并和孩子一起分析试卷，将孩子的问题具体清楚地告诉班主任，这样才能帮助班主任和您一起快速锁定问题，进而探讨出有效的解决方法，为孩子接下来的学习提供明确的方向。

另外，切记不能只关注分数。过度纠结于数字升降只会增加焦虑感，对孩子的成长没有帮助。分数只是工具，成长才是目标！别让数字绑架了孩子的未来，关注过程比关注结果更重要。

孩子成绩下降，如何与班主任沟通并迅速找到根源

在上一节中，我从三个方面分享了在考试之后，和班主任有效沟通的方法和注意事项。不过，我也注意到一个现象——在孩子考完试以后，许多家长并不会主动联系班主任。只有当孩子成绩明显下滑时，家长才会重视起来，然后心急如焚地找班主任沟通。

但问题是，即便家长和班主任沟通了，效果也不好。孩子的问题并没有解决，成绩也没有明显提升。问题出在什么地方？为什么沟通没有达到预期的效果呢？

这一节，我们就来深入探讨：当孩子成绩下降时，家长应该如何与班主任沟通，才能更有效地找到问题的根源，帮助孩子解决问题、提升成绩。

还记得上文提到的"十六字口诀"吗？再次回顾：稳定情绪、多方打听、分析事件、解决问题。接下来，我们就围绕这四点，聊聊孩子成绩下滑时，家长该怎么逐步解决问题。

第一步，稳定情绪，切勿急于抱怨。

很多家长一看到孩子成绩下滑，就容易情绪失控，要么对孩子大发脾气，要么急不可待地找班主任，语气急躁甚至欠佳。这种状态下，不管是和孩子还是和班主任沟通，往往都得不到想要的结果，甚至可能让问题变得更复杂。

成绩下滑不是世界末日，冷静下来才能找到问题的根源。所以在行动之前，家长要先调整好心态，冷静、客观地面对孩子成绩下滑的事实。

另外，家长要明确一点——找班主任沟通的目的是什么？是为了发泄情绪，找班主任"兴师问罪"，还是为了深入了解孩子成绩下滑的原因，探讨解决问题的方法？

如果是前者，那么沟通的结果只会让问题变得更糟。只有保持冷静、客观的态度，专注于寻找解决方案，才可能真正帮助孩子解决问题，让他重拾信心和动力。

第二步，多方打听，先倾听孩子的想法。

当家长情绪稳定了，是否就可以马上找班主任沟通了呢？

别着急，建议您再多做一个准备工作：对孩子的学习情况做好观察，先跟孩子聊聊。这就是我们十六字方针里的"多方打听"，而孩子就是"多方"中非常重要的一方。孩子是问题的核心，了解他们的想法，沟通才更有针对性。

不过，很多家长可能会遇到一个问题：孩子对自己的学习状况并不清楚，也说不出具体问题。因此，在与孩子沟通之前，家长的观察就显得尤为重要了。

那我们到底需要观察些什么呢？有四点可供参考。

①学习习惯。孩子有没有按时复习、预习？作业是否按时完成？完成得是否用心？

②作业质量。作业常出现哪些错误？错题有没有及时订正？这些错题是否反复出现？

③心理状态。孩子最近的情绪怎么样？有没有出现较大的情绪波动，比如烦躁、低落或抗拒学习的表现？

④学习态度。孩子对待学习是否主动？学习过程中是否有消极或拖延的现象？

学习习惯、学习方法、学习态度以及心理状态，这些细节中往往就藏着成绩下滑的真正原因。掌握这些信息，不仅能帮助家长更好地和孩子交流，也能为之后与班主任的沟通打下扎实的基础。毕竟，带着具体的问题和事实去沟通，比笼统地说"孩子成绩下降了"要更有针对性，也更能获得班主任的理解和支持。

全面了解了孩子的学习情况后，接下来就可以与孩子进行一次真诚的沟通。只有了解孩子的真实想法，才能深挖到问题的根源。

您可以问问孩子：在学习中是否遇到了什么困难？在人际关系方面是否遇到了什么问题？很多时候，孩子遇到的难题，是容易被家长忽略的。所以，请耐心倾听孩子的声音，避免主观揣测，因为我们成年人的判断，对孩子而言可能并不客观。

此外，家长可以和孩子一起分析试卷，找出问题所在。这里需要注意一点，不要把所有错误都简单粗暴地归结为"粗心大意"。这样的分析意义不大，也不能真正帮助孩子进步。您可以参考"考试后如何与班主任沟通，让孩子一次比一次考得好"一节中提到的方法，逐步分析错误的具体原因，比如知识点是否掌握扎实、答题习惯是否规范等。

对孩子的具体情况有了全面且深入的认识后，可以再联系班主任了解情况。班主任也是"多方"中的重要一方，因为他们对孩子在学校的表现、学习状态和人际关系有更为清楚的了解，能为您提供很多有用的信息。

提醒一句，和班主任沟通时，要选择合适的沟通媒介。虽然在微信上沟通方便快捷，但如果想深入交流、获得更好的效果，建议还是选择面谈。

当然，面谈之前要和班主任提前预约时间，找一个双方都有足够空闲的时段进行面谈，确保有充分的时间探讨孩子的问题，共同商讨解决方案。这种做好充分准备的沟通，往往比匆匆忙忙的交流效果更好。

约好了时间以后，注意一定要带着清晰的目标和问题清单去见班主任。

否则，大脑空白，什么也聊不出来，而且会遗漏重要信息。

为了帮您更有条理地进行沟通，我整理了一份问题清单，您可以参考以下七类问题来准备自己的问题清单。

（1）孩子在哪些科目上成绩下降得特别明显？

（2）孩子在课堂上的表现如何？是否积极参与课堂？

（3）孩子的作业表现如何？存在哪些问题？应该如何提升？

（4）孩子在考试中具体存在哪些问题？如何改善这些问题？

（5）孩子的学习方法是否科学？班主任是否有更好的建议？

（6）孩子的学习态度是否端正？如果有问题，该如何引导？

（7）学校是否有相关的学习辅导或资源，能够帮助孩子提升？

基于这些问题和班主任沟通，就能全面地了解孩子成绩下降的原因，而且还能逐步探讨解决方案，从而制定出一套具有针对性且切实可行的解决方案。

第三步，分析事件，理性客观地推进信息互通。

当您和班主任沟通并分析问题时，记住要保持情绪的平稳。千万不要因为孩子成绩下降就去质问班主任，甚至把问题简单归咎为班主任的失职。也别把焦虑发泄在孩子身上，千万不要把交流变成对孩子的"吐槽大会"，或者抱怨现场。

这种不好好说话的方式，解决不了任何问题，只会让班主任觉得沟通毫无建设性，浪费彼此的时间，甚至会影响他对孩子的后续关注和支持。

除了带着稳定的情绪与班主任沟通，您还要对班主任表现出尊重和信任。

首先，您可以用事先准备好的问题开启沟通。然后，认真倾听班主任的反馈。在倾听的过程中，可以做些笔记，记录下重点信息或者不理解的地方。

注意，在沟通过程中千万不要随意打断班主任的表达。如果遇到疑问，等班主任讲完后再进行追问。这样，能保证让班主任完整地表达他的看法，同时也能展现您的礼貌和素养，从而营造更良好的沟通氛围。

听完班主任的反馈后，您对孩子在学校的表现和问题有了清晰的认识。接下来，您可以把自己在家中观察到的情况和与孩子的沟通情况，分享给班主任。这样一来，班主任就能对孩子的情况有一个更全面的了解，从而给出更加客观、准确的分析，并提出合理有效的建议。

在分享了您在家中观察到的情况后，接下来的重点是和班主任一起分析问题。一定要弄清楚，孩子成绩下降到底是因为学习习惯不佳、学习方法不当、时间管理不到位，还是情绪等方面出现了问题。

千万不要忽视孩子的心理状态。在做自媒体的这些年，很多家长私信我，说他们的孩子在学校和同学相处不好，导致注意力分散、学习效率低下，成绩也随之下降。还有的家长提到，孩子因为被某位老师批评后，对这位老师产生了抵触情绪，进而对该学科也失去了兴趣。

所以，除了关注孩子的学习表现和方法，孩子的心理状态和情绪同样需要引起重视。如果发现孩子有心理上的困扰，一定要及时告知班主任，帮助孩子解开心结，让他的注意力重新回归学习。

第四步，解决问题，制定实施方案。

知道孩子成绩下滑的原因后，就可以进一步探讨如何解决问题了。这部分主要涉及两个关键内容。

第一，基于问题，设定具体目标。

明确问题后，家长和班主任可以针对问题设定实际可行的目标。如果是学习习惯有问题，可以设定改变习惯的目标；如果是学习方法不对，可以设定调整方法的目标；如果是时间管理不到位，则可以制订详细的时间计划。

这里特别提醒一句，**目标的设定一定要合理，不能好高骛远。**比如，孩子目前的成绩是 60 分，设定目标时不要设定为 90 分。这样的目标看似美好，但对孩子来说过于遥远，反而会让他感到压力大、失去信心。

正确的做法是设定一个孩子可以实现的小目标，比如孩子目前只能集中注意力写作业 15 分钟，那就可以设定一个 20 分钟的小目标，然后逐步提升，而不是骤然要求专注 1 小时。目标要小，步子要稳，这样才能让孩子体验到成就感，帮助他保持积极性，持续改进。

第二：基于目标，制订实施计划。

在明确了改进目标之后，接下来就是制订一个切实可行的实施计划。您和班主任可以一起详细规划，包括每天和每周的计划。这样，您就能清楚地知道每天要做什么，每周需要完成哪些任务。

很多家长在收到班主任的建议后，不知如何执行实施，如同"牛吃南瓜，无从下口"。所以，您和班主任制订计划时，一定要具体细致，让自己能够轻松执行跟进，减少实施过程中的困难。

比如，如果目标是改善孩子的学习习惯，实施计划可以包括：每天设定固定的学习时间，确保孩子按时完成作业；每周检查孩子的作业质量，及时纠正错误……这样的具体安排，能够真正帮助您和孩子一步步实现目标。

有时候，班主任提出的解决方案可能超出了您的能力范围。这时就可以寻求更为专业的外部资源。比如，如果您无法有效辅导孩子学习课内知识，可以和班主任商量，看看老师能否提供针对性的辅导；如果班主任没时间，您可以考虑找校外的培训机构。

注意一点，在求助培训机构之前，一定要向班主任详细了解孩子的问题和具体的解决方案。这样，您就可以把这些信息传达给培训机构的老师，确保他们能够有针对性地帮助孩子解决具体的问题。

设定好目标并制订了具体的实施计划后，一定要把沟通结果清楚地传达给孩子。

和孩子沟通时，要做到情绪稳定、实事求是。之所以这么说，是因为有些家长在听到孩子成绩下滑的消息，或者班主任的"控诉"后，回家就会批评、责骂孩子，这对问题的解决起不到任何的积极作用，相反，这只会让孩子产生抵触情绪，进而影响后续解决方案的实施效果。所以，家长一定要保持冷静，有策略性地把目标和实施计划传达给孩子。

我很喜欢用的一种策略是：先扬后抑——先认可优点和进步，再提出需要改进的地方。

比如，您可以这样跟孩子说："孩子，今天我和班主任交流了，老师说你做作业的效率有了明显提高，做得更快了，这是一个很大的进步，值得表扬！不过老师也提到，你的错误率有所上升。你是不是因为想要快速完成作业而忽略了作业的质量啊？是这样吗？"

先认可孩子的进步和优秀表现，让孩子感觉到自己的进步被看到，有助于拉近与孩子的心理距离。提出问题的时候，注意语气，不要带着情绪指出孩子的问题，不然会让孩子觉得您是在质问他、批评他，导致他所有顾虑，不敢真实地吐露心声。

接着，您可以告诉孩子："我为你挑战自己而感到高兴，但我们也要注意方法。只有方法得当，咱们才能做到事半功倍。老师建议你……你觉得这些建议怎么样？能和我说说你的想法吗？"

一句话概括：表扬要真诚，批评要温和。让孩子觉得和您交流是一种正面的体验，他才会更愿意听取建议，并且敢于表达自己的真实想法。

当然，给孩子的表扬要真实，不能为了让孩子开心而编造一些优点或进步。如果没有进步，千万不要随意夸奖，这会让孩子觉得您不真诚。表扬要建立在事实的基础上，这样才能有效地激励孩子。

如果您不太确定如何把结果有效地传达给孩子，可以鼓励孩子直接参与您和班主任的沟通。并且在沟通过程中，一定要鼓励孩子表达自己的观点和真实感受，进而让孩子参与进来探讨问题的原因和解决方法，这不仅能增强孩子的自信心和主动性，还能形成家长、孩子和班主任三方的合力，让孩子的问题得到更为有效的解决。

有的家长把实施方案转述给孩子后，认为就完成了任务，之后就不再过问。但到这一步，任务并没有完成。

我们在遇到困难时，出于趋利避害的本能，都会想逃避。同样，要解决一个难题，需要孩子付出很大努力和心血，如果没有外部的鼓励和支持，他很容易在过程中选择放弃。

所以，在和孩子沟通实施计划之后，还要持续跟进，别半途而废，孩子的进步需要时间和耐心。给予孩子监督以及足够的鼓励和支持，让孩子感受到您和班主任的关心，帮助他在挑战面前坚定信心，稳步勇敢前行。

另外，在方案的实施过程中，您还需要和班主任保持沟通。这样做一方面可以让班主任了解孩子在家的具体表现或进步，有助于家校双方的紧密合作，另一方面，在不断跟进中，如果发现方案有问题，可以及时沟通调整方案，确保方案的有效性。

总结来说，如果发现孩子成绩下降，您一定要主动与班主任沟通，和班主任一起分析原因，探讨具体的解决方案，回到家后付诸行动并持续跟进，并与班主任保持沟通，形成三方合力，这样才能更加有效地解决问题，帮助孩子将学习拉回正轨。

6

孩子遇到突发情况，
如何沟通

孩子犯错需要请家长，
抓住机会让坏事变成好事

很多家长一听到班主任的电话，心中就猛然一惊："完了，肯定是孩子在学校惹麻烦了！"有的家长甚至对查看班级微信群都感到害怕，只要看到班主任在@自己，便认为多半不会有好事。所以，一旦在群里被@，或者接到班主任的电话，不少家长立刻开始心慌，甚至害怕、手足无措。

孩子从小学读到高中这 12 年里，如果您一次都没有被叫到学校处理孩子的问题，那只能说明您家孩子简直就是"天使宝宝"，恭喜您！但现实是，很多家长都会因为孩子的某些行为被请到学校"喝茶"，配合老师处理孩子的问题。

一部分家长特别抗拒被请到学校。原因很简单：一怕被班主任批评，觉得丢面子；二怕浪费时间，去一趟学校来回折腾，半天时间就没了；三怕低声下气道歉、赔不是，感到心累。

更让人头疼的是，很多家长根本不知道怎么跟班主任沟通。既想让班主任满意，又希望孩子意识到自己的问题并愿意改正，这中间的平衡，其实很难把握。

我一个朋友就有如此经历。她的孩子住校，用零花钱私下购买了一部手机，并带到宿舍，关灯后躲在被窝里玩游戏。这样持续了一段时间，结果孩子白天上课打瞌睡，成绩也开始下滑。后来这事儿被班主任发现了，班主任直接给她打电话，请她去学校处理。

到了学校，我朋友向老师赔礼道歉，并说了很多好话，但孩子并不配合，仰着头，一副"不认错"的态度，这让班主任非常生气。最后，班主任把手机交给了她，让她回家自己处理。

回家后，我朋友越想越生气，对孩子进行怒骂，还当着孩子的面把手机砸了。结果呢？孩子整个周末都把自己关在房间里，跟她冷战。她跟我打电话时满是懊悔，说自己完全跟孩子沟通不了，也不知道怎么跟班主任沟通，结果，孩子的问题没解决，还让家庭气氛变得特别紧张。

我相信，很多家长都跟我这位朋友一样，孩子在学校出了问题，被请到学校跟班主任沟通，却不知道该怎么处理，结果不仅没解决问题，还让情况变得更加糟糕。

接下来，我就来聊聊，孩子犯了错被请家长，家长应该怎么做，才能真正解决问题。

先来回顾十六字口诀：稳定情绪、多方打听、分析事件、解决问题。遇到事情后，第一步就是稳住自己的情绪。孩子犯错很正常，不要看得太严重，甚至每次犯错都是孩子成长的一个机会。只要我们抓住了这个机会，孩子就能从中学到东西，取得进步。所以，孩子在学校闯了祸，家长千万别着急，先让自己冷静下来。

等见到班主任的时候，先道歉，您可以说："老师，真的不好意思，我家孩子又给您添麻烦了，辛苦您了！"这样的话，表达了您对老师工作的理解和尊重。

接着表示感谢："感谢您专门跟我沟通孩子的事情，您对孩子这么上心，付出了很多，我真的非常感激。"这样说，既肯定了班主任的付出，也让对方感受到您的真诚和重视，给了班主任足够的"情绪价值"。

听了您的道歉和感谢后，班主任的火气可能会消下去不少，气氛也会缓和很多，这对接下来的沟通是个很好的起点。

注意！这个时候千万别为孩子辩解，比如："他在家从来不这样啊！"

"他在之前的班上怎么没有这样的问题呢？"这些话听上去是在质问班主任，会把班主任置于您的对立面，这对解决问题没有任何好处。正确的做法是摆低姿态，表现出合作的态度，让班主任感受到您愿意一起解决问题的诚意。记住，先道歉，再感谢，班主任的气能消一半。

稳住班主任的情绪后，接下来就是认真听班主任对孩子问题的讲述，并试着理解和共情他的感受。等班主任说完孩子的问题后，您可以这样表示关心和理解："老师，您真是太辛苦了，现在的孩子确实不好带，班上又有这么多学生，您平时管起来肯定特别累，实在是麻烦您了！"

听到您这么说，班主任会觉得您理解他的难处，情绪也会进一步平复下来。这有利于营造一个良好的沟通氛围，便于讨论问题的原因和解决方案。

等班主任讲完孩子的问题，别只停留在"问题"这件事上，而是要主动把焦点引导到"怎么解决"上去。因为我们来学校的目的就是找到孩子问题的解决方案。您可以这样说："老师，我回去一定会和孩子认真谈谈这件事情，也会引导他改正。您带过的孩子多，经验丰富，您觉得我怎么做才能更好地帮助孩子呢？"

这样一说，不仅把班主任的注意力从情绪发泄引导到了"怎么解决问题"上，还展现了您愿意积极配合的态度。

另外，这样做还有个"隐藏好处"。孩子下次犯了错，需要和您沟通时，班主任心里就会清楚，您肯定会问他是否有好的解决办法。为了给出切实可行的方案，他可能会更认真地思考，甚至查阅资料或者请教他人，争取把问题处理好。

在这个过程中，说不定问题就被顺利解决了，也就不需要您到学校了。如果班主任尽力了还是解决不了，那就说明问题确实超出了他的能力范围，这时候再请您来学校，一起想办法解决，这样处理起来会更高效。

言归正传，当话题转到怎么解决问题后，您可以和班主任一起分析问题的原因，然后深入讨论具体的解决办法。可以尝试和班主任设定一个阶段性的小目标，基于这个目标再制订具体的执行计划。还需要明确您在家中的职责，知道自己要做些什么、如何配合，这样就不会陷入迷茫，不知道从哪里入手。

讨论完解决方案后，别忘记对班主任的付出表示感谢和肯定。比如："孩子能遇到您这样的老师，真是他的幸运！孩子在××方面的进步，都是您用心教导的结果，真的非常感谢您！"

把孩子的进步归功于班主任，会让他感受到自己的努力被看见、被认可，从而更愿意关注和引导您的孩子。这样一来，班主任不仅会成为您教育孩子的好帮手，家校合作也会更加顺畅。

不过，拿到解决方案并不代表问题就彻底解决了。我们都知道，问题不是一两天就形成的，解决起来也需要时间和耐心。所以，在落实解决方案的过程中，一定要持续跟进。

您可以定期向班主任反馈方案的执行情况，告诉他孩子有哪些进步，或者遇到了哪些新问题。同时，也要多请教班主任孩子在学校的表现，看看有没有变化。如果孩子的进步不明显，还需要和班主任一起商量，调整方案，让它更有针对性，帮助孩子更好地成长。

当然，要解决孩子的问题，不能只是家长和班主任单方面"自说自话"。真正管用的是让孩子参与进来，因为只有孩子认可并配合，解决方案才能真正落实，才能起到效果。那么，怎么跟孩子沟通才是最有效的呢？

很多家长被请到学校后，会觉得丢脸，回家就对孩子进行批评、责骂，甚至惩罚；有些家长觉得失望，"恨铁不成钢"，忍不住对孩子严厉训斥；还有人觉得打孩子就能解决问题。但这些做法往往适得其反，只会让问题变得更糟。

其实，孩子犯错后，内心通常会感到自责和内疚，但如果您用责骂或惩罚的方式处理，他可能会产生反感甚至逆反心理，内疚感反而被抵消了。所以，您要稳定情绪，避免给孩子带来额外的压力和负面情绪。

和孩子沟通时，要心平气和地聊。可以利用孩子的"向师性"心理，这是一种天生的情绪：孩子往往尊敬老师，愿意接受老师的指导，希望得到老师的关注和表扬。

比如，您可以先这样对孩子说："孩子，今天老师表扬了你，说你在××方面做得很好，进步很大，希望你继续保持。妈妈/爸爸也为你点赞！"这样，既表扬了孩子，也避免让他觉得班主任总是"告状"，从而对班主任产生对立情绪。

接着，您可以自然地聊到问题："不过，老师也提到你最近在××方面有些问题……你觉得呢？能不能说说你的想法？"给孩子表达的机会，让他自己反思，才能调动起主观能动性，这比您大吼管用。

等孩子说完，您可以结合班主任的建议，再跟孩子一起讨论怎么解决问题，把方案具体化，变成可操作的行动计划。

最后，别忘了表达对孩子的信任和支持："妈妈/爸爸相信你一定能解决好这个问题！如果遇到困难，随时告诉我或者老师，我们永远是你最坚强的后盾。"让孩子明白，犯错并不可怕，有家长和老师的支持，他一定能变得更好。

总结来说，孩子犯错被请家长，您要做到稳住情绪，学会沟通技巧，和班主任有效交流，和孩子有效对话，在沟通中形成孩子、家长、班主任的三方合力，这样才能让教育效果最大化，孩子成长才能更顺利。

孩子被冤枉了，
如何体面地帮孩子据理力争

我之前收到一位家长的私信，说孩子因为忘记把完成的作业放进书包，第二天没能交给老师，结果被班主任误以为撒谎，不仅挨了批评，还被罚站。孩子觉得受了冤枉，回家后心情十分低落。家长也很纠结，这种情况要不要和班主任沟通，怎么聊才合适呢？

首先，关注孩子的情绪反应。当孩子感觉被冤枉时，伤心难过是正常的。他愿意向您诉说这件事情，说明他对家长有基本的信任，愿意分享个人烦恼。面对这种情况，家长的回应很重要，不同的处理方式可能会产生完全不同的效果。

有些家长会完全站在班主任的立场，认为孩子受批评是应该的。他们觉得老师不会冤枉学生，甚至会进一步批评孩子。这种做法会让孩子觉得父母不理解、不信任自己，心里会更难受。

另一些家长虽然不批评孩子，但会维护班主任的形象，告诉孩子："老师批评你，是为了你好。"他们认为孩子被批评是小事，甚至可能觉得是孩子"玻璃心"，所以他们会把自己小时候被班主任批评的经历和孩子的经历进行比较，认为被班主任批评、打击是正常的。这种话听起来像是在安慰，但实际上忽略了孩子的感受。孩子会觉得父母漠视他的感受，只会替老师说话，久而久之，也就不愿意再吐露心里话了。

其实，孩子回家能告诉您他被老师冤枉了，这是一个非常好的信号，说明他对您是信任的，他不仅是在表达不满，更希望得到您的支持和帮助。

但如果您在这个时候直接批评孩子，或者一味地替班主任说话，孩子会觉得您对事情的判断不公正，也不在意他的感受。这会削弱您在孩子心中的形象，以后他再遇到问题就不会给您说了，而会把情绪憋在心里。长此以往，会影响您和孩子之间的亲密关系。

还有些家长非常护短，一听到孩子受了委屈，立马火冒三丈，甚至当着孩子的面吐槽班主任，把老师批评得一无是处。这种做法，虽然会让孩子觉得家长和他站在一边，产生一时的共情，但孩子也会受到这样的言论影响。

孩子年纪小，情绪容易受到外界的引导。如果听多了您的吐槽，可能会对班主任产生厌恶情绪，接下来很可能连班主任教的学科也不喜欢，这就直接影响了他的学习效果。

另外，您当着孩子的面吐槽班主任，会让孩子失去对老师的尊重，孩子可能会在学校里顶撞老师，甚至与班主任作对。我有一个朋友就是这样的情况。他常常在家里当着孩子的面批评老师，结果他一年级的孩子在学校里开始毫无顾忌地顶撞班主任，让老师头疼不已。时间一长，这个孩子在老师眼中就成了"问题学生"，最终吃亏的还是孩子自己。

有些家长一听到孩子受了委屈，就会特别激动，气急败坏地去找班主任讨公道。有些人会在班级群里直接发起攻击，语气非常冲，完全不给班主任留情面。

还记得 2024 年 9 月那个引发广泛关注的事件吗？广西玉林的一位妈妈，因为孩子新书破损的问题，直接在班级群里和班主任理论，态度非常强硬，几乎是无所不掸，让事情变得非常不愉快。

试想如果您在孩子的班级群里，用这样咄咄逼人的方式去质问班主任，甚至说一些难听的话，班主任会是什么感受？

他可能觉得被当众羞辱，从此心生芥蒂，在往后的工作中给您的孩子

"穿小鞋"，或者为了少惹麻烦，干脆对孩子"放养"，不管不问。最终受影响的还是孩子。

不仅如此，其他家长看到您的做法，可能也会认为您不好相处，是个"难搞"的家长，甚至会告诉自己的孩子："离那谁谁远点。"这会让您的孩子在班级中面临更多的社交困难。

还有些家长选择低调行事，私信班主任为孩子讨回公道，并要求班主任公开道歉。我能理解这样做的出发点是为孩子争取公平，但如果家长表现得过于情绪化或强势，班主任感受到的首先是家长的不满，而不是合理诉求。这可能让班主任反感，甚至不愿意再深入沟通。哪怕您是有理的一方，事情最终也可能会不了了之。

那么，正确的做法是什么呢？

还记得"十六字口诀"吗？第一个就是"稳定情绪"。只有家长情绪稳定了，才能更好地解决问题。孩子受了委屈，先别急着批评或护短，冷静下来听他说完，理解比指责更重要。

注意，不要随意打断孩子。有的家长可能忍不住要发表自己的看法，甚至可能还会批评几句。这会让孩子觉得不被理解，从而不愿意继续敞开心扉。

所以，在孩子表达时应该认真倾听，注视孩子，或者握着他的手，这样的细节动作，能给孩子很大的心理安慰。当他感受到家的安全、温暖以后，负面情绪可能已经消散一大半了。

家长在听的过程中，给一些积极的回应，和孩子产生共情，进一步安抚他的情绪。比如，您可以说："老师冤枉了你，妈妈知道你肯定很难受。""换作我，遇到这样的事情也会觉得很委屈。"通过这些话，孩子会觉得自己的感受被接纳、被理解。

记住，和孩子沟通，家长的情绪稳定，是解决问题的第一步；孩子的感受被理解，是化解矛盾的关键。当他完全表达出内心的不满和委屈后，可能自己就释怀了，情绪也就慢慢地平复下来。

听完孩子的倾诉后，您可以和孩子分享一些自己的经历，比如您小时候有没有被老师冤枉过，您当时的感受是什么样的。通过讲述自己的故事，让孩子觉得您能感同身受，能理解他，这样他就更愿意听您接下来的建议。

然后，您可以根据自己的判断，尽量在不歪曲事实的情况下维护老师的形象。注意，我在前面的内容里提到过不要"一味地"维护老师，这不利于和孩子产生共情。我在这里说的是"在不歪曲事实的情况下"维护老师的形象，这两个表达是有区别的。别让孩子觉得您是"站在老师那边的"，理解他的感受，才能赢得他的信任。

接下来，您可以帮助孩子分析班主任当时为什么会这么做。比如，班主任批评甚至惩罚孩子，可能有以下原因。

①习惯问题。孩子经常忘带作业，班主任对孩子的表现失去了信任，认为这是借口。

②管理班级的需要。即使老师相信孩子的解释，为了让其他同学引以为戒，也可能会采取"杀鸡儆猴"的方式，对孩子进行批评和惩罚。

如果是第一种情况，您可以引导孩子从自己身上找原因，如果孩子平时丢三落四，可以和孩子一起制订修正计划，帮助他养成按时整理书包、带好作业的习惯。

如果是第二种情况，可以鼓励孩子和班主任沟通，把事情讲清楚。如果孩子直接和老师说话会紧张，可以建议他写一封信，把心里话写下来，这样既能表达想法，又能避免尴尬。

这里有一点需要注意：无论是说话还是写信，孩子一定要保持平和的态度，不要带有情绪化的抱怨或指责，"就事论事"，把情况说清楚，同时表达对老师的尊重。一般来说，当孩子能做到这些时，大部分问题都会得到有效解决。

听到或者看到孩子的表达后，有的老师可能会主动找孩子沟通，化解误会，甚至向孩子道歉；但有的老师可能出于性格原因，觉得道歉难以启齿。

这个时候，家长要引导孩子理解老师的立场，不要过分纠结"道歉"这件事。如果问题已经解决，这件事就让它过去，重要的是帮助孩子学会处理问题，而不是一味关注表面上的对错。这样一来，孩子不仅能从问题中成长，也能避免矛盾升级。

但是，大多数情况下，孩子可能会因为害怕或者敬畏，不敢主动去找班主任沟通。这很正常，很多孩子看到班主任都会下意识地绕开走。碰到这种情况，家长可以主动出面，和班主任沟通，帮助孩子化解问题。

和班主任沟通时，一定要注意礼仪和语气。千万不要情绪化，更不要让班主任觉得您是来"兴师问罪"或者"讨说法"的。这种态度往往会让沟通陷入僵局，不利于问题的解决。

先表达对班主任的感激之情。比如，感谢老师的辛勤付出和耐心引导，让孩子在学习和生活上取得了很大的进步。接着，您可以提到，孩子非常喜欢班主任，也很看重班主任对他的态度，老师的一言一行对孩子都产生了很大的影响。

这种友善的态度，会让班主任感受到您的理解和信任，为后面的沟通打下良好的基础。

接下来，您可以告诉老师，孩子回家后情绪很低落，在您的关心和追问下，孩子才说出原因，他认为自己被老师冤枉了。您可以坦诚地告诉班主任，自己已经在家里对孩子进行了积极的引导，他的情绪现在平复了不少。但是，孩子非常在意老师对他的看法，甚至有些害怕，担心因为这次误会让老师对他产生负面印象。

然后，您可以为孩子澄清事情的真相，比如说明孩子确实完成了作业，只是因为早上出门太匆忙，没有及时把作业本装进书包。接着，主动向老师表态，您已经意识到需要在家帮助孩子养成收拾书包的好习惯，争取避免类似问题再次发生。

这样表达，不仅体现了您为解决问题所付出的努力，还展示了您积极合作的态度。这种开放、真诚的沟通方式，往往能够化解误会，建立更好的家校关系。

有了家长的澄清，事情的可信度也会更高，班主任一般会更容易接受，误会也就化解了。

但是，这里我要提醒家长注意一种特殊情况，如果班主任在一些严重的问题上，比如人格、品行或名誉方面冤枉了孩子，一定要高度重视，严肃对待。

以前就有家长给我私信留言说，他们的孩子被班主任冤枉偷东西，还在班里被搜身。结果什么也没搜到，但是班主任也没有给孩子道歉。遇到这样的情况，我们绝不能忍气吞声。

一定要和班主任沟通，明确要求他向孩子道歉并恢复孩子的名誉。这种事情不只是误会那么简单，因为孩子一旦被班主任公开质疑，很可能会被其他同学孤立、嘲笑，甚至招致语言、肢体或心理上的霸凌，而且这种伤害是长久的。

但在行动之前，您要冷静处理。先和孩子好好沟通，了解事情的经过，同时还要向其他孩子和家长了解情况，尽量收集相关证据，了解事情的来龙去脉。然后，带着这些准备和班主任沟通，"先礼后兵"。先理性说明问题，然后要求班主任向孩子道歉，并积极恢复孩子的名誉。

在涉及孩子身心健康的情况下，一定不要忍气吞声。很多家长担心孩子因此被班主任"穿小鞋"，选择息事宁人。但这样的态度可能会引发一系列后续问题，对孩子造成长期困扰，这就是我们常说的"蝴蝶效应"。

如果沟通后发现班主任确实心胸狭窄，还会因此针对孩子，那说明这个老师的格局确实太小，您可能需要考虑更换环境，为孩子的成长争取更好的条件。

总结来说，当孩子被班主任冤枉时，我们要先冷静分析原因，帮助孩子学会处理问题，同时也要积极与老师沟通，避免误会升级。最重要的是，让孩子在这个过程中学会成长，而不是纠结于对错。但是，小事别纠结，大事别含糊，涉及孩子人格和尊严的问题，一定要据理力争！

孩子总是被批评，
是班主任对孩子有偏见吗

从我做自媒体开始，收到最多的私信就是关于家校沟通的难题，尤其是班主任总是批评孩子，家长不知道该如何应对。所以，我特意开通抖音账号，专门分享家校沟通的技巧。

其实，我特别能理解家长的心情。试想，如果我们身边有个人老是在挑毛病批评我们，我们心情肯定不会好，更何况是孩子。孩子年纪小，自尊心更强，被批评次数多了，自然会感到难过和委屈。

在一线教学的十几年里，我和很多老师交流过，也观察过他们与孩子和家长的互动，发现一些问题确实是客观存在的。从班主任的角度来看，我认为主要有两个方面的问题。

第一个方面的问题，管理得太多、太细、太急。

很多班主任，不仅要教书，还要负责班级管理，这是一项特别琐碎的工作。日复一日，有些班主任慢慢就失去了耐心。再加上学校的检查、评比压力，老师们不得不对学生管理得更加严格，甚至有些要求看起来非常荒谬，比如中午午休时要求孩子的头必须朝某一侧，以确保"秩序美观"。

另外，在教育孩子的问题上，有些老师比较急躁，总想通过一次批评、一次惩罚就解决问题。但实际上，孩子的成长需要长期的引导和耐心的纠正。这种急于求成的方式，反而容易适得其反。当然，并不是所有老师都这样，但这种情况在一些老师身上确实存在。

第二个方面的问题，过于关注缺点而忽视优点。

许多班主任每天要处理大量的班级事务，看到的更多是孩子的问题，而不是闪光点。我们的教育一直有"棍棒教育"的传统，所以无论是老师还是家长，都喜欢通过批评让孩子感到"痛"，以此达到避免孩子犯错的目的。

但问题是，这种方法很容易引发孩子的反感，甚至叛逆。有些孩子被批评的次数多了，会选择"破罐子破摔"。于是，老师和孩子之间的关系变得紧张，老师越批评，孩子越叛逆，从而陷入恶性循环。最终，老师不得不采取更多的批评措施，事情却越来越难以解决。

当遇到班主任总是批评孩子的情况时，很多家长会向我求助，问我该如何沟通。这是一个非常值得探讨的问题。上文，我先从班主任的角度分析了导致这种情况的重要原因。那么，是不是说他们要对问题负全责呢？当然不是。看待问题，我们一定要辩证和全面。把责任全让老师承担，不仅不公平，还可能激化家长与老师之间的矛盾，影响家校合作的开展。

我们换个角度想想，班主任总是批评孩子，说明他们并没有放任孩子不管，而是仍然在用心管理。这本身反映了班主任的责任感。那为什么班主任会选择这种不断批评的方式呢？

有一种可能是，家长在教育孩子的问题上出现了失职。请您回想，班主任一开始就对孩子批评指责吗？如果是，那可能是老师的性格问题。但如果不是，很可能是家长在处理孩子的问题上没有到位，导致班主任长期感到无力而产生不满。

当孩子在学习或行为习惯上出现问题时，班主任通常会尝试先自己解决。但许多问题并非单靠班主任就能解决，而是需要家长的配合。当班主任向家长反馈问题时，您是否积极配合了呢？是否采取了有效措施和班主任一起解决问题？

现实中，有的家长嘴上答应配合，实际却没有行动；还有的家长态度并不友善，甚至觉得班主任"找碴"。这样的态度让班主任感觉不被支持，进而对家长产生不满，间接地将这种情绪投射到孩子身上，导致班主任对孩子进行更多批评。

班主任也是普通人，情绪需要被理解。 他们也会感到失望、伤心甚至愤怒。如果家长对他们的工作不支持、不配合，班主任产生失望情绪也是很自然的。而孩子的问题之所以长期得不到解决，很大程度上与家长对孩子的放任有关。单靠班主任一方努力，无法根本解决问题，毕竟"一个巴掌拍不响"。随着班主任感受到无力和失望的次数增多，他们的行为模式可能会逐步升级，甚至进入恶性循环。

所以，**家校沟通的核心在于互相理解和支持。家长和老师需要站在统一战线，共同帮助孩子成长，而不是互相指责或推卸责任，** 只有这样，才能真正解决孩子的问题，营造一个健康的教育环境。

从家校配合的角度来看，真正让孩子逐步陷入困境的，并不是班主任，而是家长自己！前面我已经分析了班主任总是批评孩子的原因。如果问题确实出在家长自身，那怎么做才能避免这类情况再次发生呢？下面我从三个方面分享，希望能给您一些启发。

第一，稳定情绪，学会换位思考。

还是回到"十六字口诀"。第一点就是"稳定情绪"。情绪稳定，才能帮助您更公正、客观地看待问题。试着换个角度思考，班主任总是批评孩子，通常是有原因的。

您可以问自己以下三个问题。

（1）班主任提到的问题是否真实存在？

（2）他是不是已经多次向我反馈了这些问题？

（3）在面对这些反馈时，我的态度是支持和配合，还是反抗和放任？

当您认真分析这些问题后，可能会更容易理解班主任的感受和行为。或许您会发现，班主任的批评并不是针对孩子本身，而是源于问题长期得不到解决，让他感到无力和失望。

因此，当您得知班主任总是批评孩子时，一定要控制情绪。不要急于指责班主任，更不要情绪激动地上门"理论"。这种方式不仅不能解决问题，还可能让局面变得更复杂。

通过冷静分析，您大概率会发现问题的根源在于缺乏家校配合。孩子的问题单凭班主任无法解决，需要家长积极参与。家长的责任在于，与班主任建立合作关系，形成教育的合力。只有双方共同努力，才能有效地帮助孩子解决问题，走出困境。

总结来说，当面对班主任批评孩子的情况，家长首先要冷静下来，站在对方的角度去思考原因。然后，采取积极合作的态度，与班主任携手解决孩子的问题。只有这样，才能真正为孩子的成长创造更好的环境。

第二，主动沟通，及时反馈。

在孩子的教育中，与班主任的沟通至关重要。那么，如何沟通才能更有效呢？

我建议家长可以按照一个明确的节奏来进行，我在前面的章节中论述过，一学期至少沟通三次，且保证每次的重点和目的都不一样。

（1）开学初沟通：明确目标和配合方式

在开学的家长会上，尽量主动与班主任交流，了解他的教育理念和班级管理目标。同时，了解各学科的教学安排和规划，知道作为家长需要承担哪些职责，以及在家应该怎么配合老师的工作。这是建立家校合作的第一步。

（2）期中沟通：解决问题、制订计划

期中考试后，主动联系班主任，了解孩子前半学期的表现，特别是在学习和习惯上的问题。这时，您可以请教班主任一些解决方法，并根据建议，在家采取行动，逐步帮孩子改进问题，并为下半学期做好规划。

（3）期末沟通：总结和改进

期末考试后，再次联系班主任，全面了解孩子在整个学期的问题和漏洞。利用寒暑假时间，针对这些问题采取有效措施，帮助孩子改进。

通过这三次沟通，不仅可以掌握孩子的阶段性状况，还能展现出您积极合作的态度，进一步巩固家校沟通的良好关系。

除此之外，如果您在育儿方面感到困惑，也可以主动向班主任请教。班主任在教育孩子方面的经验通常更丰富、更专业。主动沟通不仅能获得实用建议，还能传递出您愿意与班主任合作的信号，便于建立更紧密的家校合作。

注意！沟通不是"一锤子买卖"。孩子的问题往往无法通过一次沟通就彻底解决，因此与班主任的沟通需要持续进行。在我看来，与班主任沟通其实是一个有步骤的过程，可以分为三个关键环节。

第一步，信息互换，找出原因。

首先，您需要和班主任根据孩子的问题进行信息交换。了解孩子问题的具体表现，听取班主任的观察和看法，同时也分享您在家里观察到的情况。通过这样的交流，双方可以更全面地探究孩子问题的根源。

第二步，讨论方案，明确分工。

接下来，您和班主任需要共同探讨解决问题的具体方案。在这个过程中，明确您作为家长可以采取的行动，以及如何配合班主任的工作。这样一来，您在家里的教育和引导就会更加有针对性和效果。

第三步，及时反馈，持续跟进。

最后，您需要向班主任反馈自己在家实施方案的效果，同时了解孩子在学校的变化。通过这种持续的沟通，可以更精准地调整策略，确保问题能够被逐步解决。

很多家长可能只完成了前两步——交流原因和制定方案，但没有持续跟进解决过程。这就容易让班主任觉得您没有真正落实，导致孩子的问题迟迟得不到改进。所以，完整的沟通过程一定包括反馈和持续跟踪，这样才能形成有效的家校合作，共同帮助孩子成长。

与班主任沟通时，您可以根据情况灵活选择沟通方式，既方便对方，也能保持合适的交流频率。如果觉得打电话可能会打扰班主任，可以选择在微信上沟通。微信沟通的好处是，班主任可以在课后或方便的时候再回复，不会打乱他的工作节奏。除此之外，在放学接孩子时，您也可以利用这个短暂的时间和班主任交流几句，简单反馈孩子问题的解决情况。

每天和班主任聊上几句，逐步建立持续的沟通。这不仅能展现出您的合作意愿，也能够起到一个"情绪缓冲"的作用。您要清楚，如果家长不配合工作，班主任可能感到无力和失望，积累的负面情绪没地方排解，就容易通过批评孩子来宣泄对家长的不满。

如果您能主动和班主任沟通，把他的不满及时接收到家长这一端，就能帮助他释放情绪，避免这些负面情绪被发泄到孩子身上。换句话说，您的主动沟通不仅有助于问题的解决，还能减轻孩子的压力，让班主任的关注点回到问题本身，而不是情绪的宣泄。

再强调一遍，在与班主任沟通时，一定要注意沟通的方式和语气。

首先，感谢班主任的付出，感谢他提供的建议和解决方案。这不仅是一种礼貌的表现，也能让班主任感受到您的尊重，从而更加愿意与您合作。

接下来，您可以告诉班主任，在家已经根据他的建议和方案对孩子进行了引导，但是孩子的改变可能需要一定的时间，不能一蹴而就。我们知道，孩子问题的出现，一定是长期积累的结果，要解决这个问题，同样也需要一段较长的时间。

最后，不要忘记告诉班主任，虽然效果需要一些时间才会显现，但您会持续关注孩子的情况，确保在家里继续跟进并解决问题。您还可以拜托班主任多多关照孩子，对孩子的进步给予表扬。

通过这样的沟通，不仅展现了您的合作态度，也让班主任明白"解决问题需要时间"，从而避免班主任急于解决问题，看问题没能立刻解决而失去耐心，进而不断地批评孩子。

第三，与孩子沟通，阶段性地解决问题。

和班主任进行了沟通并不代表问题已经解决，关键在于您能把这些措施落实到孩子身上，只有这样，才能真正产生效果。那么，在与班主任沟通之后，如何与孩子沟通，才能有效地解决孩子的问题呢？只要做好以下三步，孩子的问题就能得到很好的解决。

第一步，安抚孩子的情绪。

如果孩子在学校被班主任批评了，一定会有很多负面的情绪。这个时候，家长不应该再批评孩子，因为这样不仅不能解决问题，反而会增加孩子的心理负担。您要做的，是帮助孩子平静下来，稳定他的情绪。这也是我在十六字方针中提到的第一点——"稳定情绪"。只有孩子的情绪平复了，您才能更好地与他沟通，探讨问题的解决方法。

第二步，鼓励孩子表达情绪。

在这个过程中，您的主要任务是倾听，不要急于下结论，也不要一味地维护班主任或孩子任意一方。让孩子把自己的感受说出来，讲清楚发生了什么，并表达他的不满。在倾听时，您可以通过一些话语来回应孩子，比如："妈妈／爸爸知道你已经在努力了，结果还是被老师批评了，心里一定很难受，对吧？"或者"我能理解你被批评后的心情，如果是我，也会很难过。"

这样的话语能够表现出您对孩子的共情，让孩子感受到您理解他的情绪，也让他知道您是站在他这一边的，这样他才更愿意敞开心扉与您深入交流。

第三步，引导孩子分析问题并解决。

接下来，您需要引导孩子分析事件本身，帮助他看到自己的问题，并一起探讨解决问题的方法。有些家长在得知孩子被批评后，情绪立刻变得非常激动，要么批评孩子，要么指责老师，这样的反应往往对问题的解决没有任何帮助。

事实上，孩子被批评，一定是因为某些问题没有解决，才导致班主任做出这样的行为。对于这个问题，我们的眼光要放长远一些，帮助孩子认识到自己的问题，让他从中获得成长。

您可以告诉孩子"老师不断地批评，可能方法欠妥"，但也要询问孩子，老师批评的问题是不是客观存在的。如果确实存在，那么解决了这些问题，老师是否就不会再批评了呢？通过这样的对话，引导孩子明白，问题的关键首先是在自己身上。

当孩子意识到自己的问题后，接下来可以和他一起探讨解决问题的方案。

首先，和孩子一起分析问题的根源。 要想解决问题，首先要知道问题是怎么产生的，只有找准原因，才能对症下药。

然后，表达您的态度： 告诉孩子，问题的存在并不可怕，最重要的是要积极去解决它。这样，孩子会感受到您不是在指责他，而是站在他的角度支持他，帮助他成长。

最后，和孩子一起探讨如何解决问题。

通过这样的方式，不仅能帮助孩子认识到问题，还能引导他逐步抽丝剥茧，最终找到问题的解决方法。这有利于孩子养成举一反三的习惯，面对其他问题时，也能调动主观能动性，找到解决问题的方法。

在这里，我想分享在我的十多年的教学生涯中，我很喜欢用的一种教学方法——和孩子签订契约。这种方法贯穿在我的教学生涯中，并且屡试不爽。

第一步，明确事件和原因。

首先，我会让孩子写下具体事件及其发生的原因。比如，某年某月某日因为什么被老师批评。

第二步，引导孩子认识错误。

接着，让孩子写出自己对这个事件的认识。通过这一过程，帮助他反思自己的行为，并意识到自己的错误。这一步很关键，因为只有孩子真正认识到问题，才能有动力去改正。

第三步，做出承诺，并制定解决方案。

然后，我会引导孩子做出承诺，明确写出通过什么方式来解决这个问题。比如，如果是因为上课不专心被批评，孩子可以承诺"每天上课前做好预习，课堂上认真听讲"。

第四步，制定"惩罚"措施。

接下来，我们还要制定"惩罚"措施。这里的惩罚一定要让孩子自己提出，并在您的监督下最终确定。惩罚要适当，不能太重，以免无法实施，也不能太轻，以免失去约束力。比如，如果孩子违反了约定，可以适当减少玩手机的时间，或者做一些额外的家务。

第五步，"签字画押"，共同执行。

最后，大家"签字画押"。契约的签署不仅包括孩子，还包括父母和我自己，大家在落款处签上名字，表示我们都认可并愿意积极执行。这种方式的好处在于，它既给予了孩子一定的自由，又明确了违反约定的后果。这样做可以避免父母或老师因为愤怒而进行不合理的处罚，能够有效避免引起孩子的反感和叛逆。

如果您和孩子在家里制定这样的契约，实际上只需要您和孩子签字即可。制定好契约后，我建议一式两份，让孩子把自己的那份贴在显眼的位置，比如书桌前，这样他可以随时看到并提醒自己，从而起到自我约束的作用，而不需要父母不断提醒。

我要特别提醒大家，如果孩子违反了契约，千万不要心软，私自"减刑"。如果这样做，孩子就可能钻空子，之后犯同样的错误时会和您讨价还价，试图得到宽容。这也是为什么有些家长在制定契约后仍然觉得效果不好，孩子还是一而再，再而三地违反规则，并且容易与父母争论不休的原因。遇到这种情况，请您反思：自己是否严格按照契约执行了？在制定契约时，是和孩子一起讨论并达成共识，还是您单方面决定了所有内容，强迫孩子遵守？

总结来说，家长朋友们，当孩子经常被班主任批评时，您可能会很懊恼。这个时候，一定要冷静下来，批评只是表象，找到问题的根源并解决，才能让孩子真正的成长。积极配合班主任，共同努力解决问题，才是最有效的方式。通过和孩子签订契约，不仅能帮助孩子认识到问题，还能培养他们的责任感和自律能力。希望这个方法对您有所帮助！

孩子和同学发生冲突，
如何沟通才能完美调解

我一再强调班主任平时很忙，不仅是因为他们肩负着教学任务和烦琐的事务性工作，还因为他们常常需要处理各种突发状况，比如孩子受伤了，或者孩子之间闹矛盾了。这些事情几乎每天都在上演，尤其在小学阶段。

我曾经到小学交流教学，带过一年六年级的学生。教学任务我还能快速适应，但班级的日常管理却让我有些头疼。想象这样的情景：您正在办公室批改作业或者准备课件，忽然一个孩子冲进来说同桌藏了他的文具盒；没过两分钟，又有一个孩子跑进来说另一个孩子踢了他一脚……类似的情况几乎每天都在发生。如果班里再有几个调皮捣蛋的"小猴子"，班主任真的会时刻处于"爆炸"边缘！

谈论这些不是为了夸大班主任的工作有多辛苦，而是想让大家理解班主任的日常不易。有时候，班主任可能因为太忙而显得脾气急躁，希望家长们能多些体谅。

学校是个小社会，孩子之间难免会有矛盾或者小摩擦。如果您的孩子在学校和同学发生了冲突，您会怎么做？是否会第一时间联系班主任呢？

在您回答之前，我想分享一个我们班里发生的小故事。虽然只是个小矛盾，却值得思考。

我们班有个男生小 D，说话常带讽刺意味，总爱开同学的玩笑。有时候话说得很过分，让人觉得不舒服。班里还有个女生小 Z，性格敏感又强势，谁要是惹恼了她，她就会"手撕"对方。

有一天放学后，两个女生告诉我，小 Z 打了小 D 一巴掌。原因是小 D 反复拿小 Z 的身材开玩笑，小 Z 几次忍让后，实在忍无可忍就动了手。当时小D 完全愣住了，只能灰溜溜地离开了。

我的处理原则是，先让孩子们自己尝试解决问题，只有他们解决不了了，我才会介入。所以，我没有马上干预，而是观察他们接下来的表现，并向其他同学了解事情的来龙去脉。

结果，不知道哪个孩子把这件事告诉了家长，那位家长又告知了小 D 妈妈。小 D 妈妈知道后非常生气，立刻打电话给我，语气很冲。她要求我严肃处理这件事，还要求小 Z 当着全班的面向小 D 道歉，并拍下视频发给她。

因为家长已经介入，我不得不马上处理此事。我把两个孩子叫到办公室，了解了他们的看法。结果小 D 轻描淡写地说，他们早就和好了，已经私下解决了矛盾。我告诉他们小 D 妈妈的诉求，他们表示愿意配合录制一段道歉视频发给家长。

听完这个故事，您有什么感受呢？您认为小 D 妈妈的处理方式合适吗？如果您的孩子在学校和同学发生冲突，您会第一时间找班主任吗？还是先和孩子聊聊，了解清楚情况再说？

其实，孩子之间的小矛盾是他们成长的一部分，有些问题正是他们学习处理人际关系的机会。如果家长强行介入或者急忙地找班主任沟通，并不一定能够取得理想的效果，可能反而还会让孩子失去成长的机会。

在处理孩子和同学之间的矛盾时，家长一定要记住我总结的十六字口诀：稳定情绪、多方打听、分析事件、解决问题。

第一步，稳定情绪。

有些家长在得知孩子与同学发生了冲突时，立马就急了，恨不得马上找班主任讨个说法。这种心情我能理解，毕竟孩子是父母的心头肉，孩子就是他们的全世界，哪里能容忍孩子受一丁点委屈呢？

记得有位妈妈曾经跟我说，她从来没有打过孩子，甚至很少骂孩子，完全不能接受别人"欺负"她的孩子。她口中的"欺负"范围特别广，比如同学抢了孩子的座位，或者做活动时孩子被排除在外，都被她视为"欺负"。每次孩子只要在学校受委屈了，回家一诉苦，她立马就打电话给我，为孩子"讨回公道"。而且她的语气特别差，充满了火药味，一副"你要是不把事情处理得让我满意，我就跟你没完"的态度。这种做法，不仅让人感到压力巨大，还容易让事情变得更加复杂。

实际上，这样急于找班主任处理问题的方式并不可取。为什么呢？

首先，很多情况下，家长可能并不了解事情的来龙去脉。如果您在不了解具体情况的前提下，就急忙找班主任"说理"，沟通的效率会很低，甚至会让事情更难解决。

其次，情绪化的语气很容易让班主任感到压力。班主任每天需要处理的事情已经够多了，如果家长带着情绪去找班主任沟通，可能会引起班主任的不满甚至反感。

所以，面对孩子之间的冲突问题，第一步是稳定情绪。家长一急，事情就会变得更乱。只有当您保持冷静和理智时，才能更公正、客观地看待问题，也能更高效地与班主任沟通。

记住，家长的冷静，不仅是对班主任的尊重，也是在为孩子树立一个好榜样。孩子们在学校遇到问题，或许正是他们学习处理冲突、解决问题的重要机会，而您的态度会直接影响他们未来处理问题的方式。总之，家长的态度，决定了孩子的高度。

第二步，多方打听。

冷静下来后，最重要的就是了解事情的来龙去脉。您需要多方面地打听，全面掌握情况，而不只是听孩子的一面之词，真相往往藏在多角度的描述里。那应该从哪方面开始了解呢？

首先，您可以让孩子详细讲解整个事件的经过。作为当事人，孩子的描

241

述是最直接的。在听孩子讲述时，尽量让孩子完整地讲述，不要轻易打断，更不要着急批评或指责。只有让孩子感到被倾听，他才更愿意说实话。如果有不清楚的地方，可以适当提问，帮助自己更全面深入地了解细节。

不过，这里需要特别注意两点。

①孩子的陈述可能不全面或失真。他可能有意或无意地说谎，强调对自己有利的部分，隐藏不利的细节。这是一种自我保护的本能，无关孩子的品格。

②孩子的视角可能不够客观。即使他没有隐瞒，作为当局者，他的认知也可能受到情绪或片面观察的影响，无法全面准确地反映事实。

因此，除了孩子的叙述，您还需要向其他人打听情况。比如，询问孩子当时有哪些同学在场。放学时，可以和这些同学聊聊，了解他们对事件的看法。或者通过家长群联系这些同学的家长，请他们帮忙询问自己的孩子。毕竟每个人的视角不同，多听几方的描述，才能更接近真相。

此外，如果当时有老师在场，那就更好了。老师的观察通常更冷静、客观，能够提供更具说服力的信息。

在收集到多方的反馈后，您就能对整个事件有一个比较清晰的认识。接下来，当您和班主任沟通时，就可以直奔主题，用事实说话，节省时间，也更容易达成共识。

第三步，分析事件。

在全面了解了事件的情况后，接下来就是对这件事进行深入的分析了。您要搞清楚几个关键点——

·事情发生的原因是什么？

·经过是怎样的？

·最终的结果是什么？

这些信息能帮您判断事件的严重性，是否对孩子造成了身心伤害，是否需要进一步处理。

如果发现问题出在自己孩子身上，您要引导孩子认识到自己的错误，并主动向同学道歉。这不仅是在解决问题，也是教育孩子承担责任的好机会。

如果问题主要出在对方身上，但事件并不严重，只是一些小摩擦，并没有对孩子造成实际伤害，您可以和孩子聊聊他的想法，问问他希望怎么处理，帮助他学会处理人际关系。

但如果冲突较为严重，已经对孩子造成了身体或心理上的伤害，那就需要进一步采取行动。您可以与班主任联系，共同商量解决的办法。

在与班主任沟通之前，先对事件做一个全面透彻的分析非常重要。这样，您才能更清楚地给事件"定性"，明确它的性质和严重程度。这样，当您向班主任反映时，就能有理有据、条理清晰地阐述整个事件。

然而，有些家长往往忽略了这一步，不清楚事件的来龙去脉，也没有深思熟虑就匆忙行动，结果表达不清、缺乏建设性建议，浪费了双方的时间，让沟通变得低效甚至是徒劳。

第四步，解决问题。

最后一步就是解决问题。根据事件的实际情况，采取适合的措施。

如果冲突不严重，也没有带来实际的伤害，可以先让孩子自己尝试去解决。毕竟，学会处理人际关系，是成长过程中非常重要的一课。小摩擦是孩子成长的"必修课"，别急着替他们"摆平"。孩子学会自己解决问题，才是真正的成长。这不仅能培养他们的独立性，还能让他们在以后面对类似情况时更从容地应对。

当然，如果孩子自己解决不了，您可以适时给予引导。一步步教孩子如何处理问题，帮助他们建立解决问题的逻辑和方法。这种引导不仅能帮助孩子解决眼前的矛盾，还能让他们从中学习到更多技能，逐渐成长为一个有能力且独立的人。

很多家长因为爱孩子，总是习惯第一时间站出来，替孩子挡风遮雨，怕孩子吃一点苦、受一点委屈。但要记住，"父母之爱子，则为之计深远"。过度保护可能会让孩子错失很多学习和成长的机会。真正的爱是帮助孩子学会独立，能够自己去解决问题。这不仅是对孩子的帮助，更是让他们有能力面对未来挑战的机会。

如果事情超出了孩子的能力范围，这时候家长才应该参与进来。通过这样的过程，孩子不仅得到了父母的支持，而且在父母引导下学习了如何解决问题，这也是成长的一部分。

而当需要与班主任沟通时，家长一定要全面、客观地陈述事件，做到不偏不倚。不要因为爱护自己的孩子，就隐瞒对孩子不利的事实。您与班主任沟通的目的，不是为孩子讨回所谓的"公道"，也不是为了惩罚对方，而是为了真正解决问题，化解矛盾。毕竟，孩子们每天在同一个教室里学习，友好相处总比积怨成仇要好。

除了客观地讲述事件，您也可以表达自己的看法，给出一些处理建议，作为班主任决策的参考。这种善意的态度，不仅能让班主任感受到您的配合和理解，让沟通更加高效，也能让问题更容易得到解决。

总结来说，家长请记住，在孩子之间发生冲突后，不要急着找班主任理论，而是先冷静下来，了解情况，分析问题，找到最佳解决方案。这样的理性沟通方式，不仅能更好地解决问题，也能为孩子创造一个更友好、更温暖的成长环境。

孩子被霸凌了，如何让班主任成为孩子的守护者

之前我看到一个短视频，讲述的是一个小男孩在学校被同学欺负，孩子的爸爸知道后非常生气，直接找到欺负孩子的同学，并要求自己的孩子打回去。孩子不敢动手，爸爸就开始逼着他动手，还大声吼："如果你不打回去，今天就别回家了！"结果，孩子站在原地不知所措，哭得撕心裂肺，反而导致那个欺负人的同学更加放肆地欺负他。

这段视频的评论区里，不少家长对这位爸爸的做法点赞，认为他做得对，"就是得让孩子打回去，才不会被欺负"。但我们仔细想一想，真的这么简单吗？如果孩子能打回去，在最开始的时候他就已经打回去了，还会等到现在吗？如果孩子在第一次被欺负时没有还手，之后可能还会有第二次、第三次，直至演变成校园霸凌。

那么问题来了，当孩子真的遭遇霸凌时，作为父母，我们应该怎么处理呢？

还记得那位江苏家长吗？2022年11月，关于他的新闻在互联网上广泛传播。在得知孩子被欺负后，这位家长前往对方家中"讨要说法"。但是因为没控制好情绪，他不仅动手打了对方的孩子，还伤到了对方的老人。结果，原本占理的一方变成了理亏的一方，事情不仅没有解决，反而给自己惹上了麻烦。

这个例子很有警示意义。面对孩子被欺负，第一步不是情绪化地"以

牙还牙"，也不是鲁莽地找对方"讨回公道"，而是要冷静下来，帮助孩子找到正确的应对方式，同时妥善处理，避免矛盾升级。记住，情绪稳定是解决问题的第一步，孩子的感受比拳头解决更重要！

这就是我总结的十六字口诀中的第一点：稳定情绪。

孩子遭遇霸凌，这是一个非常痛苦的经历。如果孩子选择告诉父母，说明这件事对他已经产生了很大的影响，甚至让他无法忍受，希望从父母这里得到帮助和支持。在这个时候，作为家长，最重要的是保持冷静。

首先，别急着上火，更不要批评孩子懦弱，甚至责怪孩子惹是生非，觉得"一个巴掌拍不响"。如果这样做，孩子很可能会受到双重打击：不仅在学校被欺负，回到家还得不到支持。这样做可能会导致孩子不敢再告诉您他的委屈，而是选择隐瞒，这只会让事情变得更糟，甚至对孩子的身心造成更大的伤害。

所以，正确的做法是：冷静下来，安抚孩子的情绪。您一定要对孩子的遭遇表现出理解和关心，让他知道您是在支持他。当孩子感受到您的理解和支持后，他才愿意敞开心扉，把事情的全部经过告诉您，把自己的感受和情绪都表达出来。这个过程不仅能帮助孩子疏解情绪，也能减轻事件对他造成的心理影响。

在孩子叙述的过程中，家长可以运用一些共情的方式来表示自己理解孩子的感受。比如，您可以说："他这样做，你一定很生气吧？"或者"他总是这样对你，肯定让你觉得很困扰。"也可以这样说："我知道你现在一定很希望爸爸妈妈能帮你解决这个问题。"听了这些话，孩子会觉得自己被理解，同时也会愿意继续表达内心的想法，把情绪宣泄出来。这不仅能缓解孩子的心理压力，也为后续问题的解决奠定了良好的基础。

简而言之，稳定情绪是处理孩子遭遇霸凌的第一步，不仅是要求家长自己保持冷静，更是要对孩子的情绪进行安抚与理解。孩子被欺负，不是他的错，不要让他独自承受，您的支持是他最大的力量。

很多家长可能对校园霸凌不太了解，有时甚至误以为孩子在学校遇到的摩擦和冲突只是小事一桩，不值得大惊小怪。还有一些家长会将责任归咎到孩子身上，认为"一个巴掌拍不响"，孩子有不对的地方，才会引发别人的针对。这样的认知其实是有偏差的。如果家长未能妥善处理孩子遭遇的霸凌问题，很可能会让事态变得更复杂，对孩子造成更严重的身心伤害。

因此，当孩子在学校遭遇霸凌时，家长需要第一时间介入并妥善处理。在说明解决方案之前，我想先和大家聊聊霸凌的定义、特征和危害，这样可以帮助家长准确甄别什么是霸凌行为。

那么，什么是校园霸凌呢？

校园霸凌是指在学校或与学校相关的环境中，学生之间基于权力不平等而发生的恶意行为。

霸凌行为有多种表现形式，有些明显易察觉，有些则隐蔽难以发现，一般有五种形式。

（1）身体霸凌

身体霸凌是最直接、最容易辨别的霸凌形式，包括殴打、推搡、抢夺财物等肢体暴力。因为这种行为有明显的外在表现，家长通常能够及时发现。

（2）言语霸凌

霸凌者通过侮辱、取笑、威胁、起外号等方式，用语言贬低或伤害他人。这种霸凌方式很常见，但往往被家长忽视。尤其是在我们的成长环境中，类似的言语时有发生，很多人已经习以为常。然而，言语霸凌会对孩子的心理产生长久的负面影响，家长对此千万不能掉以轻心。

（3）社交霸凌

社交霸凌是通过刻意孤立、排挤、散布谣言等手段，破坏受害者与他人的关系，让其感到孤独或被排除在集体之外。例如，一些孩子会通过拉帮结派，把某位同学排除在小团体之外，以达到霸凌的目的。

（4）网络霸凌

随着智能手机和社交媒体的发展，网络霸凌越来越普遍。霸凌者会利用社交媒体羞辱、威胁或骚扰他人，甚至泄露他人隐私。网络霸凌传播迅速、影响范围广，往往会对受害者造成极大的心理伤害。

（5）心理霸凌

心理霸凌是最隐蔽但同样具有危害的一种霸凌形式。霸凌者通过控制受害者的心理，让受害者感到恐惧或无助。比如，通过长期施加压力、故意制造恐惧感等方式，让孩子丧失自信甚至产生心理阴影。

了解这些形式后，希望您能对校园霸凌有一个更清晰的认知。面对霸凌，家长最重要的不是责怪孩子，而是冷静分析情况，找到最合适的方式帮助孩子走出困境。

霸凌行为通常具有以下四个特征。

第一，权力不对等。霸凌者可能在身体、心理或者社交地位上占据优势，而受害者处于相对弱势地位。

第二，故意性。霸凌并不是一时的玩笑或者偶尔的冲突，而是有意图地伤害他人。

第三，重复性。霸凌这种行为会反复发生，而非单次事件。

第四，伤害性。霸凌不仅会给孩子带来持久的心理创伤，还可能影响他们的自信心、学业表现以及人际关系。

我们如何判断孩子是否遭受霸凌呢？

当孩子受到校园霸凌时，可能会在情绪、行为、身体以及心理和社交等方面表现出一些明显或隐性的变化。家长需要保持敏锐的观察力，及时留意这些信号。

（1）情绪变化

孩子可能出现：情绪低落，经常表现得沮丧、悲伤或者焦虑；容易发怒，情绪不稳定，对小事表现出过度反应；害怕上学，一提到学校就显得紧张或者恐惧。

（2）行为变化

孩子的行为也可能发生显著的改变，比如不愿上学，频繁找借口请假，比如说"肚子痛"或"头痛"；回避社交活动，对聚会、课外活动等缺乏兴趣；出现睡眠问题，比如失眠、噩梦甚至夜间哭泣；注意力难以集中，学业成绩突然下降。

（3）身体信号

身体上的异常也可能是孩子遭受霸凌的标志，比如身上有无法解释的瘀青、划伤或衣物损坏；食欲发生变化，比如胃口突然大减或暴饮暴食；孩子经常抱怨身体疼痛，但没有明确的原因，这可能是心理压力的表现；在极端情况下，孩子可能出现自我伤害行为，甚至有轻生的念头。

（4）社交与心理变化

被霸凌的孩子，其社交和心理特征可能会发生变化，孩子可能表现出自卑和缺乏自信，比如对自己的外貌、能力或行为表现出明显的不满；开始孤立自己，与朋友关系疏远，不愿意谈论学校的事情；过度依赖家长，比如要求家长接送上学，甚至变得更加黏人。

（5）特殊线索

还有一些细节可能会提供线索，比如孩子的学习用品、零用钱经常丢失，或者物品损坏却无法解释原因；收到恶意短信，或社交媒体上常收到骚扰消息，导致孩子甚至害怕查看手机。

如果孩子出现了这些异常表现，很有可能是遭受了校园霸凌。这个时候，家长一定要高度重视，避免孩子受到进一步的身心伤害。

一旦您发现孩子可能受到霸凌，首先仔细倾听孩子的讲述，同时结合您平时观察到的情况，对孩子的异常表现进行分析。这样就可以大致判断孩子是否正在遭受霸凌。

接下来要做的第二步，就是"多方打听"。

除了倾听孩子的讲述，您还需要和与事件相关的其他人沟通，深入了解事情的真相。放学后，可以尝试与目击同学交流，了解事件的真实情况。有的孩子担心说出真相会受到霸凌者的针对，可能不愿意说出事情的真实情况。这时候，您可以请求目击同学的家长提供帮助，让他们与自己的孩子进行沟通。在家中，孩子会感到更安全，也更愿意说出真相。如果老师在场，切记及时与他们取得联系，详细了解事情的经过，以及学校已经采取了哪些措施。

在这个过程中，请务必收集相关证据，这些证据可能在后续处理中起到关键作用，比如孩子的受伤照片或视频，现场的照片、聊天记录，如果有必要，还可以去医院开诊断证明。

通过冷静分析和多方取证，您可以为后续处理步骤做好准备，有理有据，才能让霸凌者无处可逃。

接下来，您就可以和班主任取得进一步沟通。在与班主任沟通时，家长一定要注意方式方法，保持冷静，语气得当，这样才能更有效地推进事情的解决。在此，我分享三句话，可以帮助您既展现礼貌和尊重，又清晰地表达您的关切和态度。

第一句话：表达尊重和提出问题。

您可以这样表达："老师，您好。我家 ×× 回家后经常和我们分享学校里的趣事，还常常提到您对他的照顾，说您对他很好。不过，最近这段时间，他回家后话少了很多，情绪也变得很低落。我详细问了一遍，孩子才告诉我，他在学校被同学欺负了。"

这句话的好处在于，您先表达了孩子对老师的喜爱，同时也表明您对孩子的情况十分关注，这会让老师感受到您的尊重和用心。然后，又自然地引出了问题。

第二句话：提出孩子的担忧，争取老师的共情。

接下来，您可以这样表达："我问孩子有没有告诉您，他说害怕打扰您，也担心事情闹大了会被欺负得更严重，所以选择了隐忍。"

这样表达的好处有两个：一是表现出孩子对老师的尊重，让老师觉得孩子依然信任他，有助于增进老师对孩子的关注；二是点出孩子的担忧，间接地提醒老师，孩子选择隐忍是因为不敢相信自己能被保护，这样能引起老师的重视。

第三句话：表明态度和请求合作。

最后，您可以这样表达："我们家人在得知这件事后都非常生气，但我第一时间想到要和您沟通，因为您在学校更了解情况。我们没直接报警，也是希望尽量不影响您的工作。老师，您看我们应该怎么配合您，一起妥善解决这件事呢？"

这句话传达了几个关键点：首先，您站在老师的角度考虑，表现了对老师的信任和尊重；其次，您暗示了事情的严重性，说明家人对问题的态度很坚决；最后，您邀请老师一起探讨解决方案，展现了积极合作的姿态。

这三句话从尊重到担忧，再到表态，逻辑清晰，情绪得当，既表现了对老师的礼貌和尊重，也清楚地表达了您的关切和态度。更重要的是，这样的沟通不会让班主任感到被指责或压力过大，而是能营造一个共同解决问题的良好氛围，从而更容易达成您的目标。

如果班主任能妥善处理，为被霸凌的孩子"撑腰"，大多数霸凌问题都能得到很好的解决。接下来，我来分享一个发生在我们班级的真实案例。

我们班有一个学生，名为小C。他是个瘦弱的男生，性格比较孤僻，朋友少，人际关系不佳，特别是和室友的关系不太融洽。这个班级是我中途接手的，在一次家长会上，小C的妈妈向我反映了一个问题：小C的室友经常用言语攻击他，甚至还有肢体冲突。这种情况已经持续了很长时间。

起初，小C的妈妈以为孩子之间的矛盾仅是轻微打闹，就没有太重视。但随着时间的推移，她发现孩子的性格变得越来越孤僻，脾气也越来越暴躁，学习成绩大幅下滑。直到情况严重到影响孩子的正常生活，她才意识到问题的严重性，并决定让孩子走读。

了解到这个情况后，我意识到必须立刻采取行动。我开始特别关注小C的情况。如果有人用言语攻击他，我会立刻制止；如果有人针对小C，我也会在处理时"偏向"于他，明确批评其他同学的行为。通过我的引导和干预，班里的同学渐渐不再欺负小C，甚至开始主动和他接触。

渐渐地，小C的心情有了好转，他变得更积极，注意力也回到了学习上。他的变化非常明显，不仅在课堂上变得更主动，成绩也逐渐回升。

看到孩子的变化，小C妈妈再次找到我。这一次，她声泪俱下——那是委屈的眼泪，也是感激的眼泪，更是欣慰的眼泪。她感激学校和老师为孩子做出的努力，同时也为孩子的成长和改变感到高兴。

这个案例告诉我们，只要班主任能及时为孩子"撑腰"，给他们安全感，霸凌问题是可以得到有效解决的。同时，这也需要老师和家长密切配合，共同帮助孩子走出困境。

当班主任介入处理校园霸凌时，通常会安排家长间的沟通。这时，您可能会与霸凌者的家长见面，双方在班主任的协调下进行交流，希望对方家长能够教育和约束自己的孩子，避免类似的情况再次发生。需要注意的是，保持冷静和理智是沟通的基础。尽量避免直接指责或情绪失控，避免冲突升级。

在班主任处理霸凌问题期间，您可以适时跟进事情进展，询问班主任："目前的情况怎么样了？有没有需要我们配合的地方？"这样的语气既能表达您的关心，也能体现对班主任工作的支持。

在此期间，您也需要持续关注孩子的状态。如果事情恶化，或您对班主任的处理结果不满意，可以进一步采取行动，比如约见学校领导，向校方提出更高层级的反馈。

如果霸凌行为依然存在，且情况严重，报警可能是最后的解决手段。在这个过程中，您收集到的证据（如照片、视频、聊天记录等）就会发挥重要作用。警方会根据证据展开调查，并依法处理。

当然，预防才是最好的解决方式。反霸凌，从教会孩子保护自己开始。家长要培养孩子反霸凌的意识和能力，您可以在家和孩子进行情景模拟，鼓励孩子勇敢地表达，比如"如果有人欺负你，你怎么回应？"鼓励孩子用明确的语言说"不"，表达自己的底线。您也要教会孩子设立边界，让孩子学会保护自己的权益，适时地表达自己的不满，比如："你这样做让我不舒服，请停止你的行为。"

另外，您应该引导孩子扩大交际圈，多参加课外活动，结交朋友，形成自己的朋友圈。良好的人际关系能帮助孩子在学校中获得更多支持。当然，学习防身技能也是避免校园霸凌的有效途径之一。您可以让孩子学习跆拳道或其他防身课程，让孩子能在紧急情况下保护自己，增强自信心。

总结来说，解决霸凌问题需要耐心、冷静和合作。不仅需要班主任的介入，需要家长的关注和行动，还需要家长和班主任持续地沟通和全力的配合。班主任是孩子的"靠山"，家长是孩子的"后盾"，合作才能打赢反霸凌这场仗。而通过培养孩子的反霸凌意识和能力，可以从根本上帮助孩子避免类似问题的发生。

7

孩子遇到特殊情况，
如何沟通

孩子遭遇危急情况，
如何让班主任迅速配合

有些家长私信询问我，说孩子有一些特殊的情况，比如癫痫、抑郁症等，要不要告诉班主任。我的回复是：孩子的特殊情况，尤其是具有潜在危险的情况，一定要告知班主任。

接下来我分享一个亲身经历来开启这个话题。

我有个学生叫小 C。他是一个做事慢条斯理的孩子，非常听话，也很尊重老师，我特别喜欢他。新生入学后，我在家长会上特别强调，如果孩子有什么特殊情况，请私下告知。之后，我也在班级群里 @ 所有人，多次询问是否有孩子存在特殊情况，但没有家长回应。

然而，在课间操的时候，小 C 经常向我反映胸口很闷，不能运动，每次我都会允许他休息。直到有一次，我因生病去医院就诊时，接到了同事的电话，他告知我小 C 在运动时突然倒地，情况非常危险。幸好校医及时赶到，给他做了心脏复苏急救，孩子恢复了正常呼吸，但还是没有意识，只能紧急送往医院。

得知情况后，我立刻赶到小 C 所在的医院，安抚情绪极度激动的小 C 妈妈。幸运的是，经过两天的抢救，孩子终于醒了，还与我进行了视频通话。但是他暂时还没有恢复记忆，我看着他，激动得泪流满面。

后来，孩子的妈妈告诉我，孩子的外婆和她自己都有先天性心脏病，但在孩子入学时，她并没有提及这些情况，只告知体检结果一切正常。

其实，很多家长都面临着这样的问题：孩子的特殊情况，到底要不要告知班主任？看了这个惊险的案例，相信您的心里已经有了答案。

那么，应该怎么和班主任沟通呢？

有些家长可能会选择打电话或当面告知班主任，但这些方式其实不是最有效的，因为班主任可能记不住您口头告知的内容。那么，怎样的沟通方式才更合适呢？我有四点建议——

第一，直接告知，不要拐弯抹角。

有些家长可能会有各种顾虑，比如担心班主任会有偏见，或者担心其他孩子知道后会排挤自己的孩子，因此选择沉默，或者通过暗示的方式来表达。这些都是不可取的，请记住：在孩子的健康和生命安全面前，其他的一切都不重要。

我再分享一个小故事，帮助您理解直接告知班主任的重要性。

在我负责的第三届学生中，有一位转学来的女生，小 Z 同学。她成绩优异，学习态度也非常端正，大家都对她寄予厚望。转学后的第一个学期期末，她就获得全年级第一名，这本该是个好消息，但在第二学期刚开始不久，一个意想不到的问题出现了——小 Z 同学的重度抑郁症复发了。

入学时，家长并没有告知我们这个情况，可能是觉得孩子的病已经好转，或者是担心学校会因为孩子的特殊情况而拒绝她转学。具体原因我们不得而知。结果，在老师们的高期望和学业压力下，抑郁症再度影响小 Z。她没有了以往的光彩，对待学习也不再投入。

老师和家长都意识到不能再给她增加压力，纷纷为她"亮绿灯"，作业不再催促，大家也会和她交流、谈心。她最喜欢做的事就是到办公室帮我批改作业，与我交谈。我和她分享了我自己得抑郁症的经历，以及我是如何通过努力克服抑郁的。我向她分享了一些我当时用过的有效方法，并且每天在交谈中给予她肯定和鼓励。

最终，她不仅克服了心魔，走出了困境，还成功考入了理想的学校。

您看，如果家长没有把孩子的具体情况告诉班主任，那么很多不可预见的情况可能就会发生。相反，如果家长能主动提前告知，很多问题就可以预先防范并及时解决。请信任班主任，他们是孩子的守护者，了解情况才能更好地帮助孩子。

提前告知，预防问题，总比事后补救要强，别等出事后才后悔。请不要再犹豫。

第二，上报学校，统筹各方工作。

直接告知班主任孩子的特殊情况，除了让班主任了解孩子的情况，还有一个重要作用，就是可以让班主任提前做好备案，并将信息上报学校，从而为孩子争取更多的关注，也能避免一些潜在问题的出现。

每年开学初，我们都会收集学生的特殊情况，比如遗传疾病、心理问题等，这些都是需要向学校进行备案的。如果孩子有身体上的问题，不适合做剧烈运动，学校就会通知相关的老师，特别留意孩子的情况，避免让孩子参加不适合的活动。如果孩子有抑郁症或其他心理问题，学校的心理老师就会介入，为孩子提供定期的心理疏导和帮助。

可能您会担心，如果告诉学校，是否意味着将这些问题公开了？这样会不会影响孩子的社交，甚至让他被同学排斥？能不能避免这种情况呢？这就是我接下来要讲的第三点。

第三，私下告知，避免节外生枝。

为了保护孩子的隐私，我不建议家长们在公共场合和班主任讨论孩子的特殊情况。可能为了方便，有些家长在接孩子时遇到班主任，顺便就提及了孩子的问题。但在这种环境里，周围可能有其他家长或孩子会听到对话，从而导致孩子的隐私被泄露。

因此，我建议大家不要在公共场合谈论孩子的特殊情况。如果您的孩子特别在意自己的隐私，那么您更应该在私下与班主任沟通，尽量避免刺激到孩子。

我有一个学生小Z，他因为疝气需要请假去做手术。小Z的妈妈在接孩子时，直接向我提出请假申请，并且毫无顾忌地说出了孩子的具体病情。结果，不知道被谁听到了，导致这个事情在班上传开了。几位男同学开始开小Z的玩笑，说他有"气包"，还嘲笑他走路和跑步慢。虽然我及时制止了这些不当行为，并且批评了这些孩子，但小Z还是感到非常尴尬。

所以，当您需要与班主任沟通孩子的特殊情况时，一定要避免引起不必要的麻烦，尽量私下和班主任交流。这样既可以保护孩子的隐私，也能避免让孩子感到不适。

第四，文字沟通，留下沟通痕迹。

很多家长没有考虑过沟通的形式，认为只要告知班主任就可以了，形式不重要。因此，有的家长选择电话告知，有的则当面告知。但是，口头沟通存在一个问题：由于班主任的工作非常繁忙，他可能会忘记。

所以，我的建议是，通过文字的方式与班主任沟通。这样做有两个好处——

首先，文字沟通可以让您仔细思考并用最恰当的方式表达，而且还可以附上相关的体检报告或医生说明等图片，帮助班主任更加全面地了解孩子的情况。

其次，文字信息可以被保存，班主任可以随时查阅和回顾，避免孩子的特殊情况被遗忘。

我在之前的内容中也提到过微信沟通、电话沟通和面谈的优缺点。在微信上进行文字沟通的一个显著优点就是能够保留信息，方便随时提取和复查。因此，我强烈建议您选择通过文字与班主任沟通，避免班主任因为事务繁多而忘记您所告知的内容。

总结来说，孩子如果有特殊情况，请务必诚实、直接地告知班主任，并做好相关备案，避免出现不必要的麻烦。同时，为了保护孩子的隐私，您应当私下沟通，最好以文字形式进行交流，方便班主任随时查阅，确保孩子的情况不被遗忘。

帮孩子争取当班干部，
怎样沟通最有效

有不少家长在私信中询问我：孩子是否有必要去争取当班干部？作为一名工作多年的班主任，我的建议是：如果孩子有能力也有意愿，绝对值得一试！

班干部需要以身作则，在学习和行为上为同学树立榜样，这可以让孩子保持自律，帮助他们不断进步。同时，他们还要学会与同学沟通，协调班级事务，这些经历能够显著提升孩子的沟通能力和组织能力。

所以，如果孩子有能力、有意愿，班干部就是最好的锻炼机会！家长一定要支持他去争取这个机会。那么问题来了，家长需要为此和班主任沟通吗？

答案是肯定的，那么，怎么沟通才有效呢？

接下来，我会从沟通前的准备和沟通中的策略两个方面展开讲解，告诉您如何帮助孩子争取到一个合适的班干部职位。

沟通前的准备：了解孩子优势，激发主动性。

在和班主任沟通之前，家长一定要做好两件事：了解孩子的优势和激发孩子的主动性。只有充分准备，沟通才能更有成效。

第一步，全面了解孩子的优势。

在争取班干部职务时，很多家长会直接请求班主任，希望给孩子一个机会。但班主任在任命班干部时，要综合考虑孩子是否具备相应的能力，能否胜任班级管理工作。班干部是班主任管理班级的重要帮手，需要具备组织、沟通和执行能力，而不是随意安排的"名义职务"。

因此，在和班主任沟通前，您要先了解孩子的特长和优势。比如，孩子是否有组织能力？是否有责任心？是否在某些特定的领域表现优秀？这些信息将成为您向班主任推荐孩子的重要依据。**用具体事例说话，班主任才会更信服。**

如何了解孩子的优势呢？您可以通过平时观察，发现孩子在做哪些事情上表现优异，并用具体事例来说明。比如，孩子曾经在家组织过一次家庭活动，做得非常有条理，或者在小组学习中承担了协调任务并且表现出色。这些都可以作为向班主任争取的依据。

如果您对孩子的表现还不够确定，也可以向以前的班主任了解情况。作为教育者，他们对孩子的学习习惯、性格特点和能力有更专业的看法，可以为您提供更客观的参考。

第二步，鼓励孩子主动去争取。

很多班主任会采用民主选举的方式评选班干部，您要鼓励孩子勇于展示自己，争取同学的支持。孩子的意愿最重要，如果他不愿意参与竞争，或者没有做好准备，家长再努力也无济于事。

您可以在家和孩子一起梳理他的特长和优势，帮助他更有信心地面对选举。比如，可以告诉他："宝贝，你平时在小组里的协调能力很好，试试竞选班长吧！"这种鼓励不仅能让孩子明确自己的方向，还能让他有更强的动力参与竞选。

大家一定要明白，班干部是有限的，每位家长都希望自己的孩子有机会担任这样的职务。在班主任对孩子还不够了解的情况下，他为什么要优先考虑您的孩子呢？对家长来说，孩子是自己的全世界，但对班主任来说，每个孩子都是平等的。只有展现出孩子的优势，并且孩子自己也有争取的意愿，才能赢得机会。

所以，在与班主任沟通之前，应该先对孩子有全面的了解，这样沟通才会更有依据，言之有物，言之有理，也就更容易打动班主任。

沟通中的策略：介绍优点和经历，积极参与班级建设。

做好前期准备后，接下来就需要与班主任沟通，您可以按照以下三步来进行。

第一步，介绍孩子的优点，明确提出请求。

前面提到过，开学初和班主任建立沟通是非常重要的，主要有两个目的：一是全面介绍孩子的优缺点，帮助班主任尽快了解和认识孩子；二是了解班主任的教学规划和要求，明确家长可以如何配合学校和老师的工作。

在介绍孩子优点时，您需要特别注意把这些优势与班级的需求相结合。简单来说，就是不要只说孩子好，还要告诉班主任他能为班级做什么。换句话说，班主任更看重孩子的能力能为班级带来什么价值，而不是家长的单方面期望。

如果班主任觉得孩子的能力确实可以促进班级更高效地运转，让管理变得更加轻松，那么您的请求自然会更容易被接受。

以前，一位学生家长——小Z妈妈，在向我介绍孩子时，给我留下了深刻的印象，非常值得大家借鉴。她告诉我，自己的孩子非常安静且做事十分有条理。为了让我更直观地了解孩子的特点，她还举出两个具体的例子，让我立刻就有了画面感。

她说，家里有个书柜，书籍数量很多，但一点也不乱，孩子把书全部分类摆放，比如科幻类、中外名著等，都有各自的区域。他还会根据书的高度进行排序，使得整个书柜看起来井然有序，非常整齐。除此之外，孩子还主动承担家里的植物照料工作。他定期给绿植浇水、换水，还会根据植物的生长情况适时添加营养液，所以家里的植物生长得非常好，生机勃勃。

于是，小Z妈妈提出，希望孩子可以担任班级的图书管理员，顺便管理班级里的绿植。她的描述既具体又形象，让我觉得这个孩子的确很适合，于是就把这个职位留给了他。

事实证明，小 Z 妈妈所说的毫不夸张。小 Z 不仅把班级的图书角和绿植管理得非常好，还展现了更多意想不到的能力。他自己设计了一份图书借阅登记表，用来记录每位同学的借书和还书时间。如果同学没有按时归还书籍，他会主动提醒，直到所借书籍归位为止。

所以，家长在介绍孩子时，需要具体、真实地展现孩子的优点，并结合实际提出恰当的请求，这样就可以帮助孩子争取到适合他的机会，同时也能让老师感受到您的诚意，了解孩子的能力。

如果您的孩子暂时不具备突出的优点，千万不要"无中生有"，虚构出一些并不存在的优点，这是非常不真诚的表现。即使通过这样的方式帮孩子争取到了机会，如果孩子无法胜任班干部的工作，无法有效管理班级，最终还是会失去这个职位的。这不仅会让孩子感到挫败，甚至还可能让班主任对您和孩子产生怀疑，认为您不够坦诚。结果，不仅孩子没能得到锻炼的机会，还可能会破坏您和班主任之间的信任，这就得不偿失了。

第二步，讲述孩子的经历，增加当选的概率。

如果您的孩子以前担任过班干部，比如当过学习委员、文娱委员等，并且表现得非常好，得到了前任班主任的肯定，那您可以把这些宝贵的经历告诉现在的班主任。

组建班干部团队后，班主任通常需要花时间培训这些班干部。如果孩子有过班干部经验，已经熟悉相关工作，那自然是班主任的优先选择。对他来说，这不仅可以节省培训的时间，还能更快地将孩子培养成他的得力助手。

当然，需要提醒家长的是：我们有时会戴着滤镜看自己的孩子，认为他们处处优秀，但班主任需要的是真实的参考。如果能够通过别人的评价来证明孩子的能力，例如前任班主任或某个活动的指导老师的反馈，这些客观的证据更能打动班主任。

那如果孩子没有担任过班干部，是不是就没有机会了呢？

当然不是！您可以换一个角度看待，从孩子的优点和特长出发，只要能与班级发展结合起来，为班级建设提供帮助，班主任依然会对孩子"另眼相看"。

比如，我的一个学生——小P同学。她性格活泼，组织能力强，尤其擅长舞蹈。她从小学习舞蹈，经常组织小伙伴排练舞蹈，还在市春晚上表演过节目。每年班级的两大活动——运动会和元旦晚会，都需要孩子们编排节目，而我对舞蹈一窍不通，一度让我感到头疼。

当小P妈妈找我沟通，希望让小P担任文体委员时，我几乎是迫不及待地同意了。果然，小P不仅帮忙排练节目，还通过组织趣味活动让班级氛围越来越好，让我非常省心。

所以说，家长要多观察孩子，找到他的独特优势。只要这些优势对班级有帮助，班主任自然会看到孩子的价值，给他更多机会。

第三步，家长参与到班级建设中，为孩子争取更多"关照"。

不少家长私信我，抱怨班主任偏心家委会成员的孩子，认为他们总是优先获得各种机会。

作为一名班主任，我要在此澄清，这样的说法大多是因为孩子没有获得机会，家长产生了情绪化反应，并不完全属实。不过，我们也要承认，班主任也是普通人，也会有感情上的偏向。如果一位家长积极参与班级建设，为班级发展出谋划策，那么班主任对他的孩子多一些关照，也在情理之中。

家长参与班级建设，实际上对孩子和班主任来说都是一种积极的信号。

首先，家长的积极参与，体现了家长对孩子教育的重视，同时也表明他们对家校合作的支持。重视孩子教育的家长，往往更愿意花时间和精力加入家委会。而这样的态度会潜移默化地影响孩子，鼓励孩子以更积极的状态投入班级事务中。根据我的经验而谈，家长积极参与班级建设的孩子，通常表现更加优秀。

其次，家长的参与还能为孩子提供适时的帮助。比如，当孩子在管理班级遇到困难时，家委会的家长对班级情况了解更多，往往能给予孩子更准确的建议和指导。这种支持不仅能帮助孩子克服困难，也能为班级建设带来便利，还能为班主任腾出更多精力，专注于教学和辅导工作。

曾有一位家长，是一位公司高管，管理能力和文字功底都非常优秀。在她的影响下，她的孩子小Z也热爱阅读和写作，甚至在课余时间完成了一部十几万字的小说。当时，我正准备推出班级周报，记录班级一周内的大事和趣事，供大家传阅，因此新增了"新闻编辑"这个职务，专门负责文字编辑工作。我优先把这个职位给予了小Z。

起初，小Z对编辑工作完全没经验，甚至有些畏难情绪。但小Z的妈妈利用自己擅长编辑的优势，在工作之余耐心指导她，手把手带她完成了前几期的班级周报。没过多久，小Z就掌握了报刊编辑的技能，后来做得特别出色，班级周报也成为我们班的一大亮点。

从这个例子可以看出，家长积极参与班级建设，不仅能帮助孩子成长，还能为班主任分担压力，孩子自然会获得更多的关注和机会。所以，家长们，您不要犹豫了。

总结来说，帮助孩子争取班干部职务，家长首先要明晰孩子的优点，并将它们与班级建设联系起来，适时向班主任提出请求。为了让介绍更有可信度，可以利用多方的观点或孩子的经历来加以佐证，为争取班干部职位增加筹码。除此之外，您也可以积极参与班级建设，既为孩子树立榜样，又能及时指导和帮助孩子，让他能够更加得心应手地管理班级。这种积极参与有助于班主任管理和建设班级，他没理由不给予孩子这个机会。

想要加入家委会，
如何向班主任申请

到了每年的开学季，尤其是一年级、初一和高一，很多家长都会纠结一个问题：到底要不要加入家委会？如果想加入，又该怎么和班主任沟通呢？

关于这个问题，其实没有标准答案，主要看个人的想法和情况。有的家长想要加入，是因为觉得这样可以多和班主任接触，帮孩子争取更多关注和资源。比如，评优评先的时候，班主任可能会优先考虑家委会成员的孩子。这种"小私心"，确实是不少家长的真实心态。

也有家长认为，加入家委会是一件"吃力不讨好"的事情。加入后，需要花费大量时间和精力去沟通、协调、组织活动。如果在家委会中表现良好，通常会得到正面评价；可如果表现不好，很容易招致其他家长的指责。甚至有的家长可能会认为家委会成员是"班主任的走狗"或者"谄媚班主任的人"，这样的抱怨并不少见。一些家长权衡之后，干脆放弃了加入家委会的想法。

我的建议是，如果条件允许，不妨尝试加入家委会。家委会是家长和学校之间的桥梁，可以让双方的沟通更加顺畅。同时，家委会也是学校教育的有力补充，能为学校带来很多宝贵的资源和支持。家长如果有意愿、有时间参与，这其实是一个很好的机会，不仅能了解孩子在学校的情况，还能为学校和孩子们的成长贡献一份力量。

但是，并不是每位家长都适合加入家委会，加入之前先看看自己是否具备一定的条件。

第一，不能带有私心。

有些家长加入家委会，是为了给孩子争取更多关注和资源，甚至希望班主任能对孩子"开绿灯"或"区别对待"。如果加入家委会是基于这样的目的，那就不太合适了。

班主任对孩子的评价，更多是基于孩子的实际表现，而不是家长的身份。以评优评先为例，如果孩子表现一般，就算您是家委会成员，班主任通常也不会把荣誉给您的孩子，因为大家都在看着。如果班主任为了您"破例"，不仅容易引发其他家长的不满，还可能让您和孩子成为众矢之的，甚至会影响到班主任以后工作的开展和推进。

当然，在条件差不多的情况下，出于个人情感，班主任确实可能会给家委会成员的孩子多一些关照。但如果您是完全因为私心加入家委会的，就想着得到特殊待遇，结果可能会让您失望。时间一长，您可能会在处理很多"费力不讨好"的事务中逐渐失去热情。

所以，加入家委会，不是为了"占便宜"，而是为了"出份力"。愿意无私地为全班服务，才能赢得尊重和支持，毕竟这是一项公益性的工作。

第二，要有足够的时间。

家委会的职责不仅是搭建家长和老师之间的沟通桥梁，还需要帮助班主任分担一些时间紧、任务多的工作。比如，学校可能会举办类似元旦晚会的活动，班主任因为教学任务繁重，很难抽出时间来细致规划，这时候就需要家委会的帮助。而这些活动往往在工作日进行，如果您平时很忙，没有足够的时间配合，就难以胜任这项工作。

以我们班的元旦晚会为例，节目是由一位家长负责编排的。这位家长开了一家艺术培训学校，时间比较灵活，能随时到学校指导孩子排练，极大地减轻了我的工作量。因此，我更推荐时间相对充裕的全职宝妈、宝爸加入家委会，这样才能更好地配合学校的工作。

第三，需要具备一定的能力。

家委会的工作需要多方面的技能，比如专业知识、沟通能力、组织能力等。常见的工作包括物资采购、宣传、活动策划、组织会议、数据统计、经费管理等，重点任务一般是活动策划、经费管理和物资采购。

如果您在这些方面有经验，比如平时从事财务工作，或者擅长策划和组织活动，那么加入家委会会更容易上手，也不会给班主任增加额外的负担。除此之外，家委会成员还需要与其他家长和老师打交道，尤其是在组织活动时，沟通协调能力就显得尤为重要。如果您性格内向、不善言辞，可能在沟通中会遇到困难，甚至让工作进展不顺利。因此，加入家委会前，您需要考虑自己是否具备这些能力。

第四，耐心和包容心同样重要。

家委会的工作需要和很多人打交道，难免会遇到意料之外的情况或难以解决的问题。这时候，耐心就显得非常重要。您可能需要持续跟进问题，不断协调和沟通，这会耗费大量的时间和精力。如果没有足够的耐心，您可能会感到疲惫甚至情绪失控。

另外，家委会工作中可能会遇到质疑或非议，比如其他家长的不理解甚至误解。面对这些情况，您需要有包容心，学会宽容对待他人的意见。如果您脾气急躁、容易情绪化，这样的工作会让您感到吃力，甚至影响班级的整体氛围。

无私、时间、能力、耐心以及包容心，如果您具备这几个条件，那么我非常建议您加入家委会。这样不仅能为自己孩子的成长保驾护航，还能为整个班级的建设贡献一份力量，何乐而不为呢？

接下来您将面临一个问题：如果想加入家委会，该怎么和班主任沟通，才能顺利获得这个职位呢？

要选择合适的时间和方式，这样既显得礼貌，又能传递您的诚意。比如，您可以在课后找老师聊一聊，或者提前通过微信、电话和老师预约方便的时间。如果碰到家长会或班级活动，活动结束后再交流，也是不错的选择，这样既不会打扰老师的工作，还显得自然随和。

见面后，应该怎么聊呢？我给您整理了一些沟通技巧和参考话术，帮助您轻松达成目标。

（1）表达感谢和支持，拉近距离

开头可以先表达对老师的感谢和理解，这样能迅速拉近彼此的距离，让老师感受到您的诚意。您可以这样说："老师，您好！我特别佩服您对孩子们的用心，看到您为了班级事务忙前忙后，真的非常辛苦。作为家长，我也希望尽自己的力量，帮您分担一些事情，为班级和孩子们做点实际的贡献。"

这样表达，既能体现您对老师工作的认可，也可以自然地引出您想加入家委会的话题。

（2）说明自身优势，让老师了解您的能力

接着，您可以直接说明自己的特长和能提供的帮助，让老师更清楚您能为班级做些什么。比如："我平时工作主要涉及活动策划，之前也组织过一些社区活动，如果班级需要策划活动，或者协调家长之间的事情，我都非常乐意参与。"

或者提到您的时间优势："我的工作时间比较灵活，学校需要帮忙时，无论是后勤支持还是组织事务，我都可以随时参与。"

这样的表述不仅具体，还能让班主任快速了解您有哪些能力和资源，而不是模糊地表达意愿，这样老师更容易为您匹配适合的工作。

（3）强调合作态度，尊重老师的主导地位

和班主任沟通时，注意突出合作精神，而不是让老师觉得你是来"插手"班级事务的。比如："老师，我希望在您的指导下，尽力为班级分担一些力所能及的事情，同时也能和其他家长一起努力，为孩子们营造一个更

好的学习环境。您在班级管理方面经验丰富，我也希望从中多学习，和您多配合。"

这样的表述，既尊重了老师的主导地位，也能让他感受到您真诚的合作态度。

（4）主动询问班级需求，展示务实态度

最后，不妨主动询问班级是否有需要家长帮忙的地方，体现出您的务实态度。比如："老师，最近班级里有没有需要家长协助的工作？家委会里有哪些具体的工作需要分担？如果有幸加入，我希望为班级和孩子们提供一些实实在在的支持。"

这种提问不仅能表现出您愿意参与具体事务的意愿，还会让老师觉得您是一个愿意为班级尽心尽力的人，而不是只为了"名头"才加入家委会。

总结来说，与班主任沟通时，语气要真诚，表达要清晰，表达感谢、展示能力、突出合作、了解需求，让班主任看到您的价值，为家校合作开一个好头。

家长朋友们，只要时间允许，能力匹配，加入家委会，会是一个利大于弊的选择，您不打算试试吗？

班主任来家访，用"三要三不要"原则抓住机会

　　我在"把握沟通频次：与班主任沟通越多，孩子进步未必越大"这节里提到，开学家长会是一个非常重要的沟通机会。因为这是家长向班主任介绍孩子、表达家校合作意愿、了解家长职责以及学期规划的一个好时机。

　　但现实情况是，家长会上班主任面对的是一大群家长，属于"一对多"的局面，很多人根本没有机会和班主任单独交流。所以，有些家长干脆放弃这次沟通机会。其实，大家完全不用担心没有机会，因为学校一般会安排班主任家访，这就是一次专门的一对一沟通机会。

　　提到家访，不同的家长有不同的看法。有些家长觉得家访很麻烦，需要提前腾出时间，还要准备好接待的细节，需要做很多准备工作，结果只聊了半小时；有些家长非常欢迎家访，因为这是和班主任深入探讨孩子问题的好机会，可以得到建议和指导；还有些家长会感到紧张，不知道应该聊什么、怎么聊，甚至有点焦虑或害怕。

　　其实，不管您对家访怎么看，都是逃不掉的。所以与其担心，不如想想如何做好准备，确保这次沟通能发挥最大作用。这也是我写本篇文章的目的：帮助大家从容应对家访。我会从两个方面来讲：家访前的准备，以及家访中的沟通技巧。希望这些内容能帮到您。

　　首先，我们聊聊家访前的准备工作。想要家访顺利、高效，需要记住"三要三不要"。

第一，要保持平和的心态。

家访的目的很简单，就是让班主任更全面地了解孩子的成长环境、家庭情况，同时和家长交流对孩子的期望。说白了，家访不是考试，别紧张，班主任是来帮孩子的，不是来挑毛病和投诉的。

既然目的这么简单，那我们也就不需要"草木皆兵"。只要提前做点准备，就能应对得很好。正所谓"知己知彼，百战不殆"，心里有底，自然就不慌了。

第二，要注意沟通环境和个人形象。

家访的场合虽然在家里，但家长还是需要注意沟通环境和个人形象，毕竟这是对班主任的尊重，也能给他留下一个好印象。

关于沟通环境，简单地说，就是要把家里收拾干净。虽然不需要大扫除，但至少要让家里看起来干净整洁。特别是孩子的卧室和书房，因为班主任可能会重点关注这些地方，了解孩子平时的学习环境。顺便提一句，这种整洁不是为了"临时应付"，而是应该成为孩子平时的习惯，家访只是一个"检查时刻"而已。

班主任来家访，家长不需要特意打扮，但也不能穿着睡衣、睡眼惺忪地接待老师。穿着得体，给班主任留下好的第一印象，总是没错的。哪怕是接待普通朋友，保持个人整洁得体的形象也是很重要的，这会让人感觉舒服。

另外，建议家长可以简单准备一些茶水和水果，虽然班主任可能时间紧，没时间品茶、吃水果，但这是对来访客人的基本礼貌，对吧？

第三，要做好沟通内容梳理。

家访时的沟通内容非常关键。为了避免聊天时思路混乱或者遗漏重要的事情，我建议您可以提前梳理想要沟通的要点，写在一个"小本本"上，或者至少打个腹稿，做到心里有数。这样不仅能让沟通更高效，还能节省大家的时间。

如果有些事情不方便当着孩子的面谈，建议提前跟班主任打个招呼，比如："老师，有些问题当着孩子的面不方便提，等家访结束后，我找个其他时间再和您详聊。"将这些敏感话题提前告知班主任，这样班主任心里就会有数，避免说出不该说的话刺痛孩子，这对孩子的自尊也是一种保护。

接下来，我们聊聊家访前千万不要做的三件事。这些"雷区"一定要避免，不然可能适得其反。

第一，不要用家访恐吓孩子。

有些家长为了管束孩子，会把家访当成"威胁工具"，比如："你再不好好写作业，在老师家访时，我就告诉老师，让他好好批评你！"这样的恐吓手段其实没什么效果，反而可能带来两个问题。

①孩子可能会对您产生反感，觉得您只会"告状"，从而更不愿意听您的话。

②班主任成了孩子的"敌人"，孩子会对家访充满害怕和抵触心理，无法正常交流。

正确的做法是让孩子明白，家访的目的是帮助他进步，而不是批评教育他。您可以提前和孩子沟通："老师家访是为了更好地了解你，这个机会很难得，你想对老师说点什么呢？"这样做不仅能缓解孩子的紧张情绪，还能帮助他提前梳理想要表达的内容。等到家访时，您也可以引导孩子参与对话，让班主任听到孩子真实的想法，了解更多情况。

第二，不要在家访前和孩子争吵。

有些家长对家访特别重视，可能会反复叮嘱孩子："待会儿老师来了，你一定不能乱说话！"或者"不要做那些让老师觉得丢脸的事！"如果说得太多，孩子可能会觉得烦，甚至和您产生冲突，吵起来。

要知道，班主任从走进您家门的那一刻起，就在观察和感知家里的氛围。如果家长和孩子情绪对立，或是孩子一脸不开心，班主任会觉得您的家庭沟通存在问题，这可能会给班主任留下不好的印象。

此外，如果孩子一直处于负面情绪中，也会让他在家访时不愿意说话，甚至完全闭塞心扉，这样也不利于班主任了解真实情况。

所以，家访前一定要注意营造轻松、和谐的家庭氛围，让孩子保持愉快的心情，这样才能让家访更顺利。

第三，不要给班主任准备贵重礼物。

我相信，绝大多数家长都很重视孩子的教育。有些家长可能会觉得家访是个机会，想通过送礼来表达心意，希望让班主任更加关照自己的孩子。但我建议您不要这样做。

首先，班主任家访是为了解孩子的成长环境和家庭情况，而不是接受礼物。您送贵重礼物，可能让班主任觉得您不信任他的职业操守，甚至感到被冒犯。

其次，在孩子面前送礼也不太合适，会给孩子传递一种"关系大于一切"的错误观念。

正确的做法是什么呢？准备一些茶水或者水果就足够了，这是对客人的基本礼节。贵重礼物完全没有必要，大概率也会被拒绝。家长朋友们，千万不要好心办了坏事！

说完家访前的准备工作，咱们再来聊聊在家访过程中需要注意的事项。家访时，该和班主任聊些什么，又有哪些话题需要避开呢？我总结了"三聊三不聊"。

第一，表达对班主任的欢迎和感谢。

班主任来家访，第一步就是要表达欢迎和感谢，这是基本的礼貌和尊重。

当班主任到达时，可以热情地说："老师，您辛苦了，欢迎来我们家！"客套话一两句就够了，太多反而显得生疏。

接着，您可以真诚地感谢班主任，比如："感谢您在百忙之中抽出时间来家访。"然后，再具体谈谈对班主任工作的认可和感激，比如："我发现孩子最近在××方面进步了很多，真的离不开您的用心和指导。"

这样，不仅表达了感谢，还具体指出了孩子的变化，说明您对孩子的成长和老师的付出是有关注的。这会让班主任感受到他的努力被看见、被认可，因而能够增强他的成就感，有利于增进家校之间的良好关系，让班主任更加愿意投入时间和精力关注您的孩子。

简单来说，欢迎和感谢既是礼貌，也是高情商的沟通方式，能为家访开一个好头。

第二，说说孩子的在家表现。

接下来，您可以和班主任交流孩子在家里的表现。这部分交流有三个要点：介绍孩子的优点和特点，结合班级需求谈孩子的特长，最后主动了解孩子在校的情况。

（1）把自己当成"推销员"，优先介绍孩子的优点

和班主任沟通时，家长的第一个身份是"推销员"。您需要推销孩子，让班主任对孩子留下一个好印象。

为什么要先说优点呢？因为先讲优点，会让班主任关注到孩子的闪光点，形成对孩子潜力的期待感。这比直接提到缺点效果要好得多。

在讲优点时，一定要具体化、形象化。比如："我们家孩子动手能力特别强，经常喜欢拆装东西。他把家里的收音机拆了还能装回去，关键是还能正常用，妥妥的'拆家小能手'！"这样的表达不仅有趣，还描述了一个具体且生动的生活场景。这样有画面感的场景更容易被记住，记忆的持续时间也会更长，因此可以让班主任更好地记住孩子。

除此之外，优点要多讲，缺点可以提，但要少说、后说。如果提到的缺点过多，班主任可能更容易把注意力放在孩子的不足上。所以优点要往大了说，缺点不能不说，但要后于优点说，且点到为止。

比如，如果孩子上课容易坐不住，您可以简单提一下："孩子有时候比

较活跃，可能上课时注意力不太集中，还需要老师多提醒。"提缺点的目的是希望班主任更了解孩子，从而更好地给予帮助和支持，而不是让缺点成为焦点。这样表达既善意地提醒了班主任，也不会让孩子感到难堪。

（2）结合班级需求，介绍孩子的特长和兴趣爱好

除了优点和不足，特长和兴趣也是重要信息。特别是如果这些特长能够为班级贡献力量，更容易引起班主任的重视。

比如，如果孩子擅长画画，您可以这样说："我们家孩子画画很好，一直是办黑板报的'中流砥柱'。如果班级有需要，比如布置教室、艺术节活动，他很愿意帮忙。"

为什么这样说呢？这是在把孩子的特长和班主任的需求结合起来，既能展示孩子的能力，也能为孩子争取更多的表现机会。这些实践中的机会能让孩子进一步提升，同时也可以为班级建设做出贡献。

（3）主动了解孩子在校表现

介绍完孩子在家的情况后，您可以请班主任聊聊孩子在学校的表现。沟通是双向的，这样的交流便于您更全面地了解孩子，也能为家校配合找到更好的切入点。

您可以问问班主任："老师，您觉得孩子在课堂上的专注力怎么样？""他和同学相处的情况如何？""您认为他还有哪些方面需要改进？"……

通过这样的对话，您既能听到班主任的观察和反馈，也可以请教一些教育方法，比如针对孩子的某些不足，班主任是否有特别的建议。

第三，说说您对孩子的期望。

和班主任聊聊您对孩子的期望，这是家访中至关重要的一部分。这不仅能让班主任更全面地了解您对孩子的培养目标，也能帮助班主任为孩子制定更贴合实际的教育方法，实现家校合作的最大化效果。

（1）期望的内容可以包括哪些方面？

您的期望可以从不同维度展开。

①**学业方面**。孩子的学业通常是家长最关注的内容。您可以结合孩子的实际情况，明确希望在哪些学科或技能上有所提升。比如，在学习习惯的养成方面，提出希望孩子能提高时间管理能力，更加专注地完成作业，或者养成每日复习巩固的习惯。

②**品质和能力培养**。除了学业，孩子的品格和综合能力也是重要的教育目标。您可以谈谈希望孩子具备哪些品质或能力，比如自律性强，责任感强，更加自信，敢于表达自己，学会与人合作，更好地融入集体。

③**兴趣特长**。如果孩子在某些兴趣特长上有天赋或潜力，比如音乐、体育、绘画等，您可以表达希望班主任能够多为孩子提供机会，让孩子在这些方面得到更好的发展。比如："孩子特别喜欢画画，希望他在班级黑板报设计或艺术活动中能多一些实践机会。"您将孩子的兴趣与班级活动结合起来，既能帮助班级，又能让孩子有更多展现自己的机会。

④**长远发展**。对于孩子未来的职业选择或视野拓展，您也可以分享一些自己的想法。比如，希望孩子在小学阶段培养批判性思维；希望孩子能有国际化视野，从小注重语言能力的培养。

（2）如何与班主任沟通期望？

在与班主任沟通您的期望时，有几点技巧和步骤可以帮助您更高效地表达，并确保班主任能准确理解。

首先，要尽量结合孩子的实际情况，并提出明确、具体的目标。模棱两可的表述会让班主任抓不到重点，比如"希望孩子更优秀"就不如"希望孩子提高写作能力"更清晰明了。又如，如果孩子在数学应用题上有困难，您可以说："孩子在解应用题时总是抓不住重点，可能是因为阅读能力或分析问题的能力不足，希望能在这方面多多提升。"

仅仅表达期望还不够，您可以和班主任一起探讨如何实现这些目标，并制订具体的行动计划。比如，如果孩子应用题不好，您可以和班主任制订计划，每天在家完成几道专项训练题，同时定期检查孩子的解题思路。如果孩子的阅读能力不足，可以建议班主任推荐一些适合孩子的阅读材料，并制订每日阅读的计划。

通过这样的沟通，不仅让期望落地，还能帮助班主任为孩子提供个性化的教育服务。

（3）如何确保计划落实？

家访是家校合作的起点，不是终点，后续跟进更重要。计划的实施效果，取决于家校双方的配合。您需要定期向班主任汇报孩子的落实情况。比如："孩子最近每天都有练习应用题，解题速度比之前有了进步，但还是会漏掉题意中的关键信息。"

同时，您也可以向班主任了解孩子在学校的具体表现。比如，计划是否有效？孩子在应用题解题上是否有进步？如果效果不理想，可以及时调整策略。

及时反馈、执行调整、快速推进，这样的家校合作模式，既能体现您对孩子成长的关注和对班主任工作的尊重，也能让班主任更加信任您和孩子，愿意在教学中投入更多精力，进一步促进您和班主任彼此的良性合作。

接下来，我们聊聊"三不聊"，也就是家访时要避免的话题。

第一，不要把家访变成"告状大会"。

有些家长在家访中容易走向极端，把家访当成向班主任告孩子状的机会。比如，反复强调孩子的缺点，甚至把孩子说得一无是处，希望借班主任的"权威"来管教孩子，替自己解决教育中的困扰。这种做法问题很大，班主任不是来配合家长"唱红脸"或者当裁判的。

如果您在家访中不停地吐槽孩子，班主任可能会先入为主，对孩子形成负面的认知。一旦贴上负面标签，就不利于接下来班主任对孩子形成全面、客观的评价。

如果孩子在旁边听到这些负面评价，很可能会感到自尊心受损，甚至产生叛逆情绪，从而加剧您和孩子亲子关系的紧张。

此外，频繁向班主任"告状"也会让他觉得您缺乏反思能力，甚至对您的教育观产生怀疑。这对家校合作也是非常不利的。

因此，家访中要避免将焦点放在孩子的问题上，更不要抱怨或埋怨孩子，而是应以建设性的态度与班主任探讨如何帮助孩子进步。

第二，不要过分强调考试分数。

有些家长对分数的执念非常强，总是围绕考试成绩与班主任沟通，比如："我希望孩子数学一定要考满分！""语文成绩不能低于 95 分！"这样的具体要求不仅会给孩子带来很大压力，也会影响到班主任的教育方式。

过高的分数要求可能给孩子带来严重的心理负担，甚至让孩子失去对学习的兴趣。分数只是学习成果的一项指标，过度看重分数容易忽略孩子的全面发展，比如思维能力、沟通能力和创新能力的培养。

如果家长过于强调分数，班主任可能会为了迎合家长的期待，更多地将教育活动集中在"提分"上，而忽视孩子更广泛的成长需求。这对孩子的长远发展并不是好事。

所以，我建议您在和班主任沟通时，将关注点放在孩子的学习习惯、综合素质和思维能力等方面的提升上，而不是单纯地追求某个具体分数。

第三，不要议论其他家长或孩子的是非。

家访是班主任和您专注讨论您的孩子的教育问题的时间。有些家长会在交谈过程中偏离主题，谈论起其他家长的教育方式，或者讨论班里的其他学生。这种行为会给人不礼貌、缺乏素养的印象。

班主任可能会觉得您喜欢挑拨是非，这会直接影响家长和班主任之间的信任关系。

班主任反感这样的行为，因为这可能会引发家长之间不必要的矛盾，给班级管理带来麻烦，从而影响班级的整体氛围。

家访期间，建议把注意力放在自己的孩子身上，向班主任清晰表达您的想法和期望。这不仅有利于班主任更全面地了解您的孩子，也能体现您的教育智慧和家校合作的态度。

总结来说，班主任来家访的目的是更好地了解孩子，帮助他们成长。家长无须紧张，也不要害怕。只要提前做好准备，知道家访的时候哪些话该说，哪些话不该说，哪些事能做，哪些事不能做，就能确保家访顺利、高效地进行。

8

遇到任何情况，都能灵活沟通

父母教育理念不合，
如何寻求班主任的帮助

在我担任班主任期间，很多家长向我反映过类似的问题：要么夫妻一方不参与孩子的教育，要么因为教育理念不同，双方常常为孩子的教育问题争执不下。有家长问我：这种情况能不能找班主任帮忙？

我的回答是，完全可以。实际上，这样的情况在许多家庭中都普遍存在。

我曾经接触过一对教育理念不合的家长，他们在家长会后专门找到我，希望通过我的调解协助他们达成教育共识。这对家长的情况很典型：妈妈辞职在家全职辅导孩子，对孩子的学习非常上心，检查作业、检查笔记、纠正坐姿，事无巨细都要管。特别是在疫情期间上网课时，妈妈几乎担负起了老师的部分职能，对孩子的学习干预非常深入。

但问题也因此出现了：孩子在这样的环境下缺乏独立性，不知道如何自己做笔记，也不懂如何高效完成作业和复习，基本上是被动完成任务。

而爸爸的理念则完全不同。他认为应该给孩子更多自由，让孩子学会自我管理，对自己的学业负责。但他自己在家庭教育中的参与度又很低，周末亲子活动时经常一边玩手机一边"陪孩子"，和孩子缺少真正的互动。这让妈妈觉得孩子因缺少父亲的教育和影响而缺少阳刚之气，遇事容易退缩。

这种分歧其实在许多家庭中都能看到。一方面，传统家庭观念中"男主外、女主内"的模式让很多父亲在教育中要么过于"佛系",要么因意见不合而干脆不插手。另一方面,母亲有时会过度干预孩子的学习,这也会影响孩子的成长。

面对这对家长,我分别肯定了他们教育理念中合理的部分,同时也指出了各自做法中的问题。妈妈的细心和投入值得肯定,但需要适度放手,给孩子自主成长的空间;爸爸强调自由和责任感是对的,但完全不参与教育显然没有尽到父亲的责任,孩子也需要他的陪伴和支持。作为班主任,我的第三方身份让我能够比较客观、公正地进行调解,这让他们更容易接受我的建议。

沟通后,这对父母回去尝试调整各自的角色,妈妈开始学着放手,让孩子独立完成学习任务,而爸爸也更积极地参与到家庭教育中来,周末会陪孩子开展一些亲子互动活动。几周后,孩子的状态有了明显好转,进步非常显著。后来,妈妈还发信息告诉我,爸爸对我的调解非常满意,给我打了"满分"。

当父母的教育理念不一致时,寻求班主任的帮助是非常明智的选择。班主任能够站在中立的角度,帮父母双方找到平衡点,并且从专业的角度提供中肯的建议,帮助双方找到共同点,实现教育合力。

不过,在和班主任沟通时,有一点很重要,就是要学会介绍您的另一半。这不仅能让班主任更全面地了解孩子的家庭情况,还有助于他更好地整合各方面的教育资源,更有效地帮助孩子成长。

接下来,我就来聊一聊,怎样介绍您的另一半。

首先,介绍另一半的职业。

向班主任介绍另一半是做什么的,这一点看似简单,但非常重要。不要觉得这一步多余,要想更好地教育孩子,实现家校合作,父母的职业和家庭情况是关键的信息。

每种职业都有它的特殊性，当然也有局限性。比如，有的父母是老师，把大部分精力都放在自己的学生身上，对自家孩子的关注就相对少了；有些爸爸是军人，长年待在部队，几乎没时间回家，更别提陪伴孩子成长了。还有像医生、商人这样的职业，工作忙碌、时间不规律，陪孩子的机会也很少。这些职业特性，会直接影响父母在家庭教育中的角色和分工。

如果班主任能了解这些背景信息，就会对孩子的家庭环境有更清晰的认识，能给予孩子更多关注和帮助，弥补父母可能存在的教育空缺。当然，班主任无法完全替代父母的教育作用，但在学校里多一分关心，肯定是有益无害的，对吧？

以前我任教的班中有位学生的父亲是军人，因为长期驻扎在部队，工作繁忙，一年回不了几次家，也很少与孩子联系，更别提一起吃饭或看电影了。家里的事情，包括孩子的教育，基本上都由母亲一手承担。对此，孩子的母亲心里有很多委屈，觉得丈夫对孩子的教育缺位。在一次家长会后，她向我倾诉了这个问题，表达了自己的无奈和困惑。

了解情况后，我主动与这位父亲联系，从班主任的角度与他探讨孩子教育的问题。他慢慢意识到自己的缺席对孩子成长的影响，表示愿意做出改变和弥补。在感恩节那天，我们班组织了一场特别的活动，我邀请了孩子的父亲来参加。活动中，这位父亲主动向我提出，希望能有 5 分钟的发言时间。他在全班面前向孩子表达了真诚的歉意，说出了自己对孩子深深的牵挂和思念。

孩子听到父亲的真心话，感动得泣不成声。父亲也在活动中承诺，今后会抽更多的时间与孩子联系，经常通过电话沟通，尤其是在孩子的重要日子里，一定会尽量陪伴。这件事之后，这位父亲的参与，让孩子的精神状态和学习表现都有了很大的改善。

其次，介绍另一半的教育理念。

这一点非常重要，尤其是当夫妻双方的教育理念不一致时。班主任如果了解了您和另一半的不同想法，就可以通过一些策略和方法把双方的力量整合起来，形成有效的教育合力。

之前提到的例子就很好地说明了这一点。如果那对父母没有在家长会上向我说明他们的教育理念，我很可能无法意识到他们之间的分歧，自然也无法帮助他们调和矛盾。这样一来，他们各自坚持自己的方式，矛盾可能会进一步加深，最终不仅会影响孩子的教育效果，还会破坏家庭的和谐。这显然是一种"双输"的局面。

正是因为那对父母主动把他们的教育理念和困惑告诉了我，我才能从专业角度出发，帮助他们分析问题，并指出改进的方向。他们接受了建议，调整了方式，最终形成了更和谐的教育配合。这也充分体现了家校合作的意义——通过沟通和理解，共同为孩子创造更好的成长环境。

但是，一定要记住，不要把班主任当作"情绪垃圾桶"，吐槽另一半不如找解决方案。向班主任吐槽另一半，就像是和班主任抱怨孩子的各种问题，这只是在宣泄自己的情绪，根本没有什么作用，也无法解决实际问题。更何况，班主任不是您的"情绪垃圾桶"，他没有义务听您的牢骚和家庭矛盾，这只会让他希望尽快结束交流。

如果您真的在教育孩子的问题上遇到了困难，或者与另一半的教育理念大相径庭，与其抱怨，不如和班主任一起探讨解决方案。通过专业的沟通，找到一个双方都能接受的方式，才能有效化解矛盾，帮助孩子更好地成长。

家长之间更应该相互支持，而不是彼此拆台。只有把每一方的教育力量整合起来，目标一致、方向一致，才能为孩子的成长创造一个更加稳定、积极的环境。力往一处使，孩子的进步才会更显著，家庭关系也才会更加和谐。

另外，在很多家庭中，除了父母之间的教育理念不一致，老人和父母之间的教育分歧也很常见。尤其是现在，许多父母出于工作繁忙或者其他原因，将孩子交给老人照顾，但由于代际差异，老人的教育观念往往与父母截然不同，甚至南辕北辙。这种情况下，教育理念的冲突可能引发家庭矛盾，也会对孩子的成长造成影响。

如果您也面临这样的情况，可以考虑与班主任沟通，让他了解家庭教育中的这一情况，因为孩子成长的大环境对他们的学习和身心发展都有重要影响。向班主任说明老人的教育理念以及教育中可能存在的问题，有助于班主任提前做好预案。班主任可以从两个方面入手：一是在学校中及时发现并纠正孩子身上因教育分歧而产生的问题；二是通过与老人直接沟通，从专业的角度给出建议，帮助老人更好地理解现代教育理念。

此外，如果孩子主要由老人照顾，建议在参加家长会时邀请老人一同前往，与班主任面对面交流。相比父母的话，班主任的专业建议可能更容易被老人接受，这样不仅能缓解家庭内部的矛盾，也能形成更一致的教育合力。

我之前教过一个学生，父母因为忙于创业，没时间照顾孩子，所以将孩子交给外公外婆照料。孩子的生活和学习都由外婆负责，连家长会也是外婆参加的。

每周五放学后，我会在班级群里发一段总结，反馈这一周孩子们的成绩和进步，并指出需要改进的地方。孩子的外婆特别喜欢看这些反馈，总会仔细在表扬栏里找孩子的名字，还会找我了解孩子的不足之处。她对我的意见非常重视，甚至超过了孩子父母的建议。只要是我提到的要求，她都会一丝不苟地督促孩子完成。

所以，如果您发现和老人在教育理念上有分歧，或者沟通不畅，不妨试着借助班主任的力量。让老人直接与班主任交流，听听班主任的专业建议和意见，效果可能会比您直接沟通要好得多。

总结来说，家庭教育中，父母的角色缺一不可，只有共同参与，孩子才能感受到完整的爱和支持。但是，如果您和另一半的教育理念不一致，或者与老人的观念相左，您可以将这些情况告知班主任，请班主任帮助协调，将家庭和学校的教育力量整合起来，形成更有效的教育合力，通过家校共育，让孩子在成长过程中获得更多支持，取得更大的进步和更全面的发展。

让老人代为与班主任沟通，
效率非常低

有些家长不太喜欢直接跟班主任沟通，还有些在沟通时会紧张或者焦虑，于是，他们想到一个办法：让家里的老人代替自己去跟班主任交流。可是，这样做是否合适？有没有什么问题呢？

接下来，我会从自己的角度，聊聊老人代替父母与班主任沟通是否合适。

有些父母因为工作太忙，没时间照顾孩子的学习和生活，就把这些事情交给了孩子的爷爷奶奶或者外公外婆。于是，跟班主任沟通的任务也落到了老人的身上。在我带过的班级里，就有几位学生是由老人照顾的。拿最近的一届学生来说，有两位孩子的情况就是这样。

比如小 L 同学，因为爸爸妈妈忙着创业，他的外婆接手了他的学习和生活的所有事宜，连家长会也是外婆来参加的。我每周五会给孩子们做一周总结，小 L 的外婆都会认真看，尤其关注表扬栏和批评栏。她不仅会仔细阅读我的评价，还会一一转达给小 L，非常用心。

又如小 F 同学，从小就由奶奶照顾长大。每次学校有什么活动，她的奶奶都会到场，奶奶还主动和我交流，说如果孩子有什么问题，直接找她，不用打扰孩子的父母，因为他们太忙，顾不上孩子。

这两位老人确实对孩子的学习和生活特别上心，但即便如此，我还是不建议让老人代替父母与班主任沟通。为什么这么说呢？接下来，我会具体聊聊我的想法。

首先，父母是孩子的法定监护人，也是班主任沟通的首选对象。不管孩子发生什么事情，班主任一般都会第一时间联系父母，因为最终处理孩子事情的决定权在父母手里。即使老人代替父母进行沟通，大多数情况下，他们也只是把班主任的话转达给孩子的父母，最后还是需要孩子的父母拍板决定。那么，与其绕这一大圈，班主任为什么不直接和父母沟通呢？

有些家长不愿意和班主任交流，甚至害怕沟通，所以就让老人代替自己出面。说实话，这种做法是不负责任的表现。作为孩子的监护人，无论是工作忙还是其他原因，都不能对孩子的教育和成长置之不理。即使孩子的日常管理暂时由老人负责，这种安排也应该是短期的，而不是长期的。如果长期让老人承担这份责任，那只能说家长已经非常失职了。

其次，让老人代替父母和班主任沟通，往往效率很低。大多数家庭里，孩子的学习情况都是父母更为了解，老人对这方面通常会感到摸不着头脑。如果由老人进行沟通，他们可能无法准确传达信息。

比如，班主任可能需要了解孩子在家里的学习状态，但老人可能只会泛泛地谈几句，很难给出具体信息。就像前面提到的小L外婆和小F奶奶，每次与我沟通时，她们最常问的是类似这样的问题："孩子在学校表现怎么样？""为什么这周的表扬栏里没有他？"这些问题比较笼统，无法深入交流。如果我尝试深入探讨一些学习上的具体问题，她们往往答不上来，这样的沟通自然效率很低。

再次，很多老人照顾孩子时因为"隔代亲"，对孩子问题的看法不够客观。我在和一些老人交流时，经常遇到他们"护犊子"的情况。当提到孩子的问题时，他们不是回避问题，就是没有意识到问题的存在。这样一来，沟通就变成了"鸡同鸭讲"，不仅难以解决实际问题，反而消耗时间和精力。所以，"隔代亲"是爱，但有时也会成为"盲点"。

除了"隔代亲"，有些老人的教育观念也比较传统，甚至略显落后。在和一些老人交流时，他们会很认真地对我说："老师，孩子在学校要是不听话，您一定要多批评，甚至打都可以，我们家长都支持您。"这是典型的"棍棒教育"思想。在他们看来，老师骂孩子、打孩子，反而是一种负责、用心的表现。但这种观念显然和我提倡的正面教育背道而驰。结果就是，在沟通过程中，我们对同一件事情的看法可能大相径庭。当然，我并不是说所有老人都思想陈旧、不懂如何教育孩子，但在我的交流经验里，老人们或多或少存在这样的问题。

另外，有些老人还可能会"倚老逞威"。他们认为自己经历的事情多、人生阅历丰富，所以对班主任的教育方法不以为然。他们觉得自己走过的路比年轻的班主任多，经验比班主任丰富，在沟通中可能表现出对班主任的不屑或者指责。这种不尊重的态度，毫无疑问会影响沟通的效果。不过，我也要强调，绝大部分老人还是非常尊重班主任的。他们会认真听我说话，也很乐意和我分享孩子的情况。可以说，我很幸运，遇到的父母和老人都非常讲理，也愿意尊重老师，我对此也很感激。

最后，还有一个很现实的问题，就是老人的身体状况。和年轻人相比，老人毕竟没有那么身强力壮，来学校一趟可能会十分折腾。尤其是那些住得离学校比较远的老人，来回奔波需要耗费很多精力，有时候可能真的吃不消。所以，除非家长确实非常忙，实在抽不出时间，我并不建议让老人频繁跑学校处理孩子的事情。

总之，虽然老人代替父母与班主任沟通的初衷是好的，但从实际效果来看，这并不是一个理想的选择。**父母作为孩子的第一责任人，应该主动承担起与班主任沟通的责任，这样才能更好地了解孩子的学习和成长情况，及时解决问题。**

那么，是不是老人就完全不能和班主任沟通呢？其实也不是。有些情况下，让老人代替父母沟通是可以理解的，甚至在某些场合是更好的选择。

除了前面提到的家长因为工作忙无法抽身的情况，还有几种情况，老人和班主任沟通是比较合适的。

第一种情况是，如果孩子是由老人一手带大的，他们对孩子的情况更为了解，那么让老人沟通反而更高效。

比如，我前面提到的小F同学。他爸爸是一名军人，常年不在家，妈妈的工作也很忙，所以从小学起，小F一直是由奶奶带大的。不管有什么事需要沟通，都是奶奶负责。相比之下，小F妈妈对孩子的情况了解得很少，而爸爸几乎是联系不上的。

在这种情况下，和奶奶沟通显然更有效率。而且，小F奶奶的做法有一点特别值得点赞。虽然她负责沟通，但每次需要到学校时，她都会带上小F妈妈一起和我交流。即便奶奶是主要的沟通人，最后真正做决定的还是父母。

这种方式很好地避免了老人单独传递信息时，可能出现的遗漏或偏差，同时也让父母能够更好地参与孩子的教育。奶奶了解情况、协助沟通，父母负责决策，分工明确，配合得当，这是一种很聪明的处理方式。

第二种情况是，当父母情绪不稳定时，可以让家里更冷静、更公正的老人来代为沟通。比如，我的学生小Z，父母离婚后，他一直跟着爸爸生活，由爷爷奶奶协助照顾。但小Z爸爸性格急躁，做事容易冲动，曾经因为和小学班主任沟通时情绪失控，发生了不愉快。因此，小Z非常抗拒让爸爸到学校沟通。每次需要和班主任交流时，都是小Z的爷爷奶奶出面。他们的情绪更加稳定，态度也更温和，沟通的效果反而更好。

第三种情况是，孩子和父母、老人住在一起，但父母和老人在教育理念上有分歧，甚至老人经常干预父母教育孩子。在这种情况下，与班主任沟通时，可以带上老人一起。我之前带的班级里，有些家长就很聪明。

比如，有些家长在家教育孩子时，老人总是插手，甚至用一些不太合适的方式管教孩子。因为这些问题，家长和老人之间经常产生矛盾，甚至有家长专门私信我抱怨这些事情。针对这种情况，有些家长在开家长会或者与我交流时，会直接带上老人一起到学校。作为教育工作者，同时又是一个相对"局外人"，很多老人更愿意听取我的建议，也更乐意配合。这种方式可以避免家长和老人因为教育问题不断争吵，能够让家里的沟通氛围变得更为和谐。

在这里，我也想给家长们一个建议：如果家里的老人坚持干预孩子的教育，不要和他们发生正面冲突。先稳定情绪，再冷静分析问题，找到合适的解决办法。如果实在没办法，可以主动联系班主任，一起讨论出可行的方案。这其实也是家校合作的一个重要内容。

不过，需要提醒的是，让老人参与沟通必须基于一个前提——他们愿意。如果老人不愿意到学校沟通，或者身体状况不允许，那就不要勉强他们。一定要尊重老人的意愿，同时考虑他们的身体健康，这样才能更好地处理问题。

如果是老人代替父母和班主任沟通，我有两个提醒，需要家长注意，提前做好老人的思想工作。

第一，相互尊重非常重要。老人通常阅历丰富，而班主任往往比较年轻。这个时候，老人一定要避免"倚老逞威"，更不能对班主任不尊重、指责甚至发火。这种态度只会让沟通变得困难。

尊重是沟通的前提，年轻班主任也需要被尊重和理解。作为教育工作者，他们对孩子教育的理解可能会更加专业、更加深刻。在沟通时，老人应该虚心听取他们的意见。再者，班主任是孩子成长道路上的重要护航者，仅凭这一点，他们也应该受到父母和老人的尊重。

第二，老人沟通的重点在于"代为传话"。老人代为沟通时，主要任务是向班主任传达父母的意见，同时也将班主任的反馈完整转达给孩子的父母。老人不宜急着代替父母做决定，因为父母是孩子的法定监护人，最终的决定权还是在他们手里。同样，也不要催促班主任立刻下结论，因为有些问题可能需要多次沟通，逐步解决。

总结来说，如果不是万不得已，不建议让老人代替父母和班主任沟通。**父母是孩子的第一责任人，沟通不能假手于人。**无论多忙，孩子的教育问题都不应该完全交给老人，父母得亲自上阵，才能真正了解孩子，陪伴孩子成长。家长朋友们怎么看呢？

换了新班主任，如何沟通才能尽快建立好关系

孩子中途换了班主任，很多家长可能会感到担心甚至焦虑，这完全可以理解。换班主任意味着家长之前在家校沟通上付出的努力需要从头再来。跟前任班主任沟通磨合了很久，建立起了默契甚至友谊，现在却突然换了人，家长还得重新适应，这确实让人头疼。

另外，新班主任的各种情况也是家长非常关心的问题，比如教学水平如何？班级管理能力强不强？是否有经验？如果比不上之前的班主任怎么办？孩子会不会不喜欢？这些担忧都可能让家长觉得不放心，甚至影响他们对孩子教育的信心。如果这些疑虑得不到缓解，家长可能会十分焦虑，甚至影响和学校的正常沟通。

其实，我非常能理解家长的这种心情。孩子的教育对家长来说是头等大事，任何不确定因素都会让人紧张，大家当然不想冒险。

不过，这里就会有一个问题。本来孩子可能对新班主任没什么意见，但家长的态度可能会潜移默化地影响他们，让孩子也对新班主任产生抵触情绪，这会让孩子更难适应和接受新班主任。

还有些家长会不停地拿前任和现任班主任作比较，总想挑毛病。这种做法无疑会让情况变得更糟。孩子、家长、班主任之间本来就是相互影响的关系，三方如果能够齐心协力，形成教育的合力，教育效果可以达到最大化。但如果家长总是持批评态度，等于拖了孩子和班主任的后腿，不仅会破坏三方的合作，还会削弱教育的整体效果。

换了新班主任，家长首先要做的就是保持冷静，调整好情绪，以积极的心态来看待这件事情。要知道，负面情绪解决不了任何问题，反而可能让情况变得更复杂。

冷静下来后，我们换个角度再想一想，换了新班主任真的有那么糟糕吗？其实并不是！新班主任可能会带给孩子不一样的收获。不同的老师有各自的教学风格和管理方式——有的注重理性思考，有的偏重感性启发，还有的强调活泼互动或者阳光自信。孩子在接触不同风格的老师时，可能会收获多方面的成长。这是一种难得的成长新机会。

其实，换了新班主任还能锻炼孩子的适应能力和人际交往能力。在和新老师相处的过程中，孩子会逐步调整自己，找到适合的互动方式。不要低估孩子的适应能力，环境的变化并不会让孩子退步，反而会帮助他们提升自己。如果总想着给孩子创造一个一成不变的"温室"环境，反而会限制他们的成长。

另外，对整个班级来说，换班主任也是一个新的开始。以前可能有些孩子和前任班主任的关系不太融洽，这次就可以让大家回到同一起跑线，在新班主任面前重新展示自己。这样一来，孩子就获得了重新来过的机会，重新争取老师的认可和关注。

由此可见，换了新班主任并不一定是坏事。作为家长，您需要用积极的态度去面对，并帮助孩子尽快适应。

比如，您可以这样对孩子说："新的学期，教你的老师发生了变化，这是因为老师也需要不断学习、不断提升自己。不过妈妈相信，不管是哪位老师，一定都会非常喜欢你的。"这样的表达不仅能让孩子接受换班主任的事实，还能让他对新老师充满期待。孩子会更愿意主动去和新班主任互动，争取老师的关注和喜欢。

接着，别忘了再给孩子一些鼓励，比如："宝贝，恭喜你又多了一位喜欢你的老师，一位真心帮你的大朋友！妈妈希望你在课堂上可以更积极地发言，勇敢表达自己的想法。答对答错没关系，只要你认真思考、主动参与，老师一定会喜欢爱动脑筋的你。"通过这种方式，不仅让孩子对新班主任有了积极的印象，还能引导他们主动适应新的环境。

但是，如果孩子回家后明显表示不喜欢新班主任，觉得自己很难适应新老师的风格，家长应该如何引导呢？

首先，家长需要先稳定孩子的情绪，然后再做积极引导。

当孩子表达对新班主任的不适应时，很多家长会感到焦虑，或者急于维护新班主任的形象，这样反而可能加剧孩子的负面情绪。

正确的方法是先与孩子产生共情。您可以温柔地握住孩子的手，注视着他，心平气和地说："妈妈知道你很喜欢以前的老师，也知道你现在对新老师有些不适应。没关系，我们一起来想办法应对这个变化。"这样才能让孩子感受到您理解他现在的感受，避免情绪上的对立。

接着，您可以继续说："你喜欢以前的老师，他也很喜欢你。他喜欢你，是因为你总是那么积极、热情，对吧？你思念他，他也在时刻关注着你，咱们要努力成为他的骄傲，对吗？"孩子有情绪很正常，不要压抑这些情绪，而是要通过疏导让他释放出来，避免情绪积压，让他感受到正向的支持。

待情绪稳定后，再帮助孩子转换角度，重新认识新班主任。你可以告诉孩子："宝贝，每位老师都有自己独特的风格，他们身上都有闪光点。你可以尝试去发现新老师的闪光点，看看他有哪些独特之处。每天放学后，和妈妈分享一个关于新老师的趣味小故事，或者分享一个他的优点，好吗？"这样一来，孩子的焦点就会从对新班主任的抵触，转向对老师的好奇与欣赏。通过积极的引导，孩子会逐渐看到新班主任的优点，这能帮助他更快适应和接纳新老师。

其次，家长需要主动和新班主任建立联系，建立积极有效的合作关系。

和新班主任沟通时，家长要控制好情绪，不要因为孩子不喜欢或者没能适应新老师而感到焦虑，也不要拿新班主任和以前的班主任作比较。这种情绪可能会影响双方的沟通，甚至给新班主任留下不好的印象。

沟通时，家长首先要表现出尊重和支持。您可以加上班主任的微信，或者在接孩子时主动打个招呼，给班主任留下一个好的印象。比如："老师，您好！我是××的妈妈，非常感谢您担任孩子的班主任，以后希望我们能多多交流，保持沟通！"这样友好的开场，不仅能让班主任对您有个好印象，也为之后的沟通奠定了基础。

但仅仅留下好的印象还不够，您还需要和班主任进一步沟通，深入了解彼此的想法。在第一次与新班主任沟通时，不要急着表达自己的观点或建议，而要更多地倾听对方。了解新班主任的教育理念和管理方式，以及班级的整体方向和目标。这个过程非常重要，因为通过了解班主任的教学理念，您可以判断您与班主任在理念上是否存在差异，以便为后续的合作做好准备。

再次，沟通时要表现出对班主任工作的关心和尊重，让他感受到您的支持。

您可以和班主任聊聊之前与前任班主任的相处模式，谈谈您是如何建立起良好沟通的。您可以表示："我们和前任班主任配合得很好，沟通也很顺畅，相处得非常融洽。"这样正面的评价，能让新班主任感受到您对班主任群体的尊重，您对前任班主任的态度其实也就映射了您对整个班主任群体的态度。这样说，可以让新班主任对您产生好感。

特别注意一点，不要在新班主任面前批评或者吐槽前任班主任。这样做可能会让新班主任觉得您是个不支持、不配合的家长，班主任通常会比较头疼这种类型的家长。如果您在他面前批评前任班主任，他可能会想："既然您能在我面前这么说前任班主任，背后是不是也会这样说我。"

所以，在谈到与前任班主任的相处时，最好强调之前的良好合作，这样可以树立您支持和尊重班主任工作的形象。

从次，还可以聊聊自己之前为班级做了哪些事情，适当地"推销"自己。

我一直鼓励家长积极参与孩子的教育，而家校合作是非常好的参与方式。您可以告诉新班主任，您之前参与了哪些班级事务，担任过什么职位。通过这些分享，不仅可以进一步展现您对班主任工作的支持，还能为自己争取更多的参与机会。

新班主任听完后，可能会因为您的合作态度变得更加放松，甚至可能邀请您参与班级事务，比如加入家委会。这样一来，您就成功地"推销"了自己。家长参与家委会，不仅有利于孩子的成长，也能对整个班级起到积极的建设作用。这是一件双赢的事情。

最后，您可以向新班主任了解孩子在班级里的表现和适应情况。

虽然您和孩子聊过之后，他可能已经对新班主任有了积极的看法，但孩子适应新班主任可能还需要一些时间。为此，您可以向班主任询问孩子在学校的具体情况，看看他在适应方面有没有困难。

如果孩子还没有完全适应新班主任，或者还有一些负面情绪，您可以委婉地告诉班主任，并寻求他的指导和帮助，然后一起探讨，找到好的方法，帮助孩子解决适应问题。您可能会担心说出孩子的不适应后会让班主任多想，但只要您已经表现出了对新班主任的尊重和支持，我相信他是不会有负面想法的。相反，他会积极地回应您的合作请求，与您展开合作，并给予孩子更多的关注。

如果新班主任足够关注孩子，并能及时给予正向的反馈，孩子很快就会接受和适应新班主任。就这一点而言，我在自己的教学中深有体会。通过这种沟通，能帮助消除孩子和新班主任之间的陌生感，拉近他们的心理距离，有利于让师生关系变得更加和谐。

如果新班主任的教学方法和班级管理方法确实与孩子已形成的习惯产生了冲突，那么您可以抓大放小，重点关注孩子的学习态度，并及时与新班主任沟通，帮助孩子进步。

在家里，您要仔细观察孩子的学习情况，注意孩子的进步和变化。我之前已经提到过如何观察孩子的学习情况，如果有不清楚的，可以回头再翻阅。如果发现孩子在某些方面有进步，比如字迹变得更美观了，要及时表扬孩子，并把这个进步反馈给新班主任，感谢老师的耐心指导。

如果孩子回家分享自己在学校的优异表现，您在表扬孩子的同时，也不要忘了给予新班主任正向的反馈：对老师表示感谢，感恩他对孩子的帮助和支持，也可以对他的工作给予肯定和认可，让他感受到自己的工作被看见、被认可。这有利于为孩子争取到更多的关注，以及更多来自新班主任的正向反馈，这就能够帮助新班主任更快地走进孩子的内心。

我一直强调：教育学，首先是关系学。只要新班主任和孩子之间建立起了良好的关系，只要新班主任能够真正地抓住孩子的心，那么教育的效果自然就会出现。

总结来说，在与新班主任沟通时，一定要保持稳定的情绪，采取礼貌的方式，并且不要忘记对他的工作表示认可与感谢。通过这种真诚和尊重的沟通方式，我相信新班主任一定能够感受到您的合作态度，并愿意与您建立起良好的合作关系。这样一来，良好的家校合作就建立起来了，孩子的成长就能够得到更好的支持与帮助。

给班主任送礼物，如何不越界，让班主任欣然接受

　　关于"要不要给班主任送礼"这个问题，很多家长都特别感兴趣。平时在自媒体平台上，不少家长都会留言问我：到底要不要给班主任送礼？如果要送，送什么比较合适？

　　每次提到这个话题，关注度都非常高，这也说明很多家长确实有这样的想法，目的也很明确——希望通过送礼，为孩子争取更多关注和资源。

　　这样的动机我完全能理解。毕竟，我们生活在一个讲人情的社会，礼尚往来是再正常不过的事情。然而，关于送礼，社会上却有很多争议。一些人认为班主任作为教育工作者，应该保持职业的纯粹性，不能被"送礼"这种世俗行为所影响，甚至有人对送礼持完全否定的态度，觉得不应该有这种行为。

　　其实，送礼这件事本身并没有什么问题。无论是在东方还是西方，送礼都是很普遍的社交行为。以我在英国伦敦生活的经验来看，人们也会在日常生活中送礼。比如，邀请朋友来家里吃饭时，朋友通常会带上一瓶酒或一盒甜点；在圣诞节这样的节日，大家会互送礼物，表达祝福。由此可见，不管在哪个文化背景下，送礼都是一种正常的人际交往方式。

　　我对送礼这件事的态度是中立的，可以送礼物，关键在于送什么、为什么送，以及怎么送。如果礼物太贵重，班主任很可能不会接受；如果送礼的目的性太强，明确表示是为了让班主任多关照孩子，这种情况下，绝大部分班主任也会拒绝。此外，送礼的方式也很重要，如果方式不恰当，也容易引起反感。

　　家长在考虑这个问题时，一定要摆平心态。不要把班主任看作孩子的领

导或高高在上的权威，而要把他当成一个合作伙伴、一个并肩作战的战友。

我们不妨换个角度想一想：如果是您的朋友，您会送他什么礼物？您送礼的目的是什么？如果想清楚了这些问题，相信大家对"要不要送礼"以及"送什么礼物"就不再纠结了。

送礼这件事，不仅要看送什么，更要看怎么送。方法得当，既能表达您的心意，又不会让班主任觉得尴尬或者产生反感，还能增进彼此的关系。

接下来，我就聊聊该送什么样的礼物，才能让班主任欣然接受，同时让孩子在班主任心中留下好印象。

第一，节日时送出祝福。

就像给朋友送生日礼物一样，在特别的日子表达心意，是送礼最自然的时机。虽然班主任不会特意告诉大家自己的生日，但每位老师都有一个"共同的生日"——教师节。在这一天，可以为班主任准备一束鲜花，由孩子亲手送上，表达感恩和祝福。

这里给大家推荐七种寓意美好的鲜花，大家可以根据班主任的性格和喜好选择。

①康乃馨：代表感恩之心；

②剑兰：寓意节节高升；

③向日葵：象征崇拜和敬仰；

④百合花：象征纯洁与祝福；

⑤郁金香：表达神圣与永恒；

⑥文竹：代表文雅和坚韧；

⑦雏菊：象征青春和希望。

除了鲜花，还可以准备一张贺卡，让孩子亲笔写下对班主任的感谢和祝福。孩子也可以自己动手制作一些手工艺品，比如纸花、干花等。这类礼物显得特别用心，还能让老师感受到孩子的创意和真诚。

第二，毕业时送出感恩。

孩子毕业时，正是表达对班主任感谢的绝佳时机。感谢班主任的辛勤付出，感谢他对孩子的悉心培养，感谢他一路上的点滴陪伴。在这个特别的时刻送上一份礼物，不仅能传递您的心意，也能为班主任留下一份珍贵的回忆。

我想和大家分享一份我至今珍藏的礼物：一位学生送给我的"时尚杂志"。其实，它是一份精心制作的相册，里面是孩子平时收集的照片，有我和学生们一起的点点滴滴。相册的设计参照了知名时尚杂志，配上了既搞笑又温暖的文字，充满创意和纪念意义。每当我翻开这本"时尚杂志"，都会想起那些与孩子们共度的时光，流下感动的泪水。

所以，毕业时的礼物不在于贵重，而在于用心。红包、名贵的东西不一定合适，一份充满心意和情感的礼物，才是最能打动人心的。

第三，日常互动送出心意。

很多孩子不仅学习出色，还多才多艺，比如会做模型、糕点或者其他创意作品。这些作品不仅是孩子努力的成果，也是他们成长的重要见证。当孩子完成了这样的作品，不妨让他给班主任带一份，这就是最特别的礼物。

有些家长可能会担心礼物不够精美或贵重，班主任未必会接受。但其实，班主任最关心的不是礼物的价值，而是孩子的成长和心意。孩子亲手制作的作品，不仅独特，还传递出一个重要信号：孩子很喜欢并尊敬班主任，也愿意和他分享自己的小成就以及生活点滴。

在日常的交流中，通过这些用心的小礼物，孩子和班主任会更容易建立起良性互动，这不仅能增进师生之间的感情，还能让班主任更加关注和欣赏孩子，多好啊！

第四，旅行归来送出情谊。

如今，许多家庭在寒暑假期间都会带孩子外出旅游，这既是拓宽视野的机会，也是一段美好的亲子时光。旅行归来时，别忘了为班主任带上一份小小的纪念品或者地方特色的土特产。别看这是一件不起眼的小事，却能传递出满满的情谊。

这个举动向班主任传递了一个重要的信息：孩子很喜欢老师，无论身处何地，都惦记着他。这种"礼轻情意重"的方式，能让班主任感受到孩子的尊重和用心。老师感知到这份真诚，也会更关注孩子，在师生关系中注入更多温情与信任。

在合适的时机送出合适的礼物，这样的行为不会让人觉得别有用心，反而能彰显孩子真诚的心意。班主任收到这些礼物后，会感到非常欣慰，孩子和班主任之间也能建立起良性的互动，增强情感联系。

既然我们已经知道了在什么时间该送什么礼物，接下来，如何以合适的方式把礼物送给班主任呢？

首先，不要以送礼为目的。

送礼之前，一定要明确一件事情，这礼为什么要送？您可能会说："这不是废话吗？当然是为了孩子呀。"当然，最终肯定是为了孩子的成长。但问题是，有的家长把送礼本身当成了目的，这就有点跑偏了。

什么叫"以送礼为目的"呢？简单来说，就是您带着一份礼物，甚至是很名贵的礼物，送去给班主任，但您的目的并不是和班主任沟通，而是为了让他对您的孩子多多关照。这样的送礼，就是以送礼为目的的送礼。

这样的送礼方式，很可能会遭到班主任的拒绝，甚至会引起他的反感。因为这明显是在用礼物"收买"班主任，让他为您"办事"。这里的"办事"不一定是具体的事情，其实就是希望班主任对孩子多用心、多关照，必要时给孩子亮一亮"绿灯"。

一定要避免这种送礼方式。送礼是沟通的桥梁，不是交易的筹码。我们送礼应该是出于真心和真诚，用礼物传递感谢和尊重，而不是为了交换某种特殊待遇，否则，可能会好心办坏事，引起班主任的负面情绪。

其次，巧借孩子之手送礼。

礼物不分轻重，关键是能够表达心意。送给班主任的礼物不一定要很奢华，自制的小点心、小纪念品就能传递情谊。**巧借孩子之手，送礼更有温度。让孩子亲手送礼物，不仅能培养他的感恩之心，也能让班主任感受到孩子的善意，拉近师生关系。**收到诚意之作的班主任，自然也会用同样的方式回馈孩子。

我和以前的孩子们就经常互赠小礼物。比如，有的孩子会送我笔记本、自制月饼、自制书签等小物件，我也会送给他们一些学习用品、辅导书籍、自制饼干等。通过这种礼尚往来的方式，我们建立了深厚的感情，慢慢地走进了彼此的内心。这种亲密的关系和互动，最终会反馈到孩子的学习上，正因如此，我们班级的成绩遥遥领先于其他班级。

可见，借用孩子之手给班主任送礼物，可以促进孩子和班主任的良性互动，培养班主任和孩子的深厚情感，有利于孩子的成长和进步，这难道不是家长、班主任和孩子三方都想看到的结果吗？

不过，有一点要注意：不要让孩子给班主任送过于贵重的礼物，这可能会破坏师生间的健康关系。

最后，沟通中送礼，时机合适即可。

在找班主任沟通的时候，到底是先送礼再沟通，还是先沟通再送礼呢？

其实，送礼的时间并不固定，只要时机到了就可以送。有的家长喜欢直奔主题，先送礼再沟通，这也没问题，毕竟您手里提着东西，班主任一眼就猜到了您的意图。

当聊天氛围很好的时候，或是沟通过程中出现了间隙，您也可以顺势送出礼物，这样既不显得唐突，又可以调节聊天气氛。如果您怕尴尬，想要在沟通结束时再送出礼物，这也是可以的。总之，您和班主任彼此感觉舒服就好。

总结来说，在给班主任送礼的时候，大家一定要慎重选择礼物。礼物不在轻重，能够表达您的感激和心意即可。您可以让孩子亲手送，也可以自己送，但一定不要把送礼当成目的，企图用这种方式"收买"班主任，这样可能会适得其反。

送礼的关键在于真诚，只要用心，班主任一定能感受到您的心意，也会更愿意和您一起为孩子的成长努力。

保持家校沟通，
不仅是为了孩子的成绩

在我十几年的教育工作中，我一直提倡家校之间的沟通、对话和共同育儿，并为此付出了很多努力。后来，我开通了一个自媒体账号，叫"家校沟通"，专门为家长朋友们提供一些实用的建议，希望能让家校沟通更加顺畅。

不过，当我还是班主任的时候，我发现很多家长其实不太愿意和班主任沟通。有的是不敢开口，有的是不知道该怎么沟通，甚至有些人觉得没必要沟通。从一些家长给我发来的求助信息中，我能感受到他们的困惑和无助。

其实，无论是什么原因导致不和班主任沟通，我都不太认同这种做法。因为家校之间的沟通不仅重要，还会带来很多意想不到的好处。

这本书已经接近尾声了。在最后的部分，我想再一次强调：家校沟通的重要性不容忽视。希望每个家长都能坚持与班主任保持沟通，即使在孩子毕业之后，也不要忘记和老师多多交流。如果您还没有开始家校沟通，那就赶紧行动起来吧！

家校沟通对孩子的成长、家长的参与，以及班主任的工作推进，都有很大的帮助。接下来，我来聊聊，持续进行家校沟通，究竟能为我们带来哪些收获。

家校合作，形成教育合力

保持家校沟通，最重要的一点是让家长和老师在教育理念上达成一致，真正形成教育合力。在本书的前面章节，我多次提到开学初和班主任沟通的重要性，就是为了交流彼此的教育理念和育人目标。这一步真的非常关键！

试想，如果您和班主任从来没有交流过教育理念，班主任不知道您希望把孩子培养成什么样的人，最后只能按照自己的方式来教育孩子。而这种方式，可能和您的理念完全不一致。比如，您很注重孩子的身体健康，但班主任更关注孩子的学习成绩。

您不和老师沟通，老师自然不会懂，因此可能忽略了您重视的方面。这就好比拔河比赛，家长和班主任像站在两端的队员，各自用力却朝着不同方向，最后不仅没有拉近距离，反而可能造成误会和矛盾。这样的教育环境，不仅让家长和老师都感到挫败，对孩子的成长也没有帮助。

所以，家校合力，不应该是拔河比赛，而是同舟共济，一起把孩子送到更好的未来。主动沟通，就能确保家长和班主任目标一致，从而更高效地帮助孩子成长。

让育儿路变得更轻松

俗话说"隔行如隔山"。如果家长对教育领域不够了解，缺乏相关经验，在育儿过程中可能会遇到许多棘手的问题。而班主任作为教育专业人士，通常受过专业训练，而且有丰富的一线教学经验，能给出行之有效的建议。

以我曾经带过的学生小 L 为例，他有丢三落四的毛病，常常惹妈妈生气。有一次，小 L 妈妈向我求助，问如何才能改掉孩子这个坏习惯。我告诉她："不要唠叨他，让他自己承担后果。"

小 L 妈妈听了我的建议后，调整了方式，每件事最多提醒孩子一次。结果某个周末返校时，小 L 慌慌张张收拾行李，到校后发现自己居然忘了带内裤！他既着急又尴尬，只能硬着头皮撑过一周。他的舍友得知此事后，会在宿舍偶尔开他几句玩笑。由于我们班的氛围很好，同学们之间不会恶意取笑，因此同学们之间的玩笑不会产生负面影响，反而会成为我们班"吐槽大会"上的轻松话题。

大家可能对"吐槽大会"不太了解，我来解释一下。"吐槽大会"是我们班每周都会举办的一个特别有意思的活动。在这个活动中，大家可以畅所欲言，吐槽一些不好的现象或者生活中的小问题，但有一条重要的规则：这些话只能停留在活动中，不能在私下用来取笑别人。因为孩子们都很懂分寸，大家遵守规则，这个活动才能一直顺利开展下去。

有趣的是，小L在吐槽大会上听到这个事后，自己也站起来打趣道："我发誓以后再也不会丢三落四了！"从那以后，他收拾东西总是格外认真。看到孩子的变化，小L妈妈特别开心，还专门发信息感谢我。

从这个案例可以看出，班主任的建议往往有独到之处，能从经验和专业角度帮您解决困扰已久的育儿难题。保持家校沟通，不仅能让您从老师那里获得支持和启发，还能让育儿的过程更加轻松愉快。

收获一段珍贵的友谊

此外，保持家校沟通，还可能让您收获一段难得的友谊。一直以来，我都强调家长和班主任既是同盟又是战友。家长遇到育儿难题时，班主任可以协助分析、提供建议；班主任需要家长配合时，家长也能积极响应，携手解决孩子的问题。

有的家长还会加入家委会，与班主任一起为班级建设出谋划策，为班级和孩子的发展贡献力量。在这样的过程中，家长和班主任不仅是合作伙伴，更有可能建立起深厚的友谊。

我和班里学生家长的关系一直都非常好，即使孩子毕业了，我们之间的互动仍然频繁。孩子取得进步或取得骄人成绩时，家长们总会第一时间与我分享他们的喜悦。比如，有孩子在机器人比赛中获奖、考上心仪大学、通过专业英语四级和八级考试，甚至成功申请到牛津、剑桥等顶尖高校。这些美好的时刻，家长们都愿意和我一同庆祝。

每逢教师节、春节等重要节日，家长们也会发来祝福和问候。我们还会定期相聚、喝茶、聊天，交流教育经验，分享孩子的成长故事。到这时，我们早已不仅仅是单纯的家长和老师的关系，更是志同道合的朋友。

所以，家长朋友们，请不要把和班主任的沟通仅仅看作任务。要用心去交流，用真诚去沟通，让友谊的种子在这个过程中悄然发芽，收获的不仅是孩子的成长，还有一段非常珍贵的友谊。

保持家校沟通，不仅对家长和班主任有益，最大的受益者当然是孩子。接下来，我来聊聊，为什么家校沟通对孩子来说特别重要。

首先，和班主任保持沟通，可以让孩子获得更多关注。

当家长积极与班主任沟通时，这种合作态度往往能赢得班主任的认可。而您对孩子教育的用心，也会影响班主任，让他更加关注孩子的成长。即使是从最现实的角度来说，如果您经常与班主任沟通，他为了能回答好您的问题，也需要对孩子进行更多的观察。毕竟，如果对孩子的情况一问三不知，班主任会觉得自己没有尽到职责。

所以，您的主动沟通，实际上给了班主任一个"关注动力"，让他更多地关心孩子的表现和成长，这对孩子无疑是件好事。

其次，保持与班主任的沟通，有助于更好地解决孩子的问题。

回顾之前提到的"稳定情绪、多方打听、分析事件、解决问题"这十六字口诀，当孩子遇到问题时，家长在情绪稳定之后，和班主任的沟通就变得尤为重要。通过沟通，您和班主任可以一起梳理事情的来龙去脉，探讨问题背后的原因，并共同制订解决方案。在整个过程中，持续的沟通能够确保问题被全面、客观地分析，找到最适合孩子的解决办法。

反之，如果家长不与班主任沟通，家校之间没有形成合力，孩子的问题可能会被耽搁，甚至恶化，从而对孩子的成长产生不良影响。这种结果是我们都不愿看到的，所以希望家长朋友们对家校沟通引起足够的重视。

最后，家校沟通还能通过潜移默化的方式，提升孩子的交际能力。

我们常说，最好的教育是"以身作则"。家长的行为是孩子最直观的学习范例。在与班主任沟通时，家长所展现的态度、交流方式、协商技巧，以及沟通失败后的补救措施，孩子都会看在眼里，学在心里。

研究表明，尊重班主任的家长通常能培养出更尊重老师的孩子，这些孩子在学校也会更加遵守纪律、配合管理。而那些对班主任态度不友善，甚至经常与老师发生冲突的家长，他们的孩子往往对班主任缺乏应有的尊重，甚至在学校表现出不服管教的行为，最终受影响的还是孩子自己。

因此，家长和班主任的沟通不仅是解决孩子具体问题的途径，更是为孩子树立行为典范的契机。通过家长的言行举止，孩子可以学习如何与人沟通、相处、处理矛盾……这些能力会对他们未来的人际交往产生深远影响。所以，不妨把和班主任的沟通视为一堂"隐形的教育课"，为孩子的成长多做铺垫。

保持家校沟通，不仅使家长和班主任从中获益，最大的受益者还是孩子。因此，在本书的最后，我想再次真诚地呼吁各位家长：一定要和班主任保持良好的沟通，把家长、老师和孩子的力量整合起来，形成教育的合力，为孩子的成长保驾护航！

朋友们、战友们，我们一起加油吧！